文化淮安 第三辑
淮安市淮安区文化广电和旅游局 编

汪达之评传

刘友开 著

江苏大学出版社
JIANGSU UNIVERSITY PRESS
镇江

图书在版编目(CIP)数据

汪达之评传 / 刘友开著. — 镇江 ：江苏大学出版社，2021.5
ISBN 978-7-5684-1545-3

Ⅰ. ①汪… Ⅱ. ①刘… Ⅲ. ①汪达之－评传 Ⅳ. ①K825.46

中国版本图书馆 CIP 数据核字(2021)第 098069 号

汪达之评传
Wang Dazhi Pingzhuan

著　　者/刘友开
责任编辑/张　平
出版发行/江苏大学出版社
地　　址/江苏省镇江市梦溪园巷 30 号(邮编：212003)
电　　话/0511-84446464(传真)
网　　址/http://press.ujs.edu.cn
排　　版/镇江市江东印刷有限责任公司
印　　刷/江苏扬中印刷有限公司
开　　本/710 mm×1 000 mm　1/16
印　　张/17　插页 12 面
字　　数/350 千字
版　　次/2021 年 5 月第 1 版
印　　次/2021 年 5 月第 1 次印刷
书　　号/ISBN 978-7-5684-1545-3
定　　价/68.00 元

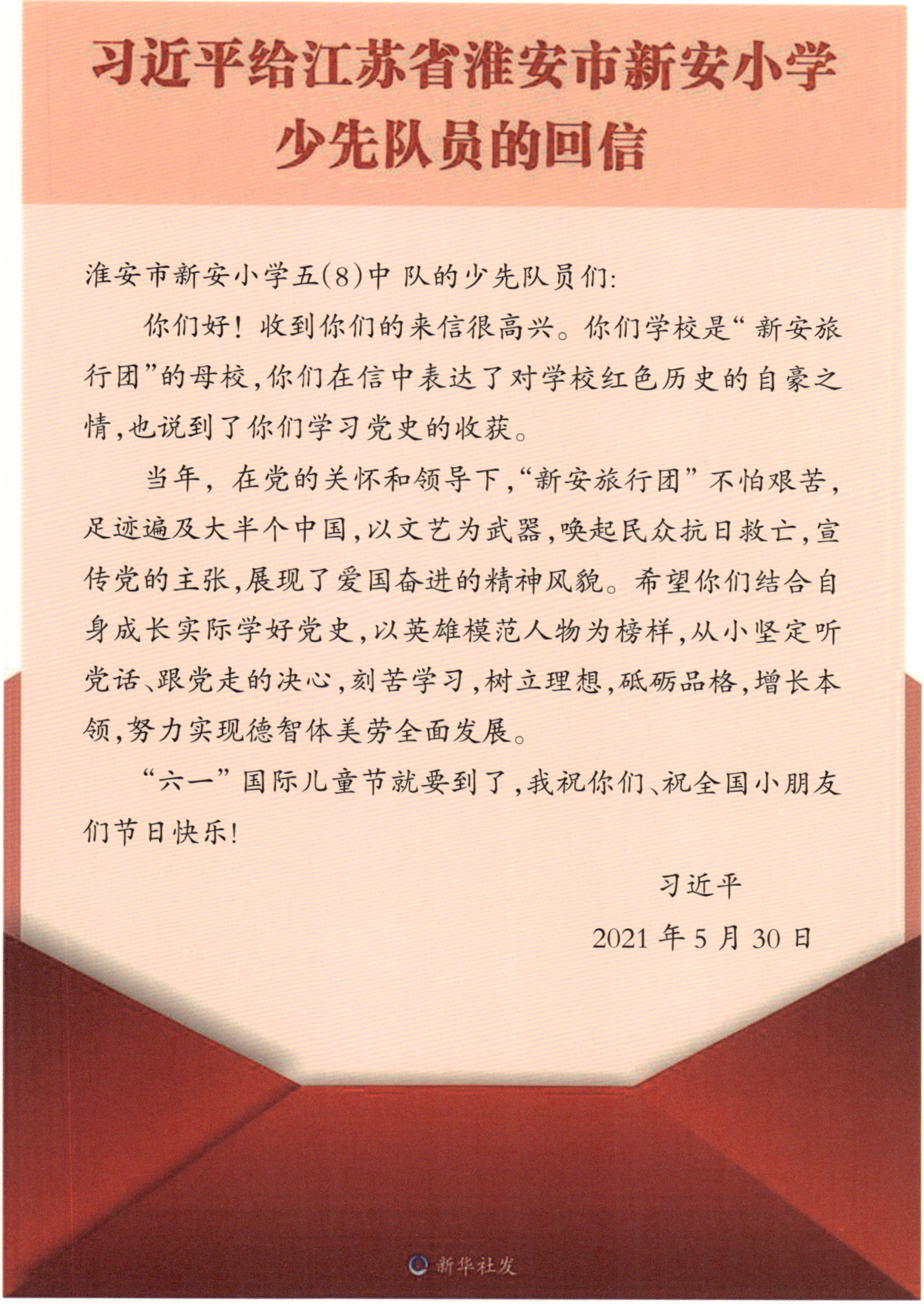

习近平给江苏省淮安市新安小学少先队员的回信

淮安市新安小学五(8)中队的少先队员们:

你们好！收到你们的来信很高兴。你们学校是“新安旅行团”的母校,你们在信中表达了对学校红色历史的自豪之情,也说到了你们学习党史的收获。

当年，在党的关怀和领导下,“新安旅行团”不怕艰苦，足迹遍及大半个中国,以文艺为武器,唤起民众抗日救亡,宣传党的主张,展现了爱国奋进的精神风貌。希望你们结合自身成长实际学好党史,以英雄模范人物为榜样,从小坚定听党话、跟党走的决心,刻苦学习,树立理想,砥砺品格,增长本领,努力实现德智体美劳全面发展。

“六一”国际儿童节就要到了,我祝你们、祝全国小朋友们节日快乐!

习近平

2021年5月30日

新华社发

○习近平给江苏省淮安市新安小学少先队员的回信

○人民教育家汪达之

○新安旅行团时期的汪达之

○南京晓庄师范复校时期的汪达之与夫人杨南琛及长子汪如一合影

○1965 年 10 月 16 日，广东民族学院时期的汪达之到淮安看望新安小学师生

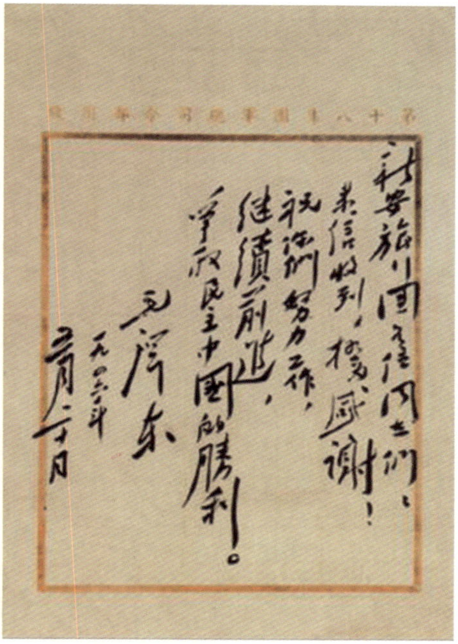
新安旅行团同志们：
来信收到，极为感谢！
祝你们努力工作，
继续前进，
争取民主中国的胜利！
毛泽东
一九四六年
一月十一日

○毛泽东给“新安旅行团各位同志们”复信

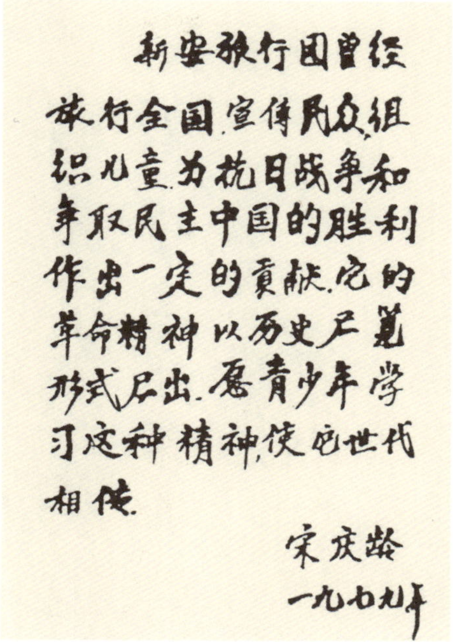
新安旅行团曾经旅行全国，宣传民众，组织儿童，为抗日战争和争取民主中国的胜利作出一定的贡献。它的革命精神以历史展览形式展出。愿青少年学习这种精神，使它世代相传。
宋庆龄
一九七九年

○宋庆龄为“新安旅行团历史展览”题词

周恩来1939年在延安接见新安旅行团团员凌则之、张翼天时的讲话：

你们“新旅”（新安旅行团的简称）的同志不怕艰苦，不怕困难，内部很团结，做了许多抗战工作，得到了很多朋友，做了许多别人不能做的事，就是因为你们用陶行知先生的“生活即教育、社会即学校”的办法。你们的汪先生（指顾问汪达之）很会利用一切社会关系，很会做统一战线工作哩！大后方和陕北不同嘛！你们是钻到敌人肚子里干革命的，一定要注意社会化，不要怕人家不知道你是共产党，怕人家不晓得你是从延安来的。红要红在心里。处处和社会生活打成一片，那你们才可以在大后方多做点工作，才能长期存在下去呀！

刘少奇1942年在阜宁接见新安旅行团骨干团员和汪达之顾问时的讲话：

新旅是我党领导的一个革命团体，但能和国民党作这样长久艰苦的斗争，还是你（指汪达之）的功劳啊！你虽然没有加入我们的党，但你不愧为我们（党的）一位党外的布尔什维克！希望你领导他们把根据地的少年儿童工作做得更好！

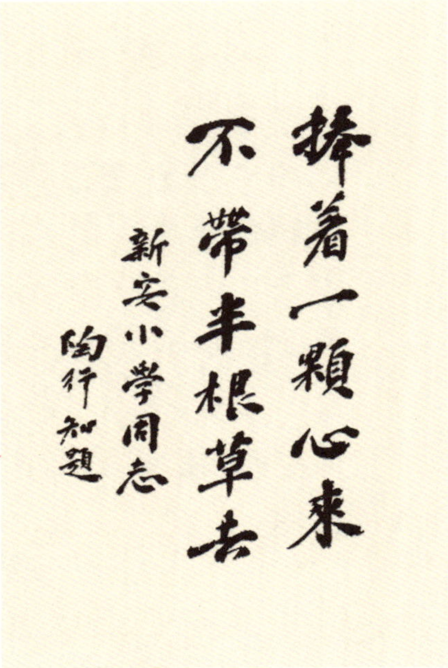

○陶行知给汪达之等新安小学教师的题词

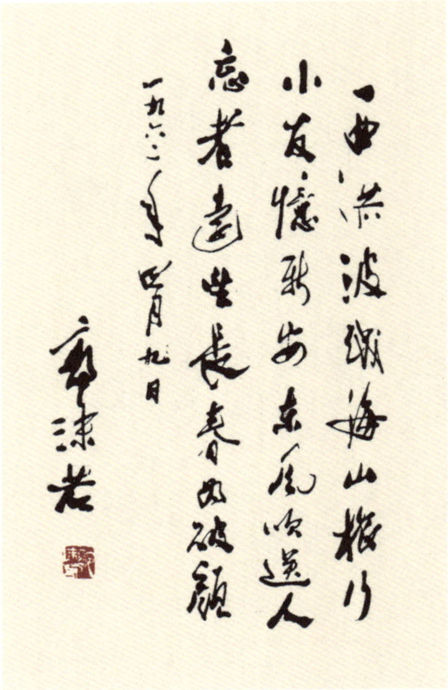

○郭沫若为“新旅”团员范政题诗

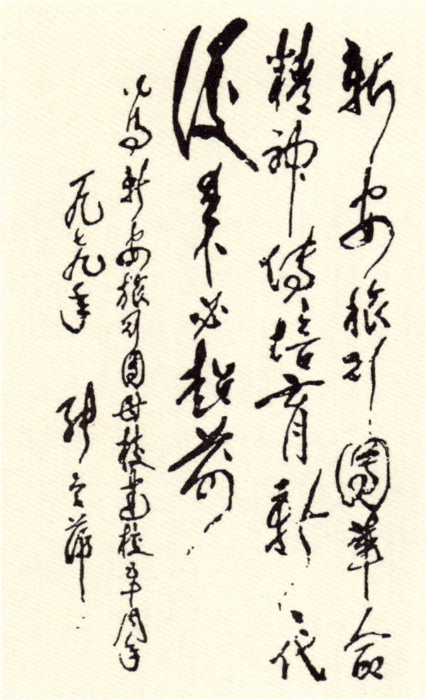

○国务院原副总理、原国务委员兼国防部长张爱萍上将为“新旅”母校建校 50 周年题诗

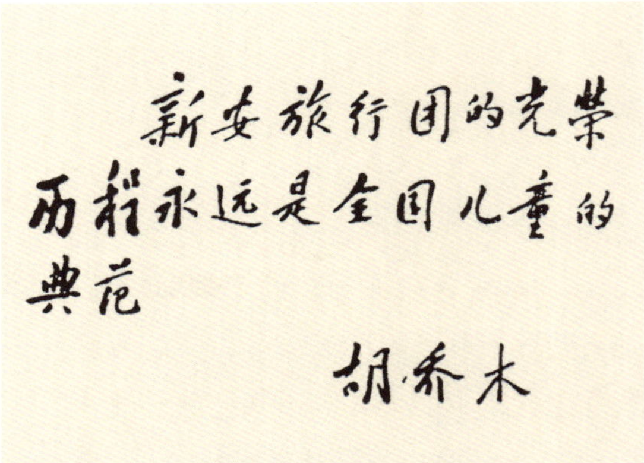

○原中共中央政治局委员胡乔木为新安旅行团题词

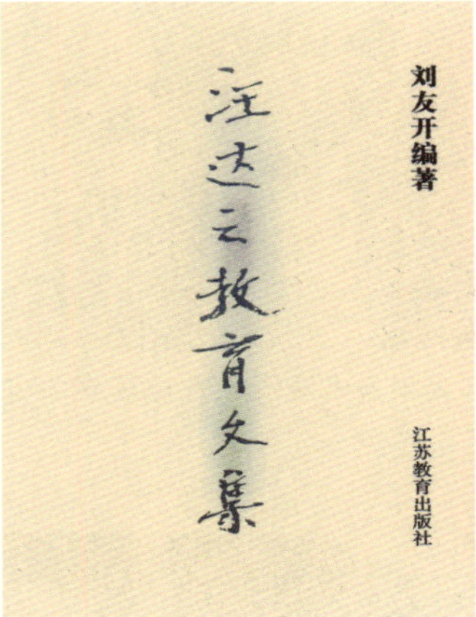

○冰心老人、张爱萍上将先后为《汪达之教育文集》初版及再版题写书名

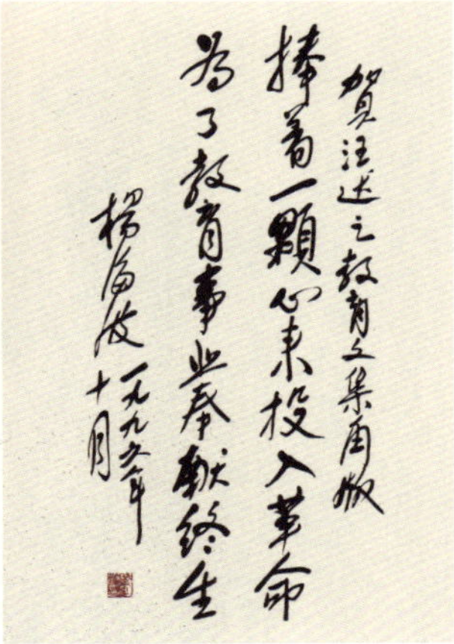

○时任全国人大教科文委员会副主任杨海波为《汪达之教育文集》再版题写贺词

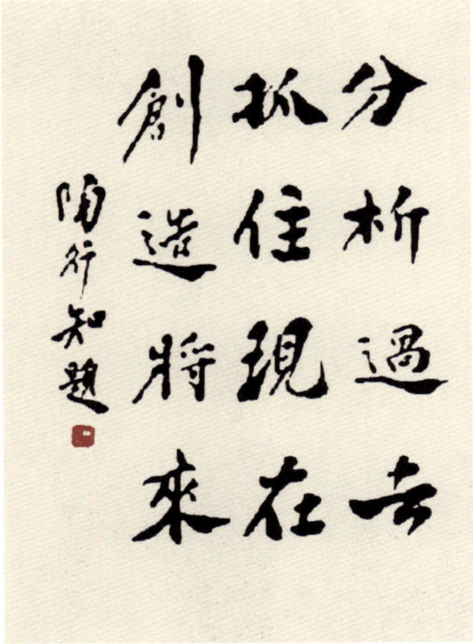

○陶行知先生第四子陶城教授赠送给本书作者的陶行知手迹

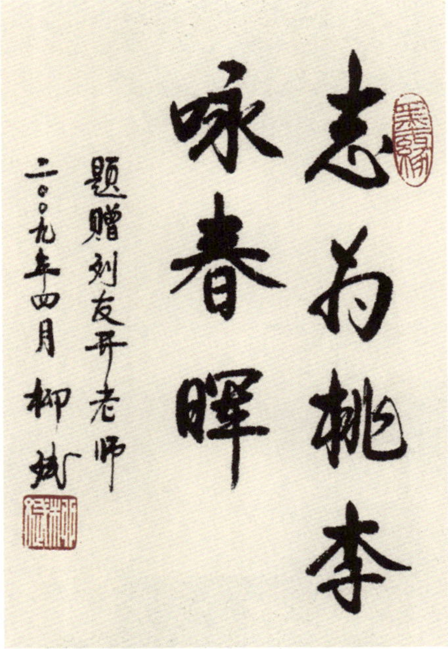

○全国人大常委会原委员、教育部原总督学柳斌为本书作者题词

○淮安市新安小学校新安旅行团历史纪念馆院内的汪达之塑像

○广东技术师范大学校长骆少明向坐落在淮安的汪达之墓敬献花篮

○淮安市新安小学师生代表祭扫汪达之先生墓

○张爱萍上将为新安旅行团历史纪念馆“一群小好汉”群雕题字

○坐落在广东技术师范大学校园内的汪达之铜像揭幕仪式(雕像作者:彭小杭)

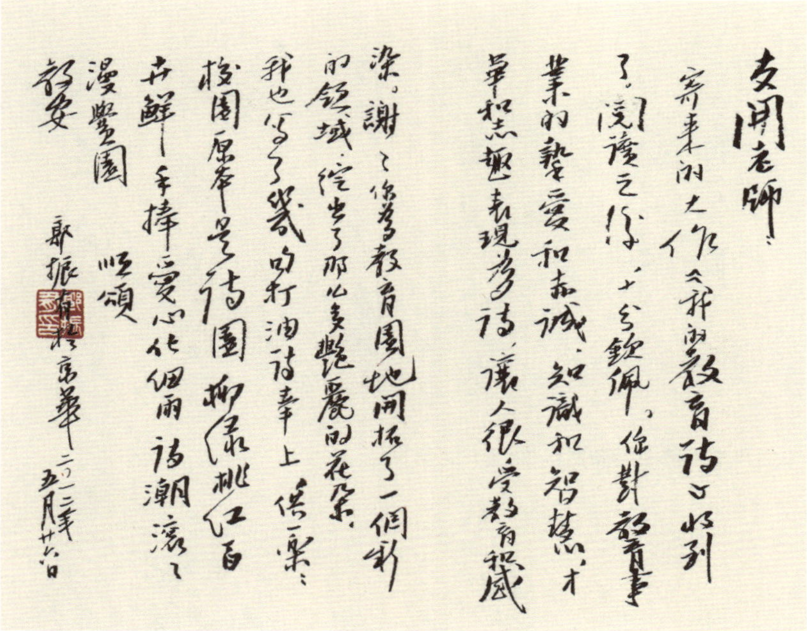
友開老師：

寄來的大作《新的教育詩》收到了，閱讀之後，十分欽佩。你對教育事業的熱愛和赤誠，知識和智慧，才華和志趣表現為詩，讓人很受教育和感染。謝謝你為教育園地開拓了一個新的領域，繪出了那麼美艷靡麗的花朵。我也寫了幾句打油詩奉上，供一樂：

校園原本是詩園，柳綠桃紅百花鮮。手捧愛心化細雨，詩潮滾滾漫整園。

順頌

敎安

郭振有於京華 二〇一三年五月廿六日

○教育部原副总督学郭振有致本书作者刘友开信

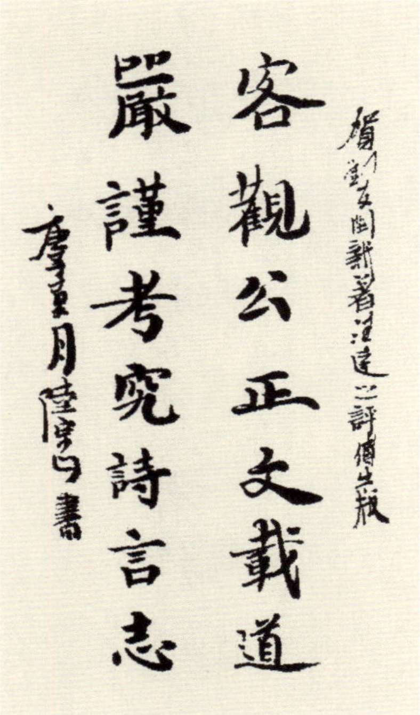

○著名青年书法家陆宗山为《汪达之评传》出版所书贺词

○著名诗人、书法家陆春桂（左）为《汪达之评传》题写的书法作品

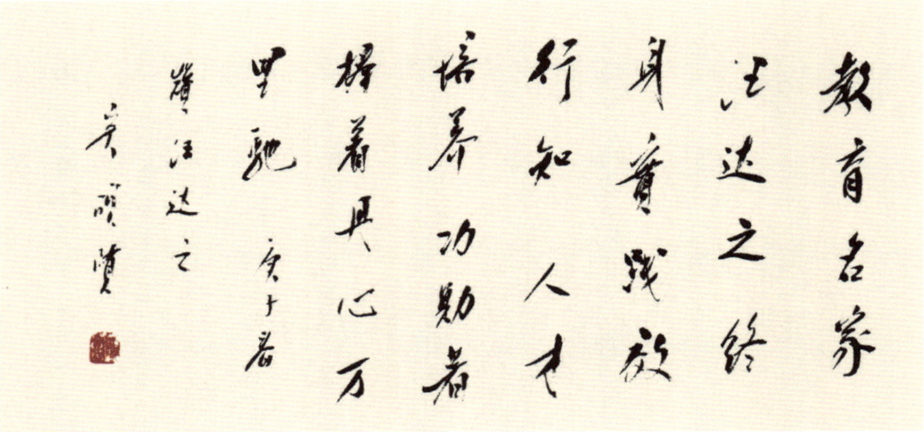

○中国科学院院士吴硕贤所作《赞汪达之》

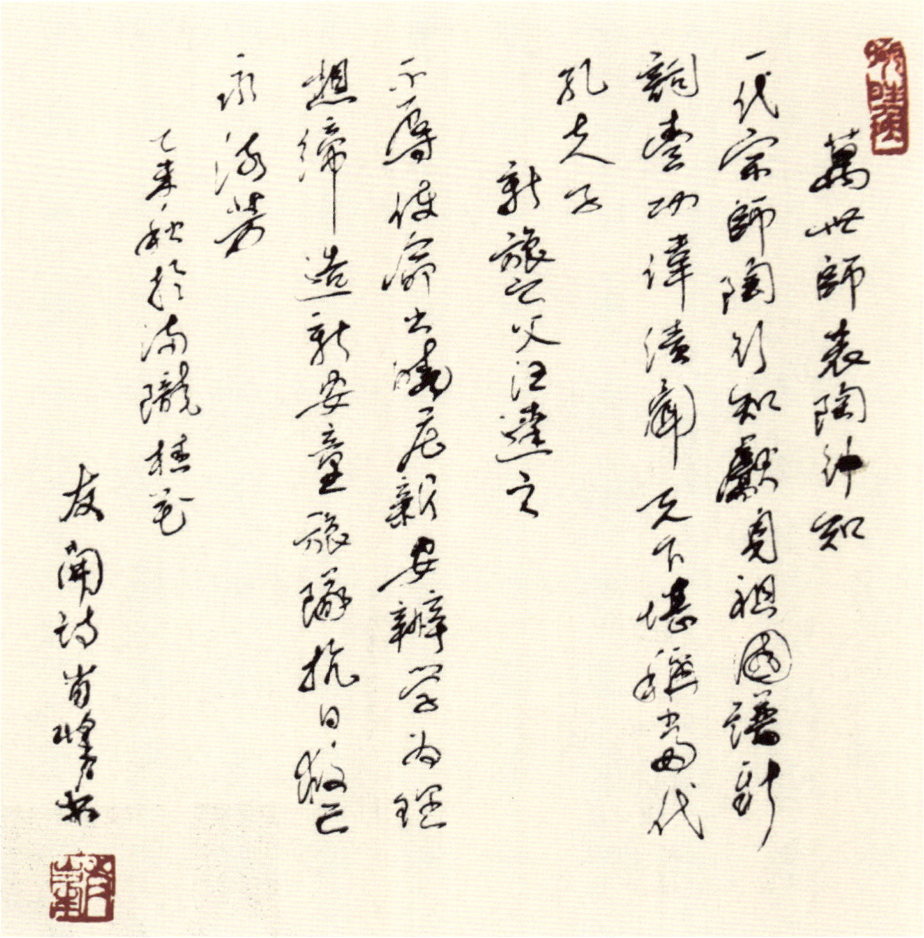

○著名油画家、中国美术学院第 10 任院长、原“新旅”老团员肖峰为刘友开的诗集《一群小好汉群英谱》题写的书法作品

像汪达之那样做先生

——《汪达之评传》序

张俊平

认识特级教师刘友开已逾20年，在我的印象中，他是一位有教育情怀、研究意识和写作才能的诗人教师。他有许多著述，《汪达之评传》是他“四十年磨一剑”的又一部力作。众所周知，人物评传难写。之所以这样说，是因为人物评传需要作者穿越历史时空，与人物对话交友，方能得其精神。1979年，刘友开到淮安县新安小学工作，置身汪达之先生曾经坚守的地方，感受汪达之先生的教育精神，并在日常教学与教研之中身体力行。他一路追随，一路行思，1995年编辑出版《汪达之教育文集》；一路追随，一路传承，达之先生的思想精神已经深深地烙印在刘友开的心中，《汪达之评传》就这样自然而成。

汪达之是民国时期伟大的教育家，是陶行知的学生。在乱世之中，汪先生为人民的教育事业坚守与奔走，开创与奉献；在混沌之际，他教人自立，教以成人，为教育树立师之典范。汪达之先生一生践行“捧着一颗心来，不带半根草去”，展现和代表着民国教育家的品格与形象；先生又是独特的，一生平民，默默奉献、刚毅坚卓，彰显着卓尔不凡的人生态度、教育境界和思想品格。

人生态度：天行健，君子当自强不息。地势坤，君子当厚德载物。感怀中华之士汪达之！先生修身立德，士者胸襟。在艰苦的岁月里坚韧不拔，开拓进取；在不平凡的乱世中修身传道，遍育桃李。先生生于苦难之家却不困于斯，在动荡的社会中奔波求学，百折不挠寻觅曙光。最令人动容的是先生参加晓庄师范学校招生考试，因身体虚弱而名落孙山。先生心有不甘，连续数日在学校门口等候校长陶行知先生，为实现国民教育、展现救民救国理想而奋力争取，竟被破格录为“试做生”。先生身处逆境却依然心胸豁达，心怀国家人民大众，心系国家安危，大丈夫的浩然之气可见一斑。山雨欲来风飘摇，力挽狂澜于既倒。蒋介石反动时期，晓庄师范学校遭遇强制封闭，淮安的新安小学也遭遇危急。地痞奸人群起争之，官司申诉数次，历经两年有余。达之先生机智应诉，义正言严，威武不屈，据理力争，于恶劣环境之中构建教育的宏伟蓝图，除旧布新育新人。哪怕是到了花甲之年，先生依然不坠青云之志——到祖国最需要的地方去，到最困难的地方去，默默躬耕，拓荒开创。先生一身正气，一生正义，勉励吾辈！

教育境界：捧着一颗心，为了教育事业奉献终身。敬仰人民教育家汪达之！先生创办新安小学，于艰难险阻中毅然坚守，教育新民；缔造新安儿童旅行团和率领新安旅行团，于民族斗争的旋涡里历练中国少年，以生活教育自觉觉人，自立立人；奔赴全国宣传抗日救国旅行修学，于民族危亡国难危急时刻呐喊奔告，唤醒国民爱国情怀，广大先业；投身苏北敌后抗日民主根据地教育建设，于烽烟战火之中致力于新民教育，积蓄革命力量；统领华东干部子弟学校随军北撤南下进行火线教育，于乱世之中开展思想政治和科学文化教育，为新中国培育治国人才；恢复南京晓庄师范学校复兴教育之教，继承知行合一传播新知；在教育部从事师范教育和负责普通话语言研究班工作，实事求是，辛勤耕耘，责任担当。花甲之年毅然奔赴广东民族学院拓荒民族教育，于国家所需之地安身立命，鞠躬尽瘁。在精神贫瘠的年代，先生以悯怀宽厚之心体察社会情状，以热忱的革命教育信仰开拓创新，躬耕实践，为教育事业奉献终身。令人慕之敬之！

思想品格：为天地立心，为生民立命，为往圣继绝学，为万世开太平。致敬优秀共产党人汪达之！先生立天、立地、立志、立人，以坚定的革命信仰和爱国情怀，勇担历史使命。在国民党反动时期，先生临危受命，在淮安创办新安小学，“为旧教育唱葬歌，为新教育唱进行曲”，破旧立新，觉新新人，行知精神可鉴。在民族危亡之际，先生为民族生存而行走万里，带领新旅“小好汉”宣传抗日救国思想，唤醒民众爱国意识。尤其是在武汉宣传抗日时，面对生存压力和国民党的“收编”利诱，先生誓死护卫，不惧不畏，爱国精神、民族气节可鉴。新中国成立，百废待兴，先生勇担南京晓庄师范学校筹备恢复之大任，继承行知教学做，为太平盛世人才培育奠基。先生坚定的革命信仰和政治理想，令人敬之畏之！

《汪达之评传》的精彩不止于内容，还在于诗文结合的表达艺术和严谨考证的学术态度。全篇共十章，作者为每一章都拟了一个用整齐的诗句，十个标题连在一起，俨然一首律诗，展现先生一生的情怀信仰。不止于此，作者还在每一节中下功夫——每节开篇，先以简洁凝练的诗抒情言志，再以生动形象的文章娓娓道来。诗言志，文载道。这样的表达方式，使得先生的精神信仰力透纸背，传于世，达于心，统于行。如此可见作者的文字素养。《汪达之评传》是一部记录客观、评述得当的人物评传，也是一部严谨求证的科研著作。作者知人论世，通过第一手材料评价先生作为之事，如新安旅行团部分团员慰问抗日将士留影，《盐阜大众》报中的《新安学校复校启示》，达之先生的长子汪如一和次子汪心一的《回忆与思考——再忆父亲汪达之》等。这种基于文献的严谨考证、客观真实的记录与描述，却是那么铿锵有力、掷地有声，先生的高尚品格触动读者心灵！

新的时代，新的起点，新的征程，呼唤我们像汪达之那样做先生。温暖的情怀，深厚的学养，行走的智慧，应当、也必然成为后来为师者的追求。

2020年6月26日于江苏·南京

张俊平 江苏教育报刊总社《江苏教育》杂志主编，编审；江苏省作家协会会员，江苏省教育学会教育管理专业委员会副理事长，江苏省教育学会班主任专业委员会副理事长；江苏省十二五重大课题“苏派教育的理论与实践”的主持人之一，主编出版了《教师做个思想者》《苏派名师的教学主张》《苏派名校长的管理哲学》《苏派名校的文化解读》及《探航简史》《探航故事》《探航经典》等10余套苏派教育系列丛书，著作并出版了《专业的人做专业的事——一个平面传媒人的思想与行走》；主持的栏目“独家策划”、活动“教海探航”和“教海领航”分别获江苏省新闻出版明珠奖优秀策划和优秀活动。曾获评江苏省教育科研先进个人、江苏省新闻出版明珠奖优秀主编、江苏省新闻出版领军人才，获江苏省“五一劳动奖章”。

有责任的使命担当，有良知的家国情怀

——《汪达之评传》序

刘良业

刘友开先生是江苏省小学语文特级教师，在小学语文教育方面卓有成就；同时，他还是一位很有建树的研究者，特别是在人民教育家汪达之研究方面，成果颇丰。早在1995年，他出版了《汪达之教育文集》，从收集资料到编辑出版，到2003年4月再版，友开先生前后花了整整23年时间。可以说，这是一部较为全面、系统地展示汪达之教育活动和教育思想的奠基之作，是研究汪达之的一部重要基础性史料，在汪达之研究史上占有重要的地位。

此后，友开先生就一直专注于汪达之研究，并取得了不少令人羡慕的研究成果。2015年，“新安旅行团”建团80周年，他出版了《一群小好汉群英谱》，获得业内专家学者的高度评价。为纪念汪达之诞辰120周年，他专门结集出版《汪达之评传》，并让我写序。

在我看来，他的这部新著，是他对汪达之教育活动和教育思想研究的进一步拓展和深化：一方面，他参考了学术界关于汪达之研究最新成果；另一方面，他经过不断积累、筛选、分析，形成新的判断，得出新的结论，使学术界关于汪达之教育活动和教育思想的研究再上新的台阶。可以说，这部新著，凝聚了他40年的研究心血：不仅很好地保存了汪达之——这位中国近现代史上著名教育实践家的生平事迹，还总结出汪达之的教育思想；更重要的是，基于上述事实，做了一个比较客观、公正的评价，具有“存史、资政、教化”的价值。具体来说：

首先，保存了一些珍贵的史料。

这部新著全方位地再现了汪达之坎坷磨难的一生；真实再现了汪达之教育实践活动和教育思想，以及其现实意义和历史价值。此外，新著还保存了党和国家领导人及一些著名专家、学者和社会名人对汪达之教育实践活动和教育思想的评价，为研究汪达之在中国近现代教育史上的地位提供了有力证据。而搜集这些文献，看似容易，其实得来艰辛：都是友开先生多年“爬罗剔抉，刮垢磨光”“焚膏油以继晷，恒兀兀以穷年”的结果，因此，这些文献弥足珍贵。

其次，为当今教育的改革和发展提供了有益借鉴。

70余年来，我国教育取得了长足的进展。当前我国各级各类学校的硬件和软件建设，达到了历史上“最好水平”。但是，我们教育产出的“产品”呢？如何办好我们的教育？如何回答我们至今依然不能很好地回答的“钱学森之问”？在这部新著中，给出了令人信服的答案。

新著中说，1935 年 10 月，年仅 32 岁的汪达之，为了民族的解放，在毫无保障的情况下，仅靠当时募捐而来的 50 个大洋，毅然决然带领被陶行知誉为“一群小好汉”的 14 名基本学生，从江苏淮安出发（最大的 20 岁，最小的 12 岁），向江苏省当时的省会镇江和国民政府所在地南京进发，为“争取民主中国的胜利”而奔走呼号。在那战火纷飞的年代，历时 17 年，途经 22 个省、市、区，行程 5 万多里，团员发展到 600 多人，为抗日救国做出了重要贡献，也为党和国家培养了一批杰出人才，得到了毛泽东、周恩来、刘少奇、陈毅等党的第一代领导人的高度赞扬。汪达之用他自己和新安旅行团的教育实践，很好地解决了“如何办好教育”等教育重大问题，也为解决当今薄弱学校乃至解决教育资源不平衡、教育发展不均衡等问题提供了借鉴——这也是这部新著给我们留下的一个重要启示。

再次，以汪达之带领的新安旅行团团员们集体成才的经历，教导当今的学子们“如何做人、怎样成才”。

教育首要问题是教会学生“做人”。如果连“人”都不会做，又谈何教育？也就是说，教会学生做人，是整个教育的核心。为什么当今教育总是出现问题？关键就在于没有把做人放在教育的核心位置上。“考、考、考，教师的法宝，分、分、分，学生的命根。”学生的考分决定了一切，这样，怎能培养出优秀的人才！正因为这样，所以当今高等学府培养出来的一些“尖子人才”，不少人没有信仰、没有超越一己私利的大情怀与大悲悯、缺乏责任感和承担意识。对此，北京大学资深教授钱理群先生痛心地指出：我们正在培养一批绝对的、精致的利己主义者。他称这批人是“一群美丽而有毒的罂粟花”。他认为，如果我们高等学府培养出来的精英都是这样的“人才”，这不仅仅是失职，更是在犯罪。

再看看汪达之带领下的新安旅行团团员们。他们的经历，或许就是教育当今学子学会做人、如何成才的一本很好的教科书：他们自力更生，自行解决外出游学经费；不怕苦，不怕累，敢于担当，高呼“讨饭也要去宣传抗日”，切实“为民族生存奋斗”；在极端艰苦环境中，他们不屈不挠，奋发有为，为民族谋解放，为人民谋幸福，足迹遍及大半个中国。他们的事迹、他们的精神，已经给世人树立了一座高大的丰碑。著者正是通过汪达之带领下的新安旅行团孩子们成才的动人事迹，引导当今学子如何成人、成才。

鲁迅先生曾经说过：“我们自古以来，就有埋头苦干的人，有拼命硬干的人，有为民请命的人，有舍身求法的人……虽是等于为帝王将相作家谱的所谓‘正史’，也往往掩不住他们的光辉，这就是中国的脊梁。”长期以来，友开先生就默默地战斗在教育的第一线，脚踏实地教书育人；同时又苦钻科研，成果斐然。花甲之年，又出新著，惠福后人，令人景仰，他用实际行动诠释了鲁迅先生“中国的脊梁”的真正内涵，诠释了曾子“士不可以不弘毅，任重而道远”的深刻含义，表达了他作为一个有责任的教育工作者的担当，更体现了他作为一位有良知的知识分子的家国情怀。

2020 年 6 月 22 日于河北 · 石家庄

刘良业 字涵之，安徽省东至县人，硕士研究生学历，研究员，思想者，著名传统文化教育专家。当代河北教育史志和教育年鉴理论奠基人，当代河北传统文化教育理论奠基人，河北省传统文化教育学会创始人，《河北教育年鉴》创刊人。现任河北省教育厅研究员、河北省传统文化教育学会理事会主席兼秘书长、河北省传统文化教育等级认定委员会主任、全国第三方教育机构评价联谊会副主席、河北省国学教育研究中心秘书长、河北省陶行知研究会副会长、河北省社科联第五届代表等职。

先后主持编纂《河北教育年鉴》（2002～2007）、《河北教育五十年通鉴》（1949～1999），以及《河北学校志》《当代河北教育名人名校》《鹿泉教师人文素养读本》《中华优秀家文化》《古典诗词》《古今绝妙诗词选》等文献资料书和工具书；组织主持《雷龙先生文存》抢救工作（已出版）；参与《中国少数民族教育五十年》、《中国教育年鉴》（1997～2008）、《中共河北年鉴》（2002～2008）、《河北年鉴》（1997～2008）、《河北教育史》《河北国民经济的恢复和发展》等大型文献的编纂工作。所主持、参与编纂、出版的文字达 2000 多万字。

著有《拓真集》《弘远集》《刘良业教育文选》。先后在《教育史研究》《生活教育》《河北师范大学学报》《教育实践与研究》《中国校外教育》《河北教育》《社会科学》《教育科学》等期刊发表论文几十篇。先后参与或主持国家级课题、省级课题多个，获国家和省级优秀科研成果奖、先进个人奖多项。先后于 1999 年、2012 年下乡，受到中共河北省委和河北省人民政府的隆重表彰。

抗日老战士、著名儿童文学家，北京市文联原党组书记、副主席陈模称赞他“不仅是河北著名的教育家，也是为教育史学编书立说的学者、编辑家”。

一部适得其人的传记力作

——《汪达之评传》序

孔凡成

我国教育诗人、特级教师刘友开先生两月前和我在交流中谈到，他正在撰写《汪达之评传》一书，并嘱我为该书作序。我对刘先生为教育家汪达之作传，感到由衷兴奋，觉得该书由刘先生来执笔，正是适得其人。但对作序一事却颇感为难，一是本人水平不够，恐难写好序言；二是地位不称，刘先生是我的师长辈，后学岂敢僭越比并；三是汪达之乃一代英杰，怎么着也应该找位国内大家来作序，才能对得起汪达之这样的先辈大师。但转而一想，趁此机会，倒是学习先辈教育思想，感受先辈教育情怀的绝佳机缘，也是向刘先生讨教、学习的难得机会。因此，便勉为其难，答应下来。

初读刘先生的《汪达之评传》，感受到该评传有如下四个特质：

一是实录精神。为人作传最怕抱有偏见，以己之见来裁剪材料，臧否人物，或故意美化，或故意丑化。造成所传人物与事实相悖，实不足为训。

刘先生则秉持史家之实录精神，做到“不虚美，不隐恶”，坚持落笔有据，褒贬有度。刘先生用四十年时间研究汪达之，考证汪达之的行踪，采访与汪达之相关人物，广泛占有第一手材料。写作中做到不夸大，不缩小，不胡编乱造，不戏说先辈，而且相关论断皆从事实出发，真实自然，令人信服。

二是重点突出。刘先生所著《汪达之评传》30余万字，内容翔实而不枝蔓，简繁适宜，足见用笔功力。细审全书，计十章，所传内容重在突出汪达之的教育思想与教育实践。

该书详细介绍了汪达之先生教育思想，包括：1. “为旧教育唱葬歌，为新教育唱进行曲”的“综合技术”教育思想。认为教育应该是指导劳动者取得现实生活需要的教育，学校应是指导生产者创造平衡的新社会的学校，要培养学生用体力从事于劳动生活的真本领以锻炼脑力，指导学生能够自动地组织集团以解决生活需要，教学内容要将科学与艺术综合。2. “自觉觉人，自立立人”的儿童教育思想，强调要高度重视儿童教育，如要高度重视儿童身体健康、艺术教育和科学教育，培养儿童民主意识和独立思考能力。3. “行万里路，读万卷书”的“旅行修学”教育思想。4. “事业为经，恋爱为纬”的“婚恋家庭”教育思想。当然，刘先生介绍汪达之的这些教育思想是和汪达之的教育实践紧密结合的，是融汇于汪先生的教育实践中的，这些实践主要有：临危受命任校长，接办新安小学的艰苦创业；缔造新安儿童旅行团的赴沪旅行，开展“旅行修学”；率领新安旅行团旅行修学，践履“综合技术”教育；统领华东干部子弟学校北撤南下，进行“火线办学”；恢复南京晓庄师范学校，加强“师资建设”；创办全国普通话语言研究班，培养推普人才；披荆斩棘兴学校，主持广东民族学院工作。

在写作中，刘先生注意将汪达之的教育思想与教学实践有机结合，力求做到水乳交融，使得思想因成功的实践而可信，实践因思想的引领而生辉。而且在这些具有创造精神的教育思想与教育实践中，凸显传主高尚的道德情操和伟大的家国情怀。

三是重视背景介绍。任何一位人物取得突出成就，都离不开特定的土壤。汪达之亦当作如是观。

刘先生视野开阔，从汪达之所处的时代、家庭背景和所受的教育出发，生动地展现了他成长为一位著名的人民教育家，有杰出贡献和开拓创新的教育思想家、教育改革家、教育实干家、爱国教育家，杰出的共产党人、国际主义志愿者和一个由民主主义者走向共产主义者的中国现代知识分子的典范的原因。如介绍作为遗腹子的汪达之不幸的童年生活，贫贱忧戚，玉汝于成，铸就了汪达之敢于面对困难，愈挫愈坚的精神根底；教育背景方面，叙述在晓庄师范学校学习，聆听陶行知先生的教诲，承继并光大了陶先生的“生活即教育、社会即学校、教学做合一”思想；社会环境方面，描绘20世纪初到20世纪70年代的时代风雷，激荡着汪达之的爱国情怀，逐步由党外布尔什维克成长为坚定执着的共产党人。

四是充满感情。刘先生笔锋常带感情，以诗人的笔触艺术地抒写汪达之的教育情怀，形象展示汪达之的为人风采，克服了一般传记枯燥乏味、充满说教气的毛病，使人对汪达之产生“高山仰止，景行行止”“虽不能至，然心向往之”的敬仰之情。

正如刘先生所传的，汪达之先生最辉煌的教育行动是其组织、指导学生开展的旅行修学实践：成立新安儿童自动旅行团，在没有教师、家长带领下，自主旅沪，通过自己的行动解决活动经费，了解城市生活，认识日本侵略暴行；组织新安旅行团旅行全国，纵横五万里，宣传抗日赴国难，在社会大学里培养人才；带领华东干部子弟学校北撤南下“火线办学”，创造了“流动教育”的新鲜经验。汪达之先生的这些实践，是中国传统文化和革命文化的完美结晶。早在春秋时期，就有孔子带领学生周游列国，备尝艰辛，做到“能近取譬”，而唐代大诗人李杜、王孟、高岑等旅行游学铸就了唐诗波澜壮阔的诗性篇章；明代书画家董其昌则留下“读万卷书，行万里路”的经典名言。而共产党人周恩来、邓小平等则赴法勤工俭学，堪称旅行修学的革命壮举，可见汪达之的旅行修学颇具民族特色和革命精神。当然，是民族的，也是世界的。汪达之先生的实践深受导师陶行知的生活教育观的影响，也从美国杜威的儿童中心观念那里获得启示，自然这种启示是经过改造的，具有中国精神、中国气派的创举。而且，这种做法也与当今强调综合性学习、突出核心素养培养、重视语境教育和情景教育的理念相一致。正因为如此，教育部曾出台倡导旅行修学的文件，足见汪达之先生践履的旅行修学的先见，而且他的综合技术教育观也与当今倡导的以劳动教育丰富全面发展的教育观相一致；可见汪先生教育思想的生命力。

刘先生之所以能够撰写出如此高水平的人物传记，首先在于刘先生的阅历和敏锐的研究意识。刘先生善于结合自己的工作开发课程资源。20 世纪 80 年代初，他毕业分配到新安小学，立刻发现新安小学校史这一富矿，他以汪先生为师，着力开掘新安小学（首任名誉校长为陶行知）第二任校长汪达之先生的卓越贡献，搜集、积累了大量文献资料，整理出版了《汪达之教育文集》；辅导本班队学生开展的“为新安旅行团老团员立传”的创造性活动，获得首届全国少年儿童创造性活动“创造杯”奖；此后，长期坚持研究汪达之，成为汪达之研究领域权威专家，有多篇文章发表在研陶杂志上。

其次是不竭的创造精神，刘先生干一行爱一行，总是在不同的岗位上提出颇有创新价值的新观点新做法，如任淮安县教研员期间，提出著名的“五环式”思想品德课教育模式；在教研活动中，急中生智，创造出评课诗，后又出版颇有影响力的《我的教育诗》；在镇江工作期间，又提出小学语文教材中不同类型课文有效教学基本式，并在实践中获得大面积的推广，为提升中小学语文教学质量提供实践抓手……

有一种伟大来自平凡，有一种崇高来自始终如一。自“从苦难走向卓越”的人民教育家汪达之先生，到“从草根到特级”刘友开老师“四十年磨一剑”的奋斗情怀，昭示着“伟大出自平凡，执着造就伟大”的质朴真理，彰显着人才成长的共同路径，投射出教育事业薪火相传代有英杰的美好愿景。作为汪达之教育思想和教育实践影响下成长起来的又一位教育家，刘先生能够取得如许成就也就不难理解了，能够写出如此高质量的人物传记，实属必然。

我想，汪先生如泉下有灵，亦当因有如此知音而含笑九泉。

以上便是我初读《汪达之评传》的学习体会与感想。不妥之处，敬请方家指出。

是为序。

2020 年 7 月 3 日
于淮阴师范学院
中国语境教学研究与推广中心

孔凡成 江苏泗阳人。淮阴师范学院教授，硕士生导师。淮阴师范学院中国语境教学研究与推广中心负责人。中国高等教育学会语文教育专业委员会理事，中国逻辑学会逻辑教育专业委员会理事，江苏省教育学会语文课程与教学论研究中心常务理事，淮安市教育学会小学语文专业委员会副理事长，中国红楼梦学会会员。2017 年《语文教学通讯 A 刊》封面人物。国内语境教学研究代表人物。在语文教育学、红学及修辞学研究方面发表论文 70 余篇，有多篇论文被人大复印资料转载或中国古代文学研究年鉴收录。著有《语境教学研究》《从情境到语境》《中国教育名家与语境教学发展》《语境教学论》等，多项研究成果荣获江苏省教育科学研究优秀成果奖“理论创新奖”。编著《小学语文名师经典课例研究》《中学语文名师经典课例研究》等，主持教育部、省教育科学规划和省教育厅课题 8 项。研究成果广泛服务于高校及中小学课堂，“语境教学理论与实践”研究成果曾获 2017 年江苏省基础教育教学成果奖二等奖。

教育之“达”

——《汪达之评传》序

稚吟秋声

此时，正是夏末初秋，院墙边的金银花抽出长长的枝条，虽然尚未开出金黄色的花朵，却也别有一番韵致。

书房。日影西斜。放下手头厚厚一沓《汪达之评传》书稿，心中有着千言万语，总想对教育说些什么，然而，千头万绪中，却始终无从说起。

教育，究竟为何？

怎样的教育才是真正的好的教育？

这些问题无数次萦绕心头。模糊，清晰；又模糊，再清晰；复又模糊，再又进一步清晰……

早在20世纪80年代，在师范课堂上第一次接触到教育史大家、现代教育学创始人、美国哲学家和教育家约翰·杜威，被他的“儿童中心”“活动中心”“经验中心”等教育理念所深深吸引。

还是在师范求学期间，作为杜威的学生，学成归国的我国教育家陶行知先生，其伟大形象也同时印刻于我心，他的“捧着一颗心来，不带半根草去”的赤子之忱深深震撼了我。好不容易从学校图书馆觅得一本由江苏省陶行知教育思想研究会、南京晓庄师范陶行知研究室合编的《陶行知文集》，让那时的我读得如痴如醉。

陶行知先生创造性地继承了杜威的教育理念，结合当时中国的社会现状，穷其一生主张并践行着“生活即教育”“社会即教育”“教学做合一”的教育理念，给艰难时期的我国教育带来了新的曙光。

然而，那时年轻的我尚不知道，在我国，真正继承并弘扬陶行知先生教育理念，使其更加发扬光大的，竟是汪达之先生。

达之先生“自觉觉人、自立立人”，在行知先生精神感召下，他对少年儿童的教育做出了许多开拓性创新性的有效探索；

达之先生在新安小学的诸多教学探索与引领，堪称教育史上的“旷世之作、惊世之作”；

达之先生指导下的新安旅行团，“行万里路，读万卷书”，在民族危亡的特殊关头，自觉担当起社会重任，坚持以各种方式抓住机会向民众进行抗日救亡宣传的活动，他们的这种富有特殊意义与使命的旅行修学，开创了中国特色的为人民办教育的新式教育思想。

汪达之先生由一名“试读生”，成长为一名校长，最终成长为一代教育家，其个人的成长故事，本身就是最让人肃然起敬的成功教育。

这本《汪达之评传》的作者刘友开老师，其四十余年的教育生涯，也是研究、追随陶行知与汪达之先生之教育理念和教育精神的四十余年。作为一名新时期的新安小学教师，友开老师在他们的精神感召下，从中汲取巨大力量，亦由一名普通的教师，成长为江苏省特级教师、中学高级教师，成长为陶行知与汪达之教育理念的优秀研究者与忠实践行者，成长为汪达之研究领域的权威性专家。

除了这本《汪达之评传》，刘友开老师还曾先后编辑出版过两本《汪达之教育文集》。冰心老人在 93 岁高龄时为首版本题词：“人民教育家汪达之教育文集”；时任国务院副总理、国防部长张爱萍上将为再版本题写了“汪达之教育文集”的书名。由此可见这部书分量之重。

而“行知”与“达之”教育理念的忠实践行者友开老师，与达之先生一样拥有贫穷却懂事的童年时期和艰难奋进、不断探索的青年时期，以及成果丰硕的壮年。正因为如此，在阅读这部评传时，达之与友开先生的身影，常常会错觉般叠合在一起，你中有我，我中有你。

我想，有关汪达之先生的文集整理与评传出版，刘友开先生应该是最合适、最用心的人选了，没有之一。或者可以说无人能出其右。

陶行知、汪达之、刘友开等老师……他们以自己的教育人生，完整而又完美地诠释了“教育究竟为何”与“怎样的教育才是真正的好的教育”。

教育，其最终目的，就是人的全面与终身发展。

真正的好的教育，就是能使人得到全面发展与终身发展的教育。

陶行知先生在谈到“学生自治问题的研究”时就曾指出：“近世所倡的自动主义有三部分：一是智育注重自学，二是体育注重自强，三是德育注重自治。”这三部分其实就是针对人的全面发展与终身发展而提的。自学能力，应该是非常有利于一个人的终身可持续性发展的，这种能力一旦形成，个体诸多方面自然受益。体育上的“自强”，则不仅就身体素质而言，还指向精神方面，如意志、毅力等。德育上的自治，相当于“自律”，这对于一个人的发展而言其重要性是不言而喻的。

在资金短缺的情况下，汪达之先生带领新安旅行团利用自身特长，在全国各地开展抗日宣传活动，自筹资金、自放电影、自排话剧、自印宣传小册……还有他在后来担任新中国教育部师范教育司相关职务后提出的全面技术教育理念，无一不是为了儿童的全面发展与终身发展。

无论陶行知还是汪达之，他们一生都践行自我教育，成功铸就一个终身全面发展的最好的自己，其本身，也无形中成为其教育理念的最好楷模。

陶行知先生又曾热忱提出教育的三个目标，即研究学问，要有科学的精神；改造环境，要有审美的意境；处世应变，要有高尚的道德修养。我想，一个人果真达到了这三个目标，那也就是一个全方位、可持续性发展的人，他自然不仅可以很好地立足于社会，还可以更好地服务于社会，为社会做出其最大贡献。

这与陶先生关于“人中人”的教育目标非常一致。教育的根本目的，不是让人“出人头地”，而是让人“心地平和”，与万物和谐相处，快乐地做最好的自己。

杜威的“儿童中心论”教育理念，就包含着以上这些思想，那才是对儿童的至爱。

一个全面发展的人，更易处事不惊；一个终身发展的人，更易拥有平和的心态；一个对社会有贡献的人，自然就自信阳光，很易具有自我精神满足的愉悦感与成就感，那也就更易获得内心的快乐。

陶行知创办的晓庄学校的学生、汪达之带领的新安小学的学生，就是在这样伟大的教育理念培养下的一群全面发展、自信快乐的人，于己于社会都好。

从《汪达之评传》一书中，我们可以清晰地感知汪达之先生对陶行知教育理念的全面践行，也能够清晰地感知此书作者刘友开老师对此深入的领悟。而这，多么难能可贵！

汪达之先生在作自我介绍时，经常会向学生介绍自己的姓名，“达之，就是‘到达’的意思”。他说。正如其所言，他以其艰苦卓绝的教育一生，达到了教育的新境界。

教育之“达”，竟在何处？

行知先生与达之先生的一生，也许可以给每一位教育工作者与学生家长一点思考与启示。

纵观当今教育，“书本教育”与“知识教育”全面充斥，相对忽略了人的全面发展与终身发展，或者说，对此，口号上已经重视、实际上却步履维艰。对此，伟大的教育家陶行知先生早就有着清醒与深刻的认识：书本知识不是不重要，但它们只是可以利用的有效工具，不能将其看作是最终目的，它们需要通过实践方能变成可以吸收的营养，使人受益，以促进其一生。因此，我们在今天重温“行知”理念与“达之”精神，应该有着更加深远的现实意义吧！我想。

书房。月影初上。院墙边的金银花，其藤蔓上的绿叶在月光下依稀闪着光。它终有开出花朵的一天吧，期待着。

2020 年 8 月于浙江海宁青桐小筑

稚吟秋声 原名姚丹华，1970 年生于上海。教育行者，溯源教学法创始人，独立写作人。曾在全国各地推广溯源导读教学理念，担任全国语文教学活动主讲嘉宾二十余场。其溯源导读教学展示课《愚公移山》《为学》《陈太丘与友期行》《背影》等广受好评，并引发语文界与教学界对于溯源教学法的关注、探讨与思考。

高山仰止，景行行止

——《汪达之评传》序

刘　玮

夜深人静，捧读《汪达之评传》书稿，一卷尘封已久的历史画卷徐徐展开，呈现眼前。在吾兄友开笔下，那个陶行知生活教育理论最忠诚的实践者和为中国人民革命事业奋斗终生的共产主义战士的身影，仿佛就在我们眼前。在那个风雷激荡的年代，教育先辈们筚路蓝缕弦歌不辍，那些精神让人深感震撼、心潮澎湃。

教育，是人类文化自我持续更新的过程，也是“一切有益人类的事业中，首要的一种”。正因为这样，教育历来吸引着不少能人志士，他们不惜付出巨大的精力或奉献自己的一生，从事于教育的探索和实践，汪达之先生就是这样一位伟大的教育家。

作为人民的教育家，汪达之亲历新中国教育由无到有、到弱小到发展壮大的艰辛历程。他在多年的教育实践中，在借鉴陶行知教育思想的基础上，探索形成了自己独特的教育思想，把陶行知教育思想发展到一个新的阶段。

“学思结合，着重观念”。他重视对学生开展中华优秀传统教育、爱国主义教育、革命理想主义和革命乐观主义的教育。他精心组织的新安旅行团，就是对学生开展爱国主义教育的生动实践。

“全面发展，技能优先”。他主张和提倡学生全面发展。他不仅重视学生智力和知识的培养，重视学生的身心健康，也重视对学生进行唱歌、绘画、表演、音乐、电影、曲艺等综合素质的培养。汪达之还很重视学生社会实践能力培养，将教学与生产劳动、社会实践结合起来，经常组织学生到农村农场实地考察，着力培养学生的劳动意识和劳动能力，促进学生德智体美劳全面发展。

把学校教育和社会教育完美结合起来，实行“教学做”合一。汪达之受陶行知生活教育理论影响，并结合自己的教育实践，创立了有自己烙印的综合职业技术教育思想。在教育实践中，汪达之非常重视让学生在社会中接受教育，让学生在社会大课堂中得到锻炼，提高综合职业技能。

一座山峰的崛起，挺立的是脊梁；一项事业的成功，需要一代代人的接续奋斗。吾兄友开作为一名在人民教育家汪达之研究方面很有建树的学者，继承并发扬了汪先生的教育思想，并深入分析了这些思想的现实意义。“做个带有诗人味的科研型开放式教师，教书育人、为人师表，进则兼济天下、造福于民，退则安身立命、发挥余热。”他是这么说，也是这么做的。

他在楚州区教研室工作期间，首创了全国唯一的一例思想品德课教学法——“五环式”教学法，调动了学生学习的积极性，培养了学生的自主学习能力和创造能力，提高了政治课堂的实效性，其实质就是汪先生思想中重视对学生进行爱国主义思想教育的传承和实践。

在语文学科教学研究方面，他首倡了“三三制”教学法，并出版了《教海弄潮——刘友开教育教学研究论集》和《我的教育诗——刘友开教育教学研究诗集》。他的教育诗和评课诗均属全国首创，且具有很高的学术价值，这种重视美育培养的做法，正是对汪先生提倡的加强学生综合素养培育最好的继承。

在深圳路小学工作期间，他主持研究的省级重点课题“小学习作教学中乡土教育资源的开发和利用的研究”，对当地乡土教育资源在小学作文教学中的开发和利用探索出了新的有效途径，这就更是汪先生“把学校教育和社会教育完美结合起来”思想在当前社会中的实际运用和有效探索。

从1995年友开兄出版了《汪达之教育文集》，到2003年4月再版，他前后花了23年时间，深入研究了汪达之先生的教育思想，并深入分析了这些思想的现实意义，并在此基础上创作了本书。可以说，这是一部较为全面、系统地展示汪达之教育活动和教育思想的奠基之作，是研究汪达之的一部重要基础性史料，在汪达之研究史上占有重要的地位。书的字里行间，无不透露出汪先生和友开兄两人对国家的赤子之心，对民族的赤诚之心，对教育的忠诚之心，对学生的仁爱之心。

不动者厚地，不息者高天。无穷者日月，长在者山川。高山仰止，景行行止。汪达之先生的爱国热忱、教育思想、革命精神永驻人间。对汪先生精神的传承者刘友开，我谨致以无限崇敬！

刘玮 江苏省苏州市吴门教育集团总校长，教育博士，正高级教师，江苏省特级教师，江苏人民教育家培养工程培养对象，江苏省名师工作室主持人，江苏省人民政府教育督导委员会专家组成员，南京师范大学硕士生导师。多年来致力于现代学校治理、学校内涵发展及小学数学教学理论与实践研究，主持国家、省教育科学规划课题3项，曾获得江苏省教学成果一等奖、江苏省教育科学研究成果一等奖、全国中小学教育科研成果一等奖、江苏省哲学社会科学优秀成果奖、江苏省小学数学优质课评比一等奖。出版教育专著3部，在CSSCI期刊、全国中文核心期刊等主流教育期刊发表学术论文100余篇，多篇文章被人大复印资料全文转载。

前言

……

002

人民教育家汪达之教育思想与实践及现实意义

刘友开

人民教育家汪达之的教育思想与实践是中国特色社会主义教育事业弥足珍贵的精神财富。研究汪达之的教育思想与实践对新时代中国特色社会主义教育的建设和发展，具有极其重要的借鉴价值和现实意义。

（一） 汪达之是一个怎样的人？

汪达之（1903. 4. 21—1980. 3. 27），安徽省黟县人。在长达半个世纪的教育生涯中，他曾先后任淮安县新安小学校长、著名的全国青少年儿童革命团体新安旅行团（简称“新旅”）顾问（实际上的团长、决策者和领导人）、苏北抗日民主根据地盐阜区行政公署文教处督学、苏皖边区政府教育厅督学、华东干部子弟学校校长、南京晓庄师范学校校长、教育部师范教育司专员、中国文字改革委员会办公室主任、全国普通话语言研究班副主任（主持工作，主任由教育部副部长叶圣陶兼任）、广东民族学院（广东技术师范大学的前身）党委书记兼副院长。此外，在抗日战争和解放战争时期，汪达之还曾在广西桂林致和村、江苏涟水长浦河村、阜宁县马集区和淮安县河下镇，四度恢复新安学校并担任校长。

我们党和国家的领导人早就对汪达之及他所从事的教育事业做出高度评价。毛泽东主席给“新旅”的复信，既是对“新旅”全体团员的亲切关怀，也是对“‘新旅’之父”汪达之的充分肯定。国家名誉主席宋庆龄号召青少年学习“新旅”精神，其中也自然包含学习汪达之的精神。时任新四军政委的刘少奇同志曾高度称赞汪达之是“一位党外的布尔什维克”。时任广东省委书记习仲勋曾亲自批准为在“文革”中酿成的汪达之冤假错案平反。习近平总书记亲切接见“新旅”老团员曹维东并向他颁发老红军纪念章，也是对汪达之丰功伟绩的充分肯定。

我以为，在中国现代的人民革命教育史上，汪达之应该占有一席地位。作为一位著名的人民教育家，有杰出贡献和开拓创新的教育思想家、教育改革家、教育实干家、爱国教育家，杰出的共产党人、国际主义志愿者和一个由民主主义者走向共产主义者的中国现代知识分子的典范，汪达之先生是当之无愧的。

（二） 汪达之教育思想主要体现在哪些方面？

汪达之教育思想不仅是多方面的，还是首创性的，是非常具有创新精神和与时俱进的，是符合当时当地中国国情的具有中国特色的科学的、民主的、大众的教育思想，主要体现在以下的几个方面：

1. “为旧教育唱葬歌，为新教育唱进行曲”，是汪达之“综合技术”教育思想的高度概括。

汪达之的“综合技术”教育思想发轫于早在创办新安小学时期。他在《新安小学四年来在实际生活的体验上所找到的理论》中就做过非常明确的阐述：① 指导劳动者取得现实生活需要的教育。② 指导生产者创造平衡的新社会的学校。③ 用体力从事于劳动生产的真本领以锻炼脑力的教育。④ 指导学生自动地组织集团以解决生活需要的学校。⑤ 科学与艺术综合的生活进程[1]。

2. “自觉觉人，自立立人”，是汪达之儿童教育思想的集中体现。

汪达之儿童教育思想，继承和发扬了陶行知生活教育思想，它以培养儿童独立自主生活能力为核心，以培养未来抗日救国人才和“争取民主中国的胜利”的人才为目标，在儿童教育上做出了许多开拓创新性的有益探索，为新民主主义中国和社会主义新中国的儿童教育事业做出了重要贡献。其主要体现在：① 对儿童教育的高度重视。② 对儿童身体健康的高度重视。③ 对儿童艺术教育和科学教育的高度重视。④ 对培养儿童民主意识和独立思考能力的高度重视[2]。

3. “行万里路，读万卷书”，是汪达之“旅行修学”教育思想的独特创造。

汪达之的“旅行修学”教育思想主要体现在他组织新安儿童旅行团赴上海旅行考察、率领新安旅行团奔赴全国宣传抗日救国，以及领导华东干部子弟学校北撤南下途中所创立的在流动中进行“旅行修学”和“火线办学”的教育理论与实践之中：① 新安儿童旅行团旅沪的初步尝试，为汪达之“旅行修学”教育思想的萌芽，奠定了坚实的思想基础。② 新安旅行团旅行全国的成功实践，为汪达之“旅行修学”教育思想的形成和发展，树立了一座不朽的丰碑。③ 华东干部子弟学校北撤南下的“火线办学”，丰富了汪达之“旅行修学”教育思想，创造了“流动教育”的独特创造。

4. “事业为经，恋爱为纬”，是汪达之“婚恋家庭”教育思想的生动写照。

汪达之的“婚恋家庭”教育思想主要体现在他个人的恋爱婚姻观与他和杨南琛传奇的烽火姻缘及他的家庭教育与怎样教育子孙的实践之中：① 对于爱情观，他认为：“爱情建筑在同一目的的事业基础上，才能滋长发荣。” ② 对于婚恋观，他认为：“恋爱观的基础，是建立在事业观上的。换句话，事业为经，恋爱为纬。” ③ 对于家庭教育观，他认为：“今天儿童已不仅是家庭的子孙，而且还是国家的小主人，民族的幼芽，民族的生命。我们教育（他们），不仅（要）站在家庭的立场，而且还要站在国家民族的立场，要用极大的可能和力量，来保护他们应享的民主权利，教养他们成为贤良儿孙，成为优秀的国民。”[3]

（三） 汪达之有哪些重要的教育实践？

汪达之教育思想的成功实践是多方面的。他在践行陶行知生活教育理论的过程中，结合中国革命和建设各个时期不同的国情、社情、民情、校情及不同的工作岗位进行研究、继承、创新与发展，创造出的不少教育实践范例，都堪称中国现当代教育史上成功的经典之作。有的甚至是中国青少年儿童运动史和中国革命教育史上的奇迹。其主要体现在：

1. 接办新安小学的艰苦创业，是汪达之“生活生存”教育实践的开篇力作：临危受命任校长，接办新校创辉煌。

1930 年，27 岁的青年汪达之在风雨飘摇中临危受命，接任苏北淮安县新安小学第二任校长。他一个人苦撑危局，将刚创办还不到 8 个月并处于绝境中的新安小学，仅用 5 年时间就将新安小学办成“超越学校本意，具有象征品味”的生活教育实验基地，在中国现代教育史上谱写了一曲“为旧教育唱葬歌，为新教育唱进行曲”的壮丽凯歌。当地群众和当时的教育界都盛赞新安小学的学生是“古庙活菩萨”，汪达之则被称颂为“古庙战神”。陶行知高度颂扬汪达之等新安小学教师是“捧着一颗心来，不带半根草去”的人，并勉励说“你们抱着这种精神去教导小朋友，总是不会错的。”当代诗人赵恺则盛赞：“新安小学超越学校本意，具有象征品味。它象征民族气节，象征人类品质。新安小学是世界历史的旷世之作、惊世之作。”

2. 缔造新安儿童自动旅行团的赴沪旅行，是汪达之“旅行修学”教育实践的成功尝试：七根光棍游上海，小孩划分新时代。

到了 1933 年的秋天，汪达之便将新安小学当时仅有的七个基本学生组成了“新安儿童自动旅行团”，到正在进行民族解放斗争的大城市上海去教学做。新安儿童旅行团旅沪 54 天，他们凭吊了“一・二八”淞沪战场，参观了工厂、码头，看到了北丰公园和法国公园门上高挂着的“华人与狗不得入内”的标牌，见到了帝国主义“租界”里耀武扬威的“洋鬼子”和黄浦江上挂着米字旗、星条旗、太阳旗的外国兵船及法国巡捕和其雇用的印度、安南巡捕殴打和抓捕中国人的凄惨情景，了解了工人、学生、贫民的艰难生活状况，增强了他们爱国主义的热情。他们依靠自己上街卖书卖报，到各大、中、小学校去演讲等方式取得生活费用，培养了他们自理自主的自治能力。他们成功的实践，轰动了当时上海和江苏的教育界和新闻界。上海和江苏的许多报纸都以大量的篇幅报道了他们的活动，其影响迅速扩展到了全国许多城市及南洋和旧金山一带的华侨中。陶行知先生盛赞新安儿童旅行团是“划分新时代”的“伟大的宝藏”，并赋诗云：“谁说小孩小？划分新时代。”

3. 率领新安旅行团旅行修学，是汪达之“综合技术”教育实践的经典范例：抗日宣传赴国难，培养人才创新干。

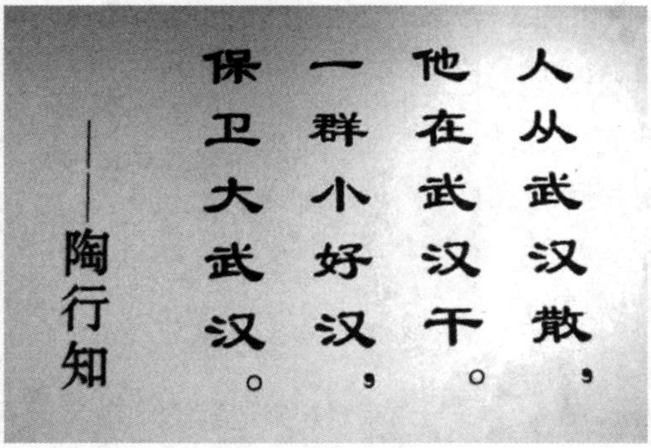

陶行知为新安旅行团所作的诗

1935 年，日本帝国主义加紧了对中国的侵略，蒋介石反动政府“攘外必先安内”的反革命政策昭然若揭，中国共产党发表了“八一宣言”，全国抗日救国的呼声日趋高涨。但是古老中国这只睡狮尚待唤醒，广大民众抗日救亡的运动在全国范围内尚待掀起。经过两年时间的紧张筹备，在陶行知先生和上海左翼教师联合会中共地下党支部的支持下，肩负着到全国宣传“抗日救国”，践行陶行知“生活教育”理念的以作长途和长期旅行修学的新安旅行团终于在淮安新安小学诞生了。新安旅行团开始成立时，共有 15 名团员。汪达之担任“顾问团员”。在汪达之的带领下，新安旅行团历时 17 年、行程 5 万余里、足迹遍及 22 个省市，把从淮安出发时只有 14 名基本学生参加的新安旅行团发展到有 600 多名团员参加过的中外闻名的青少年儿童革命团体。他们成功地把人才培养与宣传抗日救国、参加抗日战争、解放战争和新中国建设有机地统一起来。同时他们为抗日战争和争取民主中国的胜利做出了特殊的卓著贡献，又为党和国家培养了一大批德才兼备的优秀人才。

4. 统领华东干部子弟学校北撤南下，是汪达之“火线办学”教育实践的创新精品：五校随军大跨越，战时教育创奇迹。

1946 年，解放战争爆发后，汪达之奉命任华东干部子弟学校校长，率领师生随军作战略转移，北上鲁冀、南下江淮、挺进南京。华东干部子弟学校由原华中建设大学附中的实验小学、新安小学、雪枫干部子弟小学、淮南干部子弟学校、淮南中学等学校合并组成。先为华中干部子弟学校，后编入华中局后方机关组成的“黄河大队”为第十中队，实行组织军事化、统一军事行动。同时进行长期和长途的火线流动教育。有一次艰苦行军就长达一个月。驻扎后相对稳定时除进行正常的教育教学工作外，还参加当地的土地改革及机关查整运动。身为校长的汪达之历经艰险，既出色地完成了学校师生随部队作战略转移的任务，又紧密结合解放战争战场复杂多变的艰险形势，出色地完成了火线办学的艰巨任务，为解放战争的胜利做出了特殊的贡献。

5. 恢复南京晓庄师范学校，是汪达之“师资建设”教育实践的良好开端：服从需要办学校，培育人才重担挑。

早在抗日战争时期的广西桂林，为粉碎国民党顽固势力加紧对“新旅”的迫害，根据周恩来和中共南方局的部署，汪达之就曾在桂林致和村恢复新安学校，为“新旅”从大西南国统区向苏北敌后抗日民主根据地转移做掩护、演戏剧、筹经费、育人才……到达苏北敌后抗日民主根据地盐阜区后，汪达之还奉命在涟水县长浦河村等地几度恢复新安学校，为抗战建国培养和输送了大批人才。新中国成立后，1950 年春，经南京市委建议，华东局批准恢复南京晓庄师范学校。汪达之奉命调任校长。他把教师队伍建设作为恢复晓庄师范学校的头等大事来抓。汪达之继承恩师陶行知先生的事业，肩负复校大任，继续为新中国师范教育培养人才。

南京晓庄师范学校大门

6. 创办全国普通话语言研究班，是汪达之“语言文字”教育实践的成功尝试：专员乐做副主任，普语推广创始人。

1955 年，教育部和中国语言文字改革委员会合办全国普通话语言研究班，调汪达之任该班级的副班主任，主持工作。班主任由时任教育部副部长叶圣陶兼任。全国普通话语言研究班于 1956 年 2 月正式开学。连续办了四期，每期半年。1956 年，“文改委”撤销普通话语言研究班，汪达之曾先后几次写信给周恩来总理、陈毅副总理和毛主席、党中央，反复建议不要撤销全国普通话语言研究班，恳请“有重新考虑的必要”。后因全国机关机构精简，此建议未被采纳，但是，汪达之还是为全国推广普通话培养了一大批骨干。

7. 主持广东民族学院工作，是汪达之“少数民族”教育实践的重大突破：兴办学校把真求，捧心奉献拓荒牛。

广东民族学院时期的汪达之

1960 年，57 岁的汪达之自愿到坐落在条件最艰苦的广东海南通什荒岛上的广东民族学院工作，被任命为院党委书记兼副院长，肩负起开拓广东民族教育事业的重任。那时候，广东民族学院刚从广州搬迁到海南通什不久，汪达之带领全校师生不断改革创新，使广东民族学院的教育事业一步步地走上正轨，并取得不断的长足发展，为广东民族地区培养和输送了一批批优秀人才。为扩大招生规模，汪达之经常亲自带队，领着同事们跋山涉水，披荆斩棘地到五指山深处的少数民族村寨招生，把身着树皮衣、脸上文身、文化程度很低的青年，培养成优秀的少数民族干部。据当年在广东民族学院工作过的老人讲，汪达之把贫困农村的穷孩子、战乱时期的难民子女和海南深山里没有文化的少数民族青年都培养成人才，真是很了不起的事啊！[4]

（四） 研究汪达之、学习汪达之有什么现实意义？

为谁办学的问题，是事关教育方向的根本性问题。人民性是汪达之教育思想最显著的特征。汪达之处处为人民之所想，急人民之所急。他办教育，立足于中国最广大的农村和国家需要，以帮助解决百姓及孩子们生活急需和未来发展为目标。

1. 汪达之教育思想为解决“为谁办学”这个重大的教育问题，提供了有益的历史借鉴。

正是在为人民办教育的思想指导下，新安小学由小变大，由弱变强，诞生了闻名全国的新安旅行团，为抗日战争和解放战争培养了大批优秀人才，为新中国的建设做出了特殊的贡献。如要解决当今教育中的某些问题，汪达之一心一意为人民办学的思想足资借鉴。

2. 汪达之教育思想为培养什么样的人才和如何培养人才，提供了成功的经典范例。

汪达之以培养孩子“健康的体魄，生产的技能，艺术的兴趣，‘征服自然’的能力，改造社会的精神”为办学宗旨，大力发展儿童独立生活能力和生存能力，培养他们科学意识、审美意识和民主意识，使儿童的身心健康、科学知识和实践能力及创造精神等全面协调发展。在旧中国经济极其落后、环境极为恶劣的情况下，开辟了一条依靠自力更生办学的新路子，为国家培养了一大批德才兼备的党政军高级干部和德艺双馨的艺术家、文学家、科学家。汪达之带着新安旅行团的一群孩子，在战火纷飞的年代，宣传抗日救国、参加解放战争和新中国的建设，历时17年，走遍全国22个省市，行程5万多里，创造了中外青少年儿童革命运动史和中国革命教育史上的奇迹，同时也培养了一大批各行各业的优秀人才。这就是有力的例证。

3. 汪达之教育思想为落后地区教育的发展和薄弱学校的改造及经济发达的都市教育，提供了很好的智力支持。

汪达之从事的教育事业大多是在极端困难情况下进行的。在上任新安小学校长之初，经济极端困难，环境极为恶劣，甚至师生断炊。有一次，学校就要断炊了，他们就拿着一件大衣跑了三十里路，只当到两元钱，又饿着肚子跑回学校。陶行知得知后，非常感动，挥笔写下了至今仍广为流传的一句盛赞汪达之等新安小学老师们的名言：“捧着一颗心来，不带半根草去。”汪达之在艰苦卓绝条件下，以乐观、积极的态度去面对困难，凭借自己的双手和勤奋劳动去解决困难，他这种始终坚定地为天下劳苦大众谋福祉的信仰和自力更生、勤俭办学思路，无疑给我们新时代办好有中国特色的社会主义教育，特别是办好落后地区的教育和办好经济发达都市的教育，提供了很好的智力支持。

4．汪达之教育思想为继承、创新、发展陶行知生活教育思想，提供了宝贵的创新经验。

“给旧教育唱葬歌，给新教育唱进行曲”——接办新安小学，创建“基本学生”和普通走读生相结合的办学机制，挽救了新安小学的生命，培养了学生的自立、自理、自治能力。这是汪达之对陶行知生活教育思想的创造性继承。“谁说小孩小？划分新时代”——缔造新安儿童旅行团，到民族解放斗争的社会大学校中去教、学、做，培养了学生的自主能力。这是汪达之对陶行知生活教育思想的继承性创新。“你们走的是创造之路”——率领新安旅行团，奔赴全国各地旅行修学，把宣传抗日救国和培养人才有机地统一起来，创造了中外青少年儿童革命运动史和中国革命教育史上史无前例的奇迹。这是汪达之对陶行知生活教育思想的创新性发展。

5．汪达之教育思想为建设符合当前新时代中国特色社会主义教育，提供了有价值的参考。

弘扬汪达之为救国救民奔走呼号和为新中国教育事业呕心沥血的全心全意为人民服务的高风亮节，发扬汪达之“捧着一颗心来，不带半根草去”的敬业奉献精神和“给旧教育唱葬歌，给新教育唱进行曲”的改革创新精神，继承汪达之爱国爱党、追求真理、坚持原则、百折不挠、坚强不屈、勇于实践、大胆创新、艰苦奋斗、关心群众、团结同志、爱生如子的崇高师德和优良传统，学习汪达之跟着共产党走的坚定正确的政治方向和对共产主义坚定不移的理想信念，对促进我们今天新时代教育改革和加强高素质的教师队伍建设等都具有重要的现实意义。同时，回顾和研究汪达之对陶行知教育思想继承、创新和发展方面的杰出贡献，对于推进重在践行的“学陶师陶”活动，促进中国新时代特色、符合中国新时代国情的教育改革，也必将具有重要的现实意义。

（五） 汪达之精神对我有何影响？

“不达目的，决不罢休”的坚强铁汉意志和“在教育上革命，进而办一种革命的教育”的改革创新气魄及“捧着一颗心来，不带半根草去”的无私奉献精神，是汪达之精神的集中体现。他坚定正确的政治方向的人生观、价值观和世界观，他敢为人先、锐意改革、奋发进取的不断创新精神，他热爱教育、艰苦创业、爱岗敬业的崇高师德等，对我这个“草根”教师的个人成长和专业发展，都有着十分重要的深刻影响。

1．汪达之终身从教、艰苦创业、爱岗敬业的崇高师德，激励我不改做教师的初心，确立终身从事教育事业的坚定信心。

20 世纪 80 年代初期，我刚到淮安县新安小学任教不久，当时教师改行之风盛行。也有好心人想让我改行，推荐我到报社去做记者、当编辑，或者到乡镇去干秘书等。在选择职业的十字路口，是汪达之终身从教、艰苦创业、爱岗敬业的崇高师德，激励我确立了继续从事教育事业的坚定信心。汪达之终身为人民教育事业奋斗不息的精神使我未改变做教师的初心，坚持一辈子干教育工作。2016 年退休后至今，我仍在南京、镇江、淮安等地为学校教育教学改革和培养青年教师继续做出力所能及的奉献。

2. 汪达之敢为人先、锐意改革、奋发进取的不断创新精神，引领我积极投身教育改革，努力从事教育教学课题研究，并取得了丰硕的研究成果。

在新安小学做班主任兼中队辅导员和做语文教师的 7 年中，我努力用汪达之精神教育学生，积极开展班队活动的创新和作文教学的改革。我辅导的班队学生开展的“为新安旅行团老团员立传”的创造性活动，获得了首届全国少年儿童创造性活动“创造杯”奖。我指导学生的作文，每学期都有七八篇在全国各地的报刊上发表。在淮安市教委教研室任小学思想品德学科专职教研员的 14 年中，我努力用汪达之教育改革的精神，在当时没有教材、没有教参、教师也不知道怎么教的情况下，致力于小学思想品德课“五环式”教学法的创建，课题研究成果获得了淮阴市优秀教科研成果一等奖，在淮安全市得到了普及性地推广应用，并从淮安推广到全国许多地区，受到了领导和专家的高度评价及老师们的普遍欢迎。时任江苏省教委副主任周德藩在我的成果专著《小学思想品德课“五环式”教学法研究》的序言中高度评价“这是小学思想品德课教学改革的一个重要成果。”在淮安市楚州实验小学和深圳路小学做副校长及镇江市润州区教师发展中心任书记的 16 年中，我又以汪达之教育改革的精神为指导，主持了“小学习作教学中乡土教育资源的开发和利用的研究”“小学语文教材中不同类型课文有效教学基本式的研究”等省级教科研课题的研究，曾先后获得江苏省一等奖和全国一等奖，被专家称之为“实践化的理论”和“理论化的实践”，研究成果也从淮安和镇江向全省、全国推广。

3. 汪达之坚定正确的政治方向的人生观、价值观和世界观，也为我个人的成长和专业发展起到了很大的促进作用。

早在新安小学工作时期，被誉“党外布尔什维克”和“中国共产党优秀党员”的汪达之的中国现代知识分子的精神也深深地感染着我，鼓舞我在政治上不断追求进步，使我在同行的年轻教师中率先加入了中国共产党，奠定了我教育人生中正确的政治方向。在长达40 多年的本职工作之余，我长期坚持对汪达之的研究，先后出版了两本《汪达之教育文集》，被誉为不可多得的教育学术性专著，并产生了广泛的积极影响。文学泰斗冰心老人在 93 岁高龄时还为首版本题词：“人民教育家汪达之教育文集”，时任国务院副总理、国防部长张爱萍上将又为再版本题写了“汪达之教育文集”的书名。文集还先后被中国国家图书馆和美国国会图书馆收藏。这对我被评为江苏省特级教师和获得淮安市有突出贡献中青年专家、全国教育科研杰出校长及全国首届优秀传统文化教育“百佳先进人物”等都起到了一定的帮助作用。

综上所述，这就是我研究汪达之、出版《汪达之评传》的“家国情怀”。“家”者，“小我”也；“国”者，“大我”也。其二者之间的关系，正如南京大学教授许永璋先生在他的诗作《我我歌》中所说：“不使大我损毫末，健全小我，大我自成功。永葆我我之正义，弘扬大同世界之雄风！”

国是大的家，家是小的国。没有国哪有家，有了家就不能忘国。我是一个“草根教师”，“草根”到曾经逃过荒、要过饭，“未要过饭，不晓得狗狠”。这是我童年人生的最深感悟。我是一个“草根教师”，“草根”到即使没有力气也不得不无奈地去挑大河工，“没有挑过大河工，不知道劳役之苦”。这是我青年人生的最深感悟。我是一个“草根教师”，“草根”到被评为江苏省特级教师，还没有把普通话讲好，“讲不好普通话的语文特级教师，是不够格的特级教师”。这是我中年人生的最深感悟。

值得欣慰的是，当我回首40多年的教育生涯，坦率地讲，我并没有因虚度年华而悔恨，也没有因碌碌无为而羞愧。因为在那过去的40多年从教生涯中，业余生活中的我，一直在致力于对汪达之的研究。如果若问：何以为证？那就请看《汪达之评传》吧！

四十年来磨一剑，厚积薄发笔耕练。撰写汪达之评传，告慰英灵重见天。民族振兴中国梦，匹夫有责乐奉献。不忘初心记使命，承先启后再向前。

“分析过去，抓住现在，创造将来。”让我们以陶行知先生的这一名言相互勉励，不忘初心，牢记使命，在各自的教育岗位上继承像人民教育家汪达之教育思想与实践这样优秀的教育文化遗产，为实现中华民族伟大复兴的中国梦而不懈奋斗、砥砺前行！

【注释】

[1][3] 刘友开编：《汪达之教育文集》，南京：江苏教育出版社，1995年。

[2] 刘良业：《浅析汪达之儿童教育思想》，刘友开《一群小好汉群英谱》（诗集），北京：团结出版社，2015年。

[4] 汪汀：《参加爷爷汪达之雕像揭幕仪式》，新安旅行团编委会编，《上海新旅通信》第四期（特刊）《怀念新旅之父汪达之》，2018年。

目　录

像汪达之那样做先生
——《汪达之评传》序 / 张俊平 001
有责任的使命担当，有良知的家国情怀
——《汪达之评传》序 / 刘良业 004
一部适得其人的传记力作
——《汪达之评传》序 / 孔凡成 007
教育之“达”
——《汪达之评传》序 / 稚吟秋声 011
高山仰止，景行行止
——《汪达之评传》序 / 刘玮 015

前言
人民教育家汪达之教育思想与实践及现实意义 / 刘友开 002

第一章　乱世谋生寻出路 （1903—1927）
第一节　美丽碧山苦难家 / 002
第二节　流落会馆母撑持 / 004
第三节　遗腹子心当拿云 / 006

第二章　投奔晓师勇求学 （1928—1930）
第一节　两次加入国民党 / 010
第二节　晓庄师范试做生 / 012
第三节　以陶为师取真经 / 013

第三章　临危受命办新校 （1930—1935）
第一节　力挽狂澜于既倒 / 020

第二节　古庙战神谋革新 / 026
第三节　创立基本学生制 / 031
第四节　缔造儿童旅行团 / 034
第五节　树立正确婚恋观 / 041

第四章　宣传抗战万里行　(1935—1941)
第一节　为民族生存奋斗 / 048
第二节　勇作民众小向导 / 062
第三节　誓为抗日做后盾 / 070
第四节　唤醒军民齐抗战 / 075
第五节　危难之时党指引 / 079
第六节　战场摆到大后方 / 084
第七节　秘转前后显身手 / 094

第五章　敌后办学辟新途　(1942—1945)
第一节　两次加入共产党 / 120
第二节　敌后办学谱新篇 / 122
第三节　为应急需育人才 / 135

第六章　烽火姻缘传佳话　(1945—1946)
第一节　事业为经恋为纬 / 144
第二节　抗战情牵汇苏北 / 146
第三节　志同道合结硕果 / 149

第七章　北上统领华干校　(1946—1950)
第一节　五校急并随军转 / 156
第二节　行军途中教学做 / 157
第三节　火线办学育雏鹰 / 160

第八章　恢复南京晓师范　(1950—1951)
第一节　任重道远细运筹 / 168
第二节　招生开学闯新路 / 169
第三节　成绩卓著创典范 / 173

第九章　变换岗位到北京（1951—1961）
第一节　考研进修北师大 / 178
第二节　教育部里任专员 / 179
第三节　创办普语研究班 / 181

第十章　广东民院拓荒牛（1961—1980）
第一节　民族学院奠基人 / 186
第二节　捧心奉献铸校魂 / 190
第三节　屡遭迫害志不移 / 195
第四节　精神丰碑垂青史 / 197

读感
火苗在燃烧
——《汪达之评传》读后感 / 熊西平　208
教育要重塑汪达之精神
——《汪达之评传》读后感 / 金矿　211
浩浩长卷，款款深情
——《汪达之评传》读后感 / 吴金高　214
带着汪达之精神的火苗
——《汪达之评传》读后感 / 朱炜　216
为继绝学潜心研，点盏亮灯烛照天
——《汪达之评传》读后感 / 张玲　219

后记
四十年来磨一剑
——《汪达之评传》代后记兼谈汪达之的“伟大之处” / 刘友开　226

第一章

乱世谋生寻出路

（1903—1927）

……

人生天地间，　各自有秉赋。
为一大事来，　做一大事去。
多少白发翁，　蹉跎悔歧路。
寄语少年人，　莫将少年误。

陶行知：《自勉并勉同志》，聂大鹏编《陶行知儿歌》，北京：中国和平出版社，1987 年，第 79 页。

对每个人来说，家乡和家庭都不可选择。假如出生在一个美丽的地方和一个美好的家庭那是最幸运不过的了。但是，如果出生在一个美丽的地方却有一个不幸的家庭则是幸运中最大的不幸。正如19世纪俄国伟大的现实主义作家——列夫·托尔斯泰，在他的名著《安娜·卡列尼娜》中的开篇语所说："幸福的家庭都是相似的，不幸的家庭各有各的不幸。"人民教育家汪达之，正是出生在这样一个有着美丽的家乡却是一个不幸的家庭，甚至几乎是一个极为不幸的家庭。

谁人不说家乡好？家乡美丽赛金宝。汪达之的家乡是一个美丽的家乡，但汪达之出生的那个家庭在旧中国的那个时代中，却是极为不幸的家庭。汪达之的原籍是安徽省黟县。1903年4月21日（农历三月廿四日），汪达之就出生在黟县的一个小山村——碧山村。

第一节　美丽碧山苦难家

文化名城物华地，河川壮美众山连。
尊师重教正风气，尚学崇文育俊贤。
长夜当头失佳运，汪氏遗腹坍家天。
可怜老小无依靠，生活清贫苦难牵。

从黟县到安庆：长夜当头失佳运，汪氏遗腹坍家天

1. 山河壮美碧山村

安徽省黟县碧山村

黟县，今隶属于安徽省黄山市，古徽州六县之一。地处皖南山区西部，黄山西段横亘县境中部，三府尖海拔1227米，为全县最高点。南部盆地群山环抱，清溪南流。中部山岭为长江、新安江分水岭。岭北诸水为青弋江上源，岭南诸水为横江源流。属亚热带季风气候，年均气温15.8℃，年降水量1795毫米。矿藏有石煤、石灰岩、石英、瓷土、钒、铁等。皖赣铁路和326省道横穿县境南部，218省道纵贯南北。

黟县是安徽历史文化名城。明、清古民居闻名遐迩，其中西递古村落、宏村古村落皆为世界文化遗产。皖南苏区江边特区革命委员会旧址、程氏宅、胡文光牌坊、其中西递清代居民建筑群、舒庆余堂为省级重点文物保护单位。

黟县因黟山（黄山）而得名，总面积857平方千米，辖8个乡镇，总人口

9. 67 万，建置于公元前 221 年，是全国历史最为悠久的文明古县之一，也是“徽商”和“徽文化”的发祥地之一。

黟县境内四季分明，气候温和，田园风光迷人。据说陶渊明游历于此，写下了不朽名篇《桃花源记》。李白居此十年并题诗赞誉“黟县小桃源，烟霞百里间。地多灵草木，人尚古衣冠”。因此，黟县又被称为“中国画里乡村”“桃花源里人家”。

2. 历史文化名城地

碧山村是一个历史悠久、文化底蕴深厚的小山村。它曾经有过显赫的历史。据史料记载：歙州所治，先于新安郡，治所起初也不在歙州：歙州置于隋开皇九年（589），治海宁县（今安徽休宁县东万安），大业三年（607）改为新安郡，十三年（617）移治歙县（今安徽歙县）。至唐武德四年（621）复为歙州。这里物华天宝，人杰地灵，是北宋政治家汪勃、清代书法家汪联松的故里。

唐代大诗人李白生活过的安徽省黟县碧山村

黟县的西递古民居

碧山村位于黄山市黟县碧阳镇，北枕黄山余脉——碧山。这是一个以汪氏聚族而居的古村落。村内有宋代私家园林“培筠园”遗址，明代私塾“耕读园”，清代古塔“云门塔”，保存完好的明清时期古民居和祠堂尚有 100 多座。

汪达之出生的家乡不能不说是一个幸运的美丽地方。但是，汪达之的家庭却不得不说是不幸且苦难的。

3. 汪氏遗腹拼家天

汪达之的父亲汪如海，是一位乡村的私塾先生兼郎中。在汪达之出生之前，汪如海在去南京科举考试的路上染上风寒，客死他乡。他没有留下像样子的房屋，更无可观的遗产。汪达之是遗腹子。汪达之的母亲虽然不识多字，但却是一位很有见识且十分贤惠能干的家庭妇女。她年轻守寡，有四个孩子，即在汪达之的上面有两个哥哥和一个姐姐。这样的农村生活，非常艰难。

汪达之很小的时候，他的母亲带着一家人，离开老家，流落到当时的安徽省城安庆谋生，住在大墨子巷徽州会馆，以为会馆的老乡做些缝补浆洗衣服等杂役为主，辅之以做点手工制作的毛笔等小手艺来谋生。

中国·安庆

第二节　流落会馆母撑持

屋漏偏遭绵密雨，墙斜又遇霹雷狂。
祸灾续接从天降，兄姐相随自病亡。
苦难家庭娘执掌，凄凉会馆子担当。
生存不忘育雏幼，实践躬行志节彰。

从安庆到南京：墙斜又遇霹雷狂，祸灾续接从天降

1. 兄姐相随自病亡

汪达之的父亲去世不久，汪达之诞生了。他有一个未成年的姐姐和两个哥哥，还有一位年老多病、丧失了劳动能力的祖母。一家三代人，老小十张嘴，全都靠着汪达之年轻的寡母一个人辛劳维持生计。汪达之的母亲凭着她一身的力气和一双灵巧的手，替人家白天洗、夜里缝，其间也穿插着做点制作毛笔的手艺活。可是，能挣得来的十分微薄的收入，还是很难养活一家人，时常还要靠汪达之外祖母有限的零星接济补贴，才勉强度日。

汪达之的母亲崇尚教育。她再苦，也要让孩子们读书（不收学费的学校），四个孩子，都读了书。随着年幼的汪达之一天天长大，他的两个哥哥和一个姐姐也逐渐长大成人。大哥接下了父亲的私塾馆，二哥和姐姐也在辛亥革命后都相继做了教师，家庭生活稍有一些固定的收入。虽然收入很少、生活依然很艰苦，但较之前衣食无着的状况却略有大的改观。一家人省吃俭用，把希望和未来都寄托在让汪达之念好书上。

然而，天有不测风云。就在汪达之的母亲即将盼到应该“苦尽甘来”之时，汪达之中学还没有毕业，他的姐姐和二哥就因劳累过度、营养不良先后病故了。1932 年，也就是汪达之到了远在苏北淮安县新安小学为穷苦孩子办学的第二个年头，他的大哥又不幸病亡了。从此，汪达之的母亲只有照旧依靠自己的一双手，过着极其孤独贫困的生活。但汪母仍始终以满腔的热情，支持着汪达之所从事的实践陶行知先生生活教育的新事业，期待着她仅存的儿子汪达之能为穷苦人的教育解放事业做出贡献。

2. 苦难家庭娘执掌

对于母亲，汪达之是很敬佩的。即便是当时间到了 1933 年 5 月 23 日的深夜，在淮安为穷苦孩子艰苦办学的汪达之给母亲写的信中还这样动情地说：

母亲，我之所以这样做，正是发扬母亲给我的精神。母亲以一个受旧社会种种剥削，什么也不能懂得的女流，在更恶劣的命运轮到头上的时候，尚且能毅然扶持四个孤雏一天一天长大，给社会有贡献。经您一手培植出来到山大树大的时候，又一个两个三个眼睁睁望着他们去毁灭了。但您的责任是尽了，这些不是您的能力可以挽回的，它是另有一种您不能明白的道理在里面。母亲，我每一想及您那一面哀痛青年丈夫的死，一面还要扶持我们几个无力支持的孤雏，和奉养那位缺少同情的婆婆，那是多么艰难的一种环境啊！但是您坚定了您的意志，牺牲一切，一点一滴地做，一步一步地走，任劳任怨，苦难没有压倒您，您是已经奋斗到成功的了，但这是您负不了责任的。母亲，您这样精神，是天地的正气。您是光荣的生活着！虽仍然是穷，又丧失了宝贵的健康和三个爱子。

母亲，我是受了您这样伟大精神的遗传和熏陶了，我的意识自觉很早，意志的坚定仿佛与生俱来。这我们兄弟姐妹，大致都很相同。可算是遗传和熏陶的证明，我们的本领似乎小一点，但这是不会去抢现成的钱的本领，我们都是自食其力的人，良心的坦白，是和白天的太阳一样的光明。

母亲，今天又是端阳了，请您不要悲伤。这年头儿说早晚是要天翻地覆一下的。母亲您要相信，您的仅存的独子，他是个不甘平凡的。他是您的二十年代痛苦生存的纪念碑，在痛苦生存的叙述下面，就要缀上以光荣的了。

母亲，我要为这些苦孩子们作救星，正如您作了我们弟兄姐妹的救星一样。此后，我一定又要忙一点[1]。

汪达之的恩师陶行知对于汪达之的母亲，是十分崇敬的。陶行知多次要求汪达之从晓庄师范学校每月给新安小学的50元经常费用中支出10元，寄给他在安庆的母亲。1933年，由孙铭勋编写的记述新安小学实践生活教育的《古庙活菩萨》一书出版时，陶行知特地在这本书的扉页上题字："献给躬行实践牺牲主义之汪母"[2]。陶行知把这本记述新安小学从事生活教育实践的书，献给了这位伟大的母亲。

3．生存不忘育雏幼

汪达之与他母亲的最后一次见面，是在1936年7月。当时，他率领的新安旅行团（以下多处简称"新旅"）正在南京宣传抗日救国，在社会大学校里教学做。南京离安庆不远，都是江边城市，交通也很是方便。这次到南京，汪达之想起了孤身一人在安庆的老母亲，已经有一年半没有去看她了。今后的行程如何？能否再看到老母亲也恐难预计。于是，汪达之便将这个问题提出来与"新旅"的团员们商量。大家异口同声地说：我们也要去看望她老人家。现在有新影片了，去安庆走一趟也是很有意义的，便做了去安庆的决定。老人家看到儿子达之和这群活泼可爱的孩子，心里有说不出的高兴。朋友和乡亲们见了，也无不赞叹不已。汪母看到已经长大成人的汪达之及其带领的"新旅"孩子们个个都有"人小志气大、爱国走天下”的壮志，心里感到十分欣慰。

但是，为了率领“新旅”奔赴全国宣传抗日救国，在社会的大学校里旅行修学、培养人才，汪达之也不得不忍痛告别老母，继续踏上新征程。临行前，汪达之将他年迈多病的老母委托给自己在当地的老乡和好友陈敦吾及其家人代为照料。自从“新旅”离开安庆、抗日战争开始后，由于为了宣传抗日救国四处奔波、居无定所，加上当年长期的兵荒马乱、音讯阻隔，汪达之就完全失去了与母亲的联系，更没有机会再返回家中看望他无比尊敬的老母亲。老母亲一直孤独一人在家乡度日如年地生活着，直到临死前也未能见到她的儿子汪达之一面。至于老母亲的安葬都是由陈敦吾先生经办的。抗日战争胜利后，汪达之才知道他的老母亲早已不在人世了。在此以后的很长时间里，每当汪达之与家人谈及此事时，心中都感到无限的痛，眼里还闪着动情的泪花……

如此伟大的母爱和穷困的家庭生活及苦难的家国情怀，对于年少有为的汪达之后来的人生观、价值观和世界观的逐步形成有极大影响。

第三节　遗腹子心当拿云

暗无天日求知奋，安庆申城两地奔。
因见妖魔尘上舞，遂为生计笥中论。
虽为遗腹志拏云，但得风云革命魂。
长夜难明光曙觅，晓庄师范亮心存。

从安庆到上海：暗无天日求知奋，晓庄师范亮心存

1. 暗无天日求知奋

在汪达之 8 岁那年，他曾跟着二哥上了家乡的两等小学，但时间不长就停掉了。辛亥革命成功后，在母亲的建议下，汪达之的大哥和二哥开办了私塾。刚从两等小学毕业的有新思想的二哥办的是一个改良私塾。当时年已 10 岁的汪达之就在这个改良的私塾读书。三年后再进怀宁县高小读书，读了三年毕业。此时“五四运动”方兴未艾，在怀宁县高小读书的最后半年，语文教师每次上课时，总要讲一点当时五四运动的最新发展情况。这就给少年的汪达之“在政治思想上有了一个要革命的启蒙”。

从此以后，汪达之开始关心五四运动，对当时的社会现实产生了“极端不满，要求革命”的想法。高小毕业后，汪达之曾投考安徽省省立第一师范，但未被录取。在停学的一年中，他只好每天到安徽省省立图书馆去看报读书。第二年，汪达之考取了安徽省立第一师范。经过一学期的学习，他感到学校死气沉沉，没有一点政治空气，不能满意，就于第二学期开学不久后离校了。

离校的原因，一是因为有两位小学毕业的同学到上海参加吴淞中国公学做工

读生，当时的汪达之以为上海学校一定比安徽的学校好，就一心向往。二是因为听有位小学毕业的同学来说，上海有所安徽中学招生，其中也有工读生，于是便在几天内组织了 3 个人，拼凑了路费，就奔向上海去了。

他们到了上海之后，大失所望。到中国公学去的那两位同学因无法坚持下去，不久仍回安庆了。汪达之和同去的两个同学也都勉强维持了一个学期，就于暑假前也回了安庆。

据汪达之后来回忆，这次上海之行的学校虽不符合理想，但有这样机会冲破生长在长江边沉静的城市而能亲眼看看这个外国冒险家的乐园上海，也是值得的。令他印象深刻的是公园门口放着“狗与中国人不许入内”的牌子，在轮船上亲身体会了尔虞我诈的情形。因此，他对旧社会更加不满，对革命的期待更加迫切。

2. 遂为生计筒中论

汪达之回到安庆后，师范学校拒绝他返校入学。他又整整花了一个学期的时间上省立图书馆看报读书。第二学期省立第一中学招收插班生，汪达之在同学的援助下，挤进了第一中学读了一年半的书，每学期的学杂费都是借钱交的。中学毕业后的汪达之仍然想争取考上大学。

1925 年，中学毕业无法考大学又找不到工作的汪达之，又只好再上省立图书馆看报读书半年。1926 年春，汪达之与一位姓叶的人到繁昌县平沟铺的一所小学担任教师一年。1927 年春，汪达之又到望江县吉水镇的一所学校去担任教师。

这时，大革命的形势发展很快，革命军已经来到了安庆。有一次，汪达之看到大规模的游行队伍，冲破了安庆这座古城的沉寂，革命的烈火也迅速地燃烧到了这里。但是“四·一二”反革命政变突然发生：以蒋介石为首的国民党反动派挥舞屠刀、大肆屠杀共产党人，第一次国共合作宣告破裂。汪达之亲眼看到这些情景，感到十分痛心和愤慨。

1927 年，已是共产党员的姚左元（汪达之的同学）从南京的金陵大学回到安庆。从姚左元那里，汪达之了解到了辛亥革命的一些情况。到了年底，政治形势更加恶劣，姚左元得知要逮捕自己的消息，就连夜来到汪达之的家中暂避。第二天，汪达之就送姚左元出了安庆城径自返回姚氏老家桐城。

3. 投奔晓师觅曙光

1928 年春，姚左元从桐城回到安庆，汪达之和姚左元及其家眷一同去了望江县吉水镇，姚左元去“避风”，汪达之继续去做教师。就在这年的端午节前，为探望母亲和向姚左元了解省城安庆的形势，汪达之回到了省城安庆。姚左元要去金陵大学复学，汪达之早在一年之前就有考虑升学的方向，先是想进上海的劳动大学，但因维持学习和生活的费用无着落而作罢。

后来，汪达之得到了南京晓庄试验乡村师范创办的消息，即去信联系。他从招生简章上看到这个学校从学习到生活都与一般的学校不同：在学校教育方面是社会即学校，生活即教育；在教学方法方面是教学做合一、在劳力上劳心；在日常生活方面是提倡穿草鞋，艰苦朴素……于是，汪达之便放下去上海劳动大学读书的念头，产生了去南京晓庄试验乡村师范读书的想法。这个想法也得到了姚左元的同意，以及已在《新安徽报》做校对及编辑工作的同学陈东湖的支持。

但是，到南京的路费和一个学期的生活费又成了问题。因为汪达之做了两年教师的收入并不多，已全部维持家用了。为了筹措到南京的费用，在陈东湖的帮助下，汪达之便进了《新安徽报》报社做起了临时外勤记者，每天工资一元，做一天算一天。开始两天，汪达之写不出稿子，陈东湖就选用了外投稿。工作期间，汪达之虽然病了一个星期不能上班，但都是由陈东湖代想了办法，没有扣工资。在报社做了三四十天的临时工，汪达之想要与姚左元同去南京，就由陈东湖代他领了工资并拿出了自己的一部分工资来支援汪达之，这才使汪达之到南京得以成行[3]。

对南京晓庄试验乡村师范的向往，成了青年汪达之在乱世谋生的黑夜里一道黎明前的曙光！

【注释】

[1] 汪达之：《生活的书》，上海：上海儿童书局，1934 年；刘友开编《汪达之教育文集》，南京：江苏教育出版社，1995 年，第 126－128 页。

[2] 张牧：《关于汪达之同志的几件事》，江苏省纪念新安旅行团建团 50 周年筹备办公室编《足迹五万里》，1985 年。

[3] 汪达之：《自传的一个轮廓》（汪如一、陆梅提供的汪达之手迹复印件），刘友开编《汪达之教育文集》，南京：江苏教育出版社，1995 年，第 267－297 页。

第二章
投奔晓师勇求学
（1928—1930）

……

滴自己的汗，吃自己的饭，自己的事自己干，靠人靠天靠祖上，不算是好汉。
滴自己的汗，吃自己的饭，别人的事帮忙干，不救苦来不救难，可算是好汉？
滴自己的汗，吃自己的饭，大众的事不肯干，架子摆成老爷样，可算是好汉？
大众流了汗，大众得吃饭，大家的事大家干，若想一个人包办，不算是好汉。

陶行知：《自立立人歌》，聂大鹏编《陶行知儿歌》，北京：中国和平出版社，1987 年，第 47－48 页。

“晓庄师范”是南京晓庄试验乡村师范的简称。它是由中华教育改进社的陶行知和赵叔愚两位先生于1927年创办起来的一所新型的学校，陶行知任校长。晓庄师范坐落在南京市和平门（策神门）外，北行八里，在北距燕子矶三里之间马路西侧约一里路的一个小山村——晓庄（原名小庄）劳山（原名老山）之前。

陶行知创办晓庄师范原址南京北郊

俗谚说：“三十年河东，三十年河西。”今反观人民教育家汪达之从晓庄师范初创时期的“试做生”到复校后担当第一任校长的传奇经历，则可将这句古谚改写成“二十年河东，二十年河西。”因为，汪达之从“试做生”到“做校长”之间的华丽转身时隔约二十年。即1928年到晓庄师范求学被当作“试做生”入学；1949年竟又回到晓庄师范负责复校并任校长。

第一节　两次加入国民党

学潮五四卷中国，革命战争趋势豪。
浩荡洪流掀热浪，青年志士受熏陶。
当初混入徒虚号，再次加盟为节操。
新旅委身超世俗，顾全大局信心牢。

从安庆到桂林：当初混入徒虚号，再次加盟为节操

1. 青年志士受熏陶

在汪达之的政治生涯中，有两次加入国民党和两次加入共产党的人生经历。这里先介绍汪达之两次加入国民党的事。

汪达之第一次加入国民党，是在1928年。他为什么在1928年要加入国民党呢？这与伟大的“五四运动”和后来爆发的第一次国内革命战争有关。

晓庄试验乡村师范校旗

“五四运动”和第一次国内革命战争，是席卷全国的、激荡人心的革命潮流。它们唤醒了无数的热血的爱国青年，包括汪达之这位生活在长江南岸安庆的年轻的知识分子，使他开始寻找改变中国现状的门径。但是，轰轰烈烈的中国大革命，不久就因蒋介石的背叛而破坏了。在“宁可错杀一千，也决不放过一个共

产党人”的血腥口号和屠刀之下，1928 年的安庆，也是满城的血雨腥风。

2. 当初混入徒虚号

据汪达之后来回忆说，他在那时候曾有两种打算：第一是到晓庄师范去学习生活教育，跟随陶行知先生“在教育上进行一场革命，进而办一种革命的教育来改变中国的一切”。但是，能否实现这个愿望，在当时还没有多少把握。于是就有了第二手准备即在安庆寻找一个职业，先求得生存，然后再求发展。因此，他便和几个思想比较接近的同学商量：在当时的恶劣环境下，要有一定的掩护必须要有个可靠的职业。

恰好，就是在这年夏天，国民党安庆市党部发出了个公告，规定凡是民国十三年（1924）入党的党员，可以进行登记。汪达之和他的几个思想接近的同学都认为，要能打入到国民党里去，那可能就是最好的掩护了。于是，汪达之便以“汪达”的假名加入过国民党，就去进行了登记。这就是汪达之第一次加入国民党的真实原因。

不久，汪达之进入晓庄师范学习的愿望实现了。他来到“晓师”。当时，在“晓师”里也有国民党组织区分部。可是，汪达之却再也没有去理会它，他这个假充的国民党员身份，也就这样不了了之。

3. 顾全大局信心牢

据“新旅”老团员张牧（时任中央国家机关党委宣传部长）在《关于汪达之同志的几件事》一文中回忆：“一九八四年五月的一天，我在看望刘季平同志（当年晓庄我们党的支部书记）时，曾提到此事。季平同志说：‘国民党在实行清党以后，在晓庄师范的所有国民党员，都重新登记了，但那时却未见到汪达之同志登记过，也没见他参加过国民党的任何活动。达之同志在那个时候能够这么做，那是件很了不起的事啊！’是啊！达之同志的政治实践已经证明：他对孙中山先生的国民党是尊重的。可他对蒋介石的国民党，从来就没有过幻想。”[1]

张牧还回忆说：对关于“一九二八年参加国民党的事，除他（汪达之）在一九四四年入党（中国共产党）时曾详细向党组织报告之外，其他同志都是不知道的。为了这件事，他后来吃尽了苦头，除人格上倍受侮辱外，肋骨也被打断了两根，人差一点被打死！”[2]

汪达之第二次加入国民党是在1940 年。当时，汪达之率领的新安旅行团到达广西桂林进行宣传抗日救国。国民党反动派为了迫害“新旅”，曾无理要求它的全体人员集体参加国民党。在八路军桂林办事处李克农同志的直接领导下，经过斗争，粉碎了国民党反动派的阴谋。但为了便于掩护“新旅”的工作，李克农同志决定让汪达之以“新旅”顾问的身份和年龄较大些的“新旅”团员纪宇（嵇钰），加入国民党。其实，这只是在名义上履行了参加国民党的手续而已。

第二节　晓庄师范试做生

谋生乱世意彷徨，上下寻求见亮光。
巧遇晓师招学子，兼程风雨欲登堂。
孙山名落头不返，师长帮忙幸且昌。
破格收为生试做，从兹进校学员当。

从安庆到南京：破格收为生试做，从兹进校学员当

1. 孙山名落头不返

晓庄试验乡村师范图书馆

1928年夏秋时节的一天，晓庄师范正在举行招收第四届新生的考试，这是一场别开生面的考试——每人在划定的位置开垦一块荒地。这是一场关系到能否被录取的关键性的考试（开考的科目还有国文、常识测验、智慧测验、演说及辩论等），录取名额只有40名，报考的人数则有300多人。来自安徽省城安庆的青年知识分子——汪达之，满怀激情地参加了这场特殊的考试。每届录取新生的重要考试，陶行知校长都是必到场亲自主持评判成绩的。

经过这场荒地开垦的考试，汪达之由于以往身体虚弱，平常没有经过重体力活的锻炼而未被录取。因为晓庄师范的培养目标是要使学生具有“健康的体魄，农夫的身手，科学的头脑，艺术的兴趣，改造社会的精神”。认定的事情决不言弃，这是汪达之的个性。“经过考试未录取，很失望”，但他并没有就此离开，他“要亲自去找校长陶行知”[3]争取。

2. 破格收为生试做

为了能再次见到陶行知校长，一连几天，汪达之都到他的住处去寻找，但总是没有见着。当他打听到陶校长要进城办事时，就在路边等候。为了不认错人，汪达之还将刊登在报纸上的陶校长照片剪下来放在衣袋里，每遇到有陶校长模样的路人，他就拿出来对照。可是一连等了几天，也未能见到陶校长的身影。

终于有一天，汪达之这种百折不挠的毅力和坚持不懈的精神感动了在陶校长身边工作的一位先生。他告诉汪达之，陶先生今天就在学校的靶场上和学生一起练习打靶呢！根据汪达之后来在《自传的一个轮廓》一文中的回忆，他是这样见到陶校长并成为晓庄师范的第四届“试做生”的：即不属于正式录取的学员，只作为“试用期”的学员，待“试用期”满后，再确定是否能成为正式学员。

“我等打靶结束，向他表示有话要和他谈，他即跟我交谈起来。我将来考晓庄的准备和决心叙述了一遍，要求他帮我解决。他用鼓励的口气说，只要有志气，不一定要在晓庄，哪里都可去。最后，（他）要我等一等，他们可以讨论一下。隔了两天，生活指导部主任来通知我，会议决定我参加试做生便入学了。”[4]

那么，汪达之“落榜”后，为何非要找到陶行知校长去争取一定要进入晓庄师范学校读书“深造”呢？汪达之在向陶行知校长作他“来考晓庄的准备和决心”的“叙述”中，究竟说了些什么，使陶行知校长在谈话现场的态度突然来了个一百八十度的大转弯：从“只要有志气，不一定要在晓庄，哪里都可去”到“等一等，他们可以讨论一下”再到“隔了两天，生活指导部主任来通知我，会议决定我参加试做生便入学了。”

3. 师长帮忙幸且昌

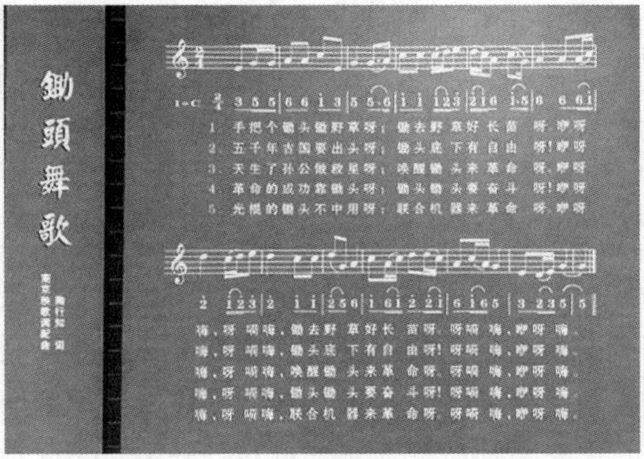

晓庄试验乡村师范校歌

从汪达之的身上，胸怀“爱满天下”宏愿和崇尚“教育救国”理想的陶行知先生所看到的不仅仅是他对汪达之不幸身世和苦难家境的同情，更是看出了汪达之投身于平民教育事业的远大志向和为劳苦大众办教育的家国情怀，以及对教育救国的坚定信念。这样的志向和这样的情怀及这样的信念，不正是晓庄师范所招收的学生应该具备的基质吗？此时此刻的陶行知校长从汪达之的身上看到了许多也想到了许多……正因为如此，才有了陶行知校长在谈话现场的态度从开始时的“不一定要在晓庄，哪里都可去”，一会儿便答应要汪达之“等一等”“他们可以讨论一下”的“逆转”。

进入晓庄师范的学习深造和通过陶行知生活教育思想和实践的洗礼，为青年汪达之更加坚定终身“给旧教育唱葬歌，给新教育唱进行曲”和“要在教育上革命，进而办一种革命的教育”的人生理想，奠定了坚实的基础。

第三节 以陶为师取真经

生活教育理论新，社会学校实践频。
先行后知行知行，以陶为师取经真。
致力教学做合一，教育救国本领莘。
积劳成疾抗病魔，完成学业强自身。

先行后知行知行，以陶为师取经真

1. 生活教育理论新

汪达之进入晓庄师范后，很快就融入了学校生活。他非常珍惜陶行知校长破例给他以“试做生”进入晓庄师范学习的机会，虚心地拜陶行知先生为师，开始了他汲取生活教育“真经”的学习生涯。

他从实地体会到晓庄师范既是陶行知生活教育思想的原动力，也是陶行知生活教育理论的试验场。正如陶行知先生于1927年3月15日在第一届新生入学的开学典礼上所说：“本校和别校特异的地方有两点：一无校舍；二无教员……只在空旷的山麓行开学典礼，要知道我们的校舍上面盖着的是青天，下面踏着的是大地，我们的精神要充溢于天地之间。所要造的草屋，不过是避风躲雨之所。本校只有指导员，而无教师，我们深信没有专能教的教师，只有经验较深或学习较好的指导员，所以农夫、村妇、渔人、樵夫，都可以做我们的指导员。”[5]

于是，汪达之便从陶行知先生的文章和演讲及师生们的讨论中，对陶行知先生的生活教育理论逐渐有了明确而深刻的认识：

他逐渐认识到了生活教育的本体论是“生活即教育”。即：生活教育是生活所原有，生活所自营，生活所必需的教育。教育根本的意义是生活之变化。生活无时不变即生活无时不含有教育意义。是生活便是教育，是好生活便是好教育、是坏生活便是坏教育，不是生活便不是教育，所谓之“生活”未必是生活即未必是教育。生活教育的特质是生活的、行动的、大众的、前进的、世界的、有历史联系的。

他也逐渐认识到了生活教育的领域论是“社会即学校”。即：整个社会是生活的场所，亦即教育的场所。从大众立场看，社会是大众唯一的学校，生活是大众唯一的教育。在伟大的社会学校里，人人可以做我们的先生，人人可以做我们的同学，人人可以做我们的学生。随手抓来都是活书，都是学问，都是本领。

他还逐渐认识到了生活教育的方法论是“教学做合一”。即：教学做是一件事，不是三件事。我们要在做上教，做上学。在做上教的是先生，在做上学的是学生。从先生对学生关系说：做便是教；从学生对先生关系说：做便是学。先生拿做来教，乃是真教；学生拿做来学，乃是实学。一个活动，对事说是做；对己说是学；对别人说是教。事怎样做就怎样学，怎样学就怎样教。教的法子要根据学的法子，学的法子要根据做的法子[6]。

他更深刻地认识到陶行知先生创办晓庄师范的初衷“要筹措100万元基金，征集100万位同志，开设100万所学校，改造100万个乡村”意义之所在[7]。

2. 社会学校实践频

与此同时，汪达之也从晓庄师范所开设的课程中得到了每天、每周、每月、每年的全新的学校生活的历练：寅会→晨练→清洁卫生→学术演讲→自主学习→专题讨论→体育与农事→晚自修。

寅会：凌晨5时到“犁宫”参加寅会，每次寅会约10—15分钟。寅会主席由校长、生活指导员或学生轮流担任，演讲的内容是计划安排一天的工作或简要讲清一个问题。

晨练：项目有早操、国术训练、跑步、爬山等，由各人自由选择、分组进行，时长约40分钟。

清洁卫生：上午7时早餐，早餐后有30分钟打扫卫生。每日有值班检查，发现问题及时予以批评改正。

学术演讲：上午8时到10时进行学术演讲，活动有文学、教育、农艺、美术、科学、政治、乡村建设、医药卫生等各种小组，根据各组的研究需要，有的科目讲几小时，有的讲两三周，有的讲三四个月或一学期。没有寒暑假，大家以校为家，以一种集体生活的形式创造一种新生活。演讲者有的是本校指导员，有的是特约校外专家、教授。

自主学习：上午10时到12时，是自由活动时间。办公的办公，自学的自学，分管校务的处理日常工作。学校的大小校务都由学生轮流担任。陶行知校长也一样参加。所以晓庄培养出来的学生都锻炼出很强的生活能力、自学能力和管理组织能力。

专题讨论：下午1时到3时，同学们进行专题讨论，交换各自的心得、体会或疑难，并针对问题请专家来做专题报告，或者从事手工、音乐、美术、采集标本等活动。保证学用结合，学一样掌握一样。正如晓庄师范校门上的对联所倡导的：认清问题，研究问题，解决问题，是好教育；发明工具，制造工具，运用工具，是真文明。

体育与农事：下午3时到4时是体育活动时间，4时到5时是农事活动时间。

晚自修：晚上7时到9时，除值班守夜的外，同学们各自自修，记日记，整理读书笔记、学术演讲记录。晚上10时开始就寝。

3. 以陶为师取经真

此外，还有每周一次的“会朋友去”、军训及生活周会的活动。

每周四下午是全校师生“会朋友去”的活动，他们到农民家里，与农民谈心，帮助他们解决困难，晓庄师范要求每个人都要交一两个知心的农民朋友。

每周六下午是军训时间，除了进行常规训练外，还要进行攀高侦察、突击冲锋，甚至肉搏格斗训练。有的同学膝盖、臂肘碰得鲜血淋漓，却从不叫痛叫苦。这样的军事训练，既是为了应付当时风云变化、匪盗出没的环境，也体现了陶行知先生“团以保生”的教育思想。

每周还举行一次重要例会——生活周会。周会常由陶行知先生亲自主持，除回顾一周教学和工作的得失外，还要布置下周的教学和工作。周会上最精彩的是演讲辩论。学生中有的曾做过教育局局长、科长，有的当过督学、校长、教导主任、教师，他们都有丰富的教育经验和办事能力，辩论起来，唇枪舌剑，各抒己见。这种辩论会往往十分激烈，很难得出一致结论。但陶行知先生并不认为这有什么不好，事实上这正是他所期望的。因为他当时办学的一个重要原则就是兼容并包，自由发展[8]。

据汪达之后来回忆，对于这些“我来前是不懂的，因此，我感到对我很有教育意义。但我仅仅参加了一个多月便生病了，病势很重。先是住在农家，学校因为护理不便，将我移到校内的一间小屋住下。开水和饭都是女同学每天值班送来，我非常感动。”[9]

晓庄试验乡村师范学校近景

汪达之在晓庄师范学习的三个学期中，就有两个学期中时常生病。据“新旅”老团员曹维东回忆：尽管如此，但汪达之却以非凡的毅力，常常是强忍病痛坚持着劳动和学习，不仅完成了学业，而且每次考试他的成绩都是名列前茅。他不但用“小先生”的方法在农村“扫盲”，还不断组织农民来晓庄学校来进行养牛、种瓜经验传授。汪达之在晓庄不仅丰富了科学文化知识、提高了生产劳动技能，而且还坚定了他终身践行陶行知生活教育思想、用为穷苦大众办学来救国救民的人生观[10]。

一个“试做生”，竟然如此出类拔萃。汪达之在晓庄师范期间的学习和生活，总是都被陶行知校长默默地特别关注着。更令陶行知校长感到欣慰的是，他当年把汪达之作为“试做生”破格入学，真算是看对了人。由此可见，恩师陶行知校长对“试做生”汪达之的厚望不言自明。

【注释】

[1][2] 张牧：《关于汪达之同志的几件事》，江苏省纪念新安旅行团建团50周年筹备办公室编印《足迹五万里》，1985年。

[3][4][9] 汪达之：《自传的一个轮廓》（汪达之的长子汪如一、长媳陆梅提供的汪达之手迹复印件），刘友开编《汪达之教育文集》，南京：江苏教育出版社，1995年，第267－297页。

[5] 戴伯韬：《生活教育发展史纲——为纪念生活教育运动十三周年而作》（原载于《战时教育》第5卷第10期），张青运主编《晓庄研究》，南京晓庄学院建校80周年校庆丛书（1927—2007）编委会编，2007年，第25－26页。

[6] 方与严：《生活教育理论体系的建立》（原载于《方与严教育文集》下卷，四川教育出版社，1995年版），张青运主编《晓庄研究》，南京晓庄学院建

校 80 周年校庆丛书（1927—2007）编委会编，2007 年，第 36 – 39 页。

［7］教育百年风华录《1927 陶行知创办晓庄师范学校》，《南方教育时报》官方微博 2013 年 6 月 26 日发布。

［8］徐明聪编著：《陶行知评传》，合肥：安徽教育出版社，2001 年，第 45 – 48 页。

［10］曹维东（口述）孙肖平（记录）:《捧着一颗心来，不带半根草去——回忆人民教育家汪达之同志》，余滔主编（淮安市新安小学、新安旅行团历史陈列馆编）《萧湖之畔的丰碑——纪念汪达之同志诞辰 100 周年》，南京：河海大学出版社，2003 年，第 69 – 70 页。

第三章

临危受命办新校

（1930—1935）

……

新安小学超越学校本意，具有象征意味。它象征民族气节，象征人类品质。新安小学是世界历史的旷世之作，惊世之作。

赵恺：《〈与天籁同在——我的教育诗：刘友开教育教学研究诗集〉序》，长春：吉林教育出版社，2006年。

“溪云初起日沉阁，山雨欲来风满楼。”这是晚唐诗人许浑《咸阳城东楼》诗作中的名句，意思是说：溪上云起，夕阳斜照古城楼阁；楼头风狂，预示天空山雨将至。其景别致而凄美；其情愁苦而悲怆；其意蕴藉而苍凉；其境雄阔而高远。借用这样的诗情画境，来形容青年汪达之当年出任新安小学第二任校长时，临危受命的社会背景，应该说是恰如其分的。

第一节　力挽狂澜于既倒

山雨欲来风飘摇，力挽狂澜志气豪。
十年计划来研制，生活教育相呼号。
试验教学做合一，顶层设计策略高。
捧着一颗爱心来，创办新校付劬劳。

从校内到校外 1：十年计划来研制，生活教育相呼号

1. 山雨欲来风飘摇

“以试验生活教育与教学做合一相呼号”——提出“十年计划”，是创造性实践生活教育思想。这是汪达之对贯彻陶行知生活教育思想的进一步实践，也是汪达之对办好新安小学做出的顶层设计。

汪达之出任新安小学校长的那会儿，正是南京晓庄师范学校处于最黑暗期的前夜：被蒋介石反动政府用武力强行封闭，陶行知校长遭密令通缉，进步的多名学生被杀害……

1929 年秋的一天，时任南京国民政府教育部长的蒋梦麟（曾经是陶行知的朋友）就曾对陶行知说：“你何不把后两种生活（意指：艺术的生活、改造社会的生活）去掉?”被陶行知机智地拒绝。

1930 年初，蒋介石反动政府加紧了对进步团体和人士的迫害，查封进步报刊、捕杀文化界进步人士。“左联”的五位进步文化青年（柔石、胡也频、殷夫、李求实、冯铿）被捕，并于 1931 年在上海龙华被密杀的。面对国民党反动派的白色恐怖和血腥屠杀，宋庆龄、鲁迅等人在上海发动组织了“人权保障大同盟”，无情揭露和控诉国民党反动派的滔天罪行，号召国人组织起来保障人权自由。

当“人权保障大同盟”的《宣言》传到南京后，晓庄师范的师生群情激愤，他们联络南京有关大学的师生，发起组织了南京中国人民自由大同盟分部，晓庄师范的中共地下党组织积极参与了南京下关和记工厂工人反抗英国资本家的残酷剥削和迫害而举行全厂工人大罢工的斗争。

1930 年 4 月 3 日，英帝国主义和国民党政府狼狈为奸地借口“工人械斗”，派出大批军警打死打伤多名工人，造成“四三”惨案。以晓庄师范中共地下党员为主的民意代表们，带领同学们前往声援。这件事大大地触怒了蒋介石。他认为晓庄师范是支援工人罢工斗争的主要发动者，于是便责令南京卫戍司令谷正伦等人要求陶行知交出共产党员名单，并要开除一批“闹事”的学生，但当场就被陶行知拒绝了。

陶行知的严正立场，使蒋介石恼羞成怒，蒋介石遂于4月8日秘密下令将晓庄师范学校武装封锁。陶行知于4月9日晨获悉后悲愤交加，数年的苦心经营，一生的理想抱负即将夭折。他激愤地写下了“晓庄的门可封，他的嘴不可封，他的笔不可封，他的爱人类和中华民族的心不可封”的《护校宣言》[1]。在陶行知的领导下，晓庄师范的师生立即成立了“护校委员会”，一面进行护校，一面在城乡散发《护校宣言》。

1930年4月12日，南京卫戍司令谷正伦发布了查封南京晓庄师范学校的《布告》。第二天，就在封闭晓庄师范学校的《布告》四处散发的同时，蒋介石以国民政府名义对陶行知的《通缉令》就发到了国民政府的各军政部门：

为晓庄师范学校校长陶知行（陶行知当时的名字叫陶知行——本文笔者注）勾结叛逆，阴谋不轨，查有密布党羽，冀图暴动情事，仰京内外军警、各机关，一律严缉，务获究办。此令！[2]

2．试验教学做合一

早在南京晓庄师范学校被国民党反动派强行封闭的前夕，陶行知就对淮安县新安小学的人事做了超前的考虑。因为新安小学是晓庄师范的特约中心学校，是陶行知校长派他在晓庄师范的学生李友梅、台和中、兰九盛三人于1929年6月6日创办开学的。第一任校长也是陶行知自己兼任的。

当年，陶行知先生还曾对他们三人来淮安创办新安小学提出过“三点希望”[3]：

一、你们此次去淮安，是一支远征的军队。你们到那里是去创造，是去为农人和儿童谋幸福，不是到那里去享受，凡事都以农人和儿童的利益为前提。

二、我们是树起新教育的旗帜，同旧的传统教育斗争。我们是要在教育上革命，进而办一种革命的教育。你们如果到那里去仍然办一种传统的学校，那就不必多此一举，而晓庄也就不需要这种远征的军队。你们要抱着到那里去开疆拓土，到那里去做一种新教育的试验。将来我们的主张能够在那荒凉的江北发芽、抽条、开花、结果，那你们三人便是第一次最荣幸的使者。

三、你们到那里去，是为那里的农人和儿童办学校。这个学校办起来，马上就是那里的全体农人和儿童的共有物，不要把它看成你们三人或者此外的任何一人的私有品。你们要和当地的农人联合起来，共同设法以谋学校之进展。你们要训练当地的农人能够起来自己保护自己的学校，又要培植你们的学生能够起来办理他们自己的学校，然后，这种新教育的力量才能永远推动，永远产生新的效力。

新安小学创办伊始，李友梅、台和中、兰九盛三人就遇到了“要同争夺校产的豪绅恶霸斗、要同国民党反动派斗、要同封建迷信和旧的习惯势力斗”[4]等诸多难题。但他们三人谨遵陶行知先生的谆谆教导，终于把学校办了起来。然而，这些棘手的难题却始终根治不了，严重到影响学校难以维系的地步。不久，陶行知先生根据多方获悉的有关信息，已意识到一旦南京晓庄师范学校面临不测，远在苏北淮安的特约中心学校——新安小学，也势必会受到株连。

3. 临危受命办新校

为防不测和受到株连，陶行知将在晓庄师范学校修业期满的颇有思想觉悟和工作经验及办学能力的青年汪达之派到新安小学，让其在熟悉情况阶段先“总其成”（负责学校全面工作，暂未明确任校长），然后再接替陶行知兼任的校长职务，担任新安小学的第二任校长。可见，陶行知先生对其高足汪达之是充分信任和十分器重的。

新安小学旧址

据汪达之后来在《自传的一个轮廓》中回忆，他是这样来到远在苏北淮安的新安小学工作的：

> 在晓庄三个学期就有两个学期生病。1929 年底学校决定调我去淮安新安中心学校工作，那里是几位同学创办不久的新学校。我表示去，学校指导思想是“捧着一颗心来，不带半根草去”。我虽离开旧制中学又做了两年小学教师，再进晓庄一年半，但是斗争经验还是很差。那里有参加创办的李友梅同学，他比我有经验，听说他是共产党员，在湖南经过大革命的锤炼，处事待人都有一定分寸。因此，我有依靠他的思想[5]。

由于南京晓庄师范被国民党反动政府封闭后，原来晓庄每月给新安小学的 50 元经常费用补助中断了。校产收租的时期未到，即使是收了谷租，一时也不能变成现金。“因此，困难就来了，在没有现金开支时，先是李友梅和兰九盛跑到三十华里外的淮阴县城去当大衣，两件大衣只当了两元钱回来，李又向学生家长以个人名义，借了两元钱，看着这些办法都不是解决长远之计。兰九盛奋起，提出他上南京去的建议，只要给他一元钱路上吃饭，船票到船上打交道去。经过他的努力，到镇江即向他一位在镇江工作的同学借了一笔钱，先汇了十元回学校，便去了南京，才知晓庄封闭后，尚留了人在那里做结束工作，经过联系，他们表示要为我们想办法。”[6]

远在上海暂避的陶行知收到李友梅、兰九盛、台和中、汪达之于1930年4月24日写给他的信后，冒着被搜捕的危险四处筹集资金让竹因（方与严）汇去并亲笔复信盛赞新安小学的同志：“这件事是你们在长江北岸为乡村教育史写成悲壮的一页，亦即光荣的一页。我们是何等安慰而又是何等敬佩你们啊！在前一个礼拜，我们接到文采先生转来的信，即汇了三十元经常费给你们，可惜竹因不慎，给扒手拿去了。我只希望（这）个人需要此款比你们还切，那么我们总算对他有些贡献了。但是想念着你们的困难，急得了不得，立刻又凑了一笔款寄去，谅现在已经收到了吧！请你们放心，你们要我们做的事，我们是已经做了，我们是决不会忘记你们的。捧着一颗心来，不带半根草去。你们抱着这种精神去教导小朋友，总是不会错的。”[7]

新安小学既是晓庄师范的特约中心学校，又是实践陶行知生活教育思想的基地，教师也是陶行知派来的学生。晓庄师范被查封、校长陶行知被通缉、晓庄师范本部有的学生被捕杀，新安小学也处在风雨飘摇之中，国民党淮安县党部便扬言要到新安小学来侦查、抓人。汪达之正是在这样险恶的逆境中临危受命的。

汪达之到了新安小学之后不久的1930年秋天，中共地下党员李友梅就以到涡阳师范任教为名离开淮安去外地“避风”了。虽然“1931年春又回来，一学期后又走了。在校经常只有两人。1931年暮春时节新来了一位孙铭勋。1932年他筹集一笔创办幼儿班的创办费，幼儿班办起来了，但没有人送幼儿来，只好停办。不久，他也离开了，只留下我一人坚持”[8]。

4. 顶层设计策略高

早在李友梅、兰九盛、台和中、孙铭勋等人尚在新安小学之际，汪达之经过一段时期的熟悉情况后，便根据陶行知先生对派他来新安办学的指示精神并结合陶行知先生对起初来淮安创办新安小学的李友梅、台和中、兰九盛等三人的“三点希望”以及新安小学的办学实际，研制出台了《新安学校十年计划》。

新安学校十年计划从民国二十一（1932）年始，到民国三十（1941）年为止。内容包括校舍改造、道路建设、环境改造、教学设备添置、预计招收学生（小学、中学、师范）数、增加教师数、创办幼稚园和民众学校及妇女学校、建造图书室和科学馆及艺术馆、出版书报刊物、设立医务室和中心农场及中心工场等等。计划均以年为序列编制，每年递进。第一年的项目除无“其他”这一款项外，其余的大项目名称均与以下的九年相同，均分为“关于建筑与设备方面”“关于编辑方面”“关于人的方面”“关于经费方面”“其他”，整个《计划》共49个大项262个小项。

其中“第一年——民国二十一（1932）年”的项目内容为：

第一年——民国二十一年
甲、关于建筑与设备方面：
一、修理各处房屋，改变破庙气象。
二、修筑本校范围内之道路。
三、收买本校范围内他人所有之园地。
四、开辟小花园，布置校景。
五、建筑厨房，建筑厕所。
六、建筑幼稚园园舍。
七、建筑小学第一工作室。
八、建筑跑冰场。
九、建筑游泳场。
十、建筑浴室。
十一、建筑儿童用书室。
十二、建筑儿童科学馆——包括社会科学与自然科学。
十三、建筑儿童各项场所。
十四、置备儿童各项用具。
十五、置备儿童医药用品。
乙、关于编辑方面：
一、继续出版《莲花周刊》。
二、试拟并试验幼稚园及小学教学做草案。
三、整理幼稚园及小学教学做草案，并请发明教学做合一者修正之。
丙、关于人的方面：
一、招收幼稚生二十名。
二、添招小学生，合旧生共八十名。
三、增加同志，合旧同志共六人。
四、聘请农场工人一名。
五、安置吴氏兄妹移出校外。
丁、关于经费方面：
一、筹基金一万元，临时经常费二万元。
二、原有租息四百元[9]。

从第二年起，以后每年的项目基本未变，只是在栏目上多了一个“其他”，在内容上多了招收中学生、师范生和妇校生及各有递进。其中“第十年——民国三十年”的各项目内容如下：

第十年——民国三十年
甲、关于建筑与设备方面：
一、继续扩充儿童用书室。
二、继续扩充儿童科学馆。
三、继续扩充儿童艺术馆。
四、继续扩充中心农场。
五、继续扩充中心工场。
六、建筑幼稚园第四园舍。
乙、关于编辑方面：
一、续出莲花周刊。
二、续出民众壁报。
三、续出新安丛书。
四、编辑十年报告。
丙、关于人的方面：
一、添招幼稚生。
二、添招小学生。
三、添招中学生。
四、添招师范生。
五、招收民校妇校生。
丁、关于经费方面：
一、基金生息七千元。
二、原有租息四百元。
三、农场工场生产七千元——半归学校，半归学生。
戊、其他：
一、继续完成上年度未尽事项。
二、拟定新计划。
三、举行十周年纪念。
四、调查高校学生状况[9]。

《新安学校十年计划》可谓蔚为大观。这样的“顶层设计”展现出了一个很有远见的、超前的、先进的，具有创新精神和现代意义的，以学校为中心来培养人才和改造社区及创新民众生活的办学蓝图。它既是践行陶行知生活教育理论的创新性尝试，也是对南京晓庄师范学校办学精神的继承性发展。

远在日本避难潜回上海的陶行知先生接读这个计划“精神为之一振”，立即于1931年7月19日复信给汪达之、兰九盛、台和中、孙铭勋（此时，李友梅已离开新安小学），鼓励他们“诸弟持此精神向前做去，必有成功之一日”。并谆谆教导他们“从农业文明渡到工业文明，必须特别注重科学，以培养创造、建设、生产之力量。现代之教师，每人必须终身探讨一门自然科学”。同时对经费的筹集问题也提出了他“必尽力而为之”的商榷意见，但他坚定地表态“我已下定决心，愿为新安小学托钵化缘……我必尽我的力量，与诸弟共同实现一个光荣的新安学校”。此外，陶行知先生在信中还高度评价“所拟计划都很好”，并指出：“只需把‘发明教学做合一者审定’字样除去便可用。”[10]

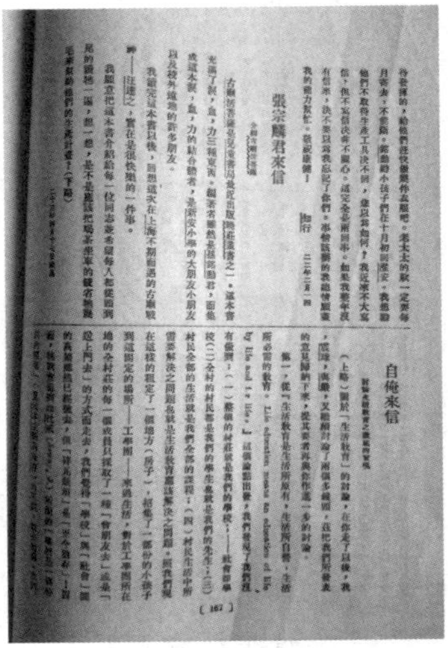
张宗麟君來信

张宗麟在1935年第24期《生活教育》（半月刊）上发表的《介绍古庙活菩萨》中称赞新安小学校长汪达之是“古庙战神”

到了1933年春，新安小学教师中就只剩下汪达之一个人在孤军奋战了。但这时的汪达之却“很有信心，因他和本地群众建立起关系了。特别是莲花街的群众，帮他们组织起蒲业生产合作社”[11]。据有关史料记载，汪达之“病亦干，再病再干，穷亦干，更穷更干；一件学生装穿三年，一条裤历秋冬春而夏，袜子无底自己补，勇气并不稍退”[12]。那么，汪达之在新安小学究竟是怎样“干”的呢？

第二节　古庙战神谋革新

生活教育为中心，躬行实践必遵循。
计划大纲落实处，运筹帷幄校风申。
土法上马创特色，排除万难家国臻。
因校制宜出实招，古庙战神谋革新。

从校内到校外2：土法上马创特色，排除万难家国情

1．因校制宜出实招

“是生活教育中心的理论，就得从自身实现”——研制第五、第六年度《计划大纲》，把《十年计划》进行分解并落到实处。这是汪达之践行陶行知生活教育思想、把新安小学办出特色的实施举措。

继《新安学校十年计划》出台后，汪达之又相继研制了《新安小学第五年计划大纲》和《淮安新安小学第六年计划大纲》，对《新安学校十年计划》进行分年度的分解和细化。《淮安新安小学第六年计划大纲》和《新安小学第五年计划

大纲》比较，除在程度上有所递进外，其他款项目次的基本内容大致相近。因此，下面只对《新安小学第五年计划大纲》的基本内容做扼要阐述。

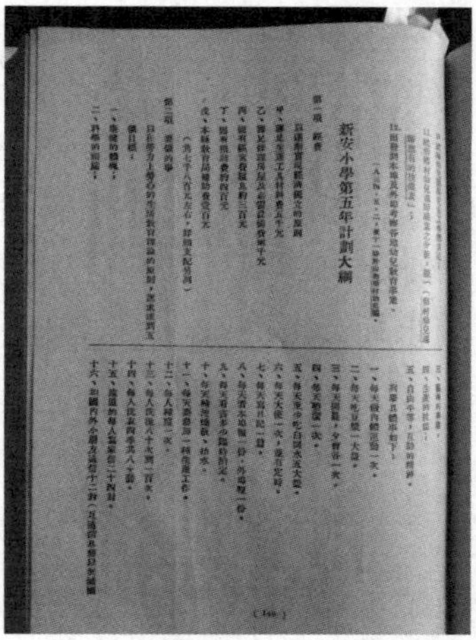
新安小學第五年計劃大綱

汪达之在 1935 年第 24 期《生活教育》(半月刊)上发表《新安小学第五年度计划大纲》

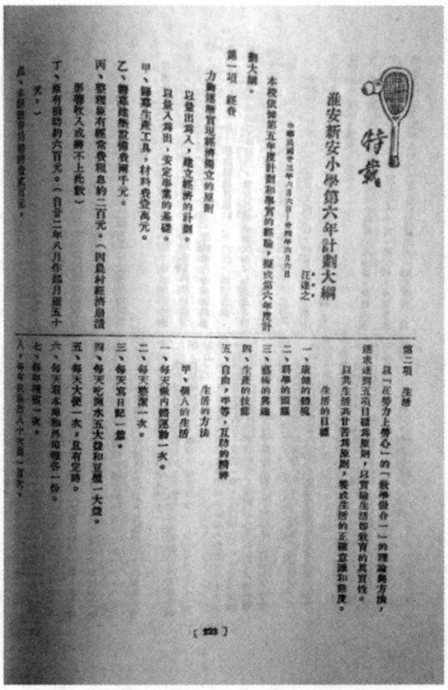
特載
淮安新安小學第六年計劃大綱

汪达之在 1935 年第 24 期《生活教育》(半月刊)上发表《新安小学第六年度计划大纲》

《新安小学第五年计划大纲》[13] 分为“经费”“要做的事”“共同生活的人，以共甘苦之原则”“生活的场所”“推进社会事项”“我们的口号”等六项计 92 款。其中：

“经费”五款“共七千八百元左右，详细支配另列”。

“要做的事”包括“以在劳力上劳心的生活教育理论的原则，逐求达到五个目标：一是健康的体魄；二是科学的头脑；三是艺术的兴趣；四是生产的技能；五是自由平等互助的精神”，所列举具体事项实细到识字写字、读书写信、数学计算、植物栽种、动物养殖、矿物认识与标本制作、气象观测、名曲欣赏、表演话剧、玩科学把戏，以及会开留声机、电影机、收音机和会修理农工具及日常用品与会最普通的应用药品、观察石匠、鞋匠、铁匠、瓦匠等社会生活情况、修屋砌墙铺路开井、编写《莲花周报》、饮食起居及生活习惯（如：每天定时大便一次、每天写日记一篇等）。

“共同生活的人，以共甘苦之原则”包括添增导师和工人、招收基本学生和普通学生等。其中，基本学生暂定为二十名，均应为“信仰本校教育主张者之子弟”和“颠连无告而需人帮助之孤儿以逐求达到自食其力的原则”。

“生活的场所”包括开辟美术展览室、社会科学参考室、自然科学试验室、金木工作室、图画室、招待（阅报）室、寝室、温房、浴房、厨房、厕所、贮藏室等 12 款。

“推进社会事项”包括“以联合本地或远地的力量，开发本地富源救济知识恐慌，调剂生活趣味的原则：一是结合本地的力量，重修年久失修的莲花街道路一条。二是结合远方的力量，以救济蒲田户蒲草滞销恐慌，促进蒲草造纸工厂的实现。三是开露天电影场一处并设法自置电影机一架，以救济民众娱乐的缺乏。四是设法自置无线电播音机一架，收以小的村庄和大的世界沟通的实效”。

“我们的口号”有两条：“一要取得生产的工具和材料，以达到经济的独立。二要打开中国教育的新生路。”

为解决《新安小学第五年计划大纲》实施中的经费困难，汪达之还发出了《淮安新安小学为第五年度经济独立计划募集生产工具材料及修理设备等启事》，请求社会援助：

本校是一个为穷孩子求生路的组合。四年来，在艰难困苦的环境中挣扎。困难与艰险都已渐渐地化除了。但要求自我的发展，仍须继续努力。

在第五年度开始的时候，我们根据过去事实的教训和实现理想的要求，拟出一个第五年度最低限度的计划。主要的一点，是要求逐渐实现经济独立。让每一个儿童于入学后，都能逐渐自食其力，减少家庭负担，且须养成独立自重与平等互助诸德性。时光易逝，第五周年（六月六日）就要到了，我们计划中力所能及的，都在逐步实现，惟有经费一项，除一部分热心赞助者，二十二年八月份起月供五十元和原有租息（因谷贱与旱荒）年入仅共约一百余元外，别无一文钱收入，而我们基本学生的计划为情势所迫，急不容缓，已开始了，但这由那很少的经费中挤出的生活供给费，是不能算做久长的办法的。

我们是自愧力量太薄弱了，但社会给我们的同情已很宏大很普遍。去年本校七个小孩的江南旅行，舆论的鼓励和个人的奖赞，在此都使我们感觉兴奋，我们也惟有尽加勉励，完成我们重大使命以求无负社会对我们的期望。

但巧妇难为无米之炊。我们如果没有生产工具，终不能达到经济独立的目的。

今天又是全国觉醒轰轰烈烈举行庆祝的儿童节了。我们更觉惭愧，我们是个自负为穷孩子谋幸福的学校。如是，我们发誓要找出一种有效的办法，就决定了这为取得生产工具而募捐的一法。

这普遍的募捐办法，是只请每个生活教育的同志出他心里所愿出的数目，一元两元也可；十元二十元也可。我们是要求这钱来自每一位赞助者，及其便利地，也是热心痛快地拿出来。

我们深信我们感受的经济困难的苦痛，将因此一举而即告解除。

我们谨以至诚恳之态度，接受诸位的热情的帮助。我们当更奋发，勉无辜负诸位对我们的期望。请以一年后，再为诸位报告我们的消息。

注意一：新安小学活动请看生活教育画报第六号。

注意二：生活教育同志赞助新安小学取得生产工具之捐款请寄江苏淮安河下该校收[14]。

据有关史料记载，这封募捐信发挥了不小的效力，“各地生活教育社的同志之努力捐款前来”。其中，创办时期就曾在新安小学工作过的当时已到外地谋生的李友梅、台和中两位老师，他们发挥了很好的带头作用：李友梅每月提取薪水的六分一，台和中每月提取薪水的三分之一，共同来维持新安小学的生存，为解新安小学之困，董纯才有一次还捐赠了二十元。

但是，这些捐款项毕竟有限，且远水难解近渴。新安小学的经费总是入不敷出。汪达之虽然不拿一分钱工资，常以秸头面粥和腌咸菜充饥，尽管如此艰辛的生活，但也时常难以维持。

2. 排除万难家国臻

树欲静而风不止。正当汪达之以艰苦卓绝之雄心对新安小学计划组织逐步实施、不断推进的时候，接踵而至的政治风波和校产官司等艰难险阻竟又扑面而来。

新安小学原貌

新安小学的政治风波缘于晓庄师范被封闭。南京晓庄师范学校被蒋介石国民党反动政府强行武装查封后，晓庄师范的各附设小学、幼稚园都被解散，许多进步青年学生和中共地下党员被捕杀，陶行知先生遭通缉，连在上海的租界里都不能立足，只得流亡到日本避难。这股政治风波也波及淮安的新安小学。国民党淮安县党部认为，既然陶行知是反动分子，被国民政府通缉，那么陶行知派来的这些学生还能好到哪里去？并扬言要到新安小学来抓人。幸好，当他们还未来得及“动手”之际，晓庄师范被查封后，在新安小学任教的中共地下党员李友梅和进步青年台和中等人就悄然地出走他乡，以另谋职业为名而暂栖其身。更令人暗自拍手称快的是，国民党淮安县党部里的这些首恶分子中的一个头目，也因自己做了别的坏事而被拘捕入狱。自此，这场政治风波才得以告缓。

漏屋偏遭连天雨，前波未平后波起。与政治风波密切相关的另一起风波便是地痞奸人群起，乘机来争夺新安小学的校产。

新安小学坐落在淮安城西北角城郊河下镇莲花街旁萧湖中的一座小岛之上。它位于莲化街的西端，通济桥的近旁，三面环水，南接淮安县城，东靠北门大街，北连河下古镇，西邻里运河大堤，交通尚算便利。明清时，旅居淮安的皖南巨商们在这块地面上集资兴建了一座“灵王庙”。清末，安徽新安的同乡在灵王庙建立了同乡会的组织——“新安会馆”，它就是新安小学的前身。

1929 年春，淮安新安会馆的董事吴俊卿为独霸其馆产，以同乡会的名义慕名

新安小学前身新安义所（亦称新安会馆）的石刻

来到南京晓庄师范，请陶行知先生到淮安去开办小学。热心办学的陶行知先生征集了晓庄师范的学生李友梅、台和中和兰九盛三人到淮安考察后，就在这座破旧不堪的古庙里办起了新安小学。

3．“古庙战神”谋革新

当晓庄师范被查封的消息传到淮安后，以前与吴俊卿为争夺会馆财产权打官司的原告朱耀华、吴季贤等人认为有机可乘，就跳出来向校长汪达之下出通牒，见不起效果后竟叫嚣：学校必须搬走！田租归他们去收！汪达之抱定的态度是：坚决抵抗，决不搬走！

这伙人先在县政府告，接着到县党部告，继而又到省教育厅和民政厅告，都没有告成。因为新安小学的创办是经过地方政府和上级教育主管部门批准立案的。告状行不通，接下来的便是对簿公堂的打官司。官司从淮安、淮阴的地方法院一直打到苏州的中级人民法院，进行了一审、二审、三审，汪达之一次又一次地机智应诉、义正词严地据理力争。此外，还要在公堂内外与为争夺校产的原告的辩护律师们不停地“舌战”。据史料记载，汪达之就曾以新安小学的名义给某位原告律师写过一封《致××大律师信》[15]：

××大律师钧鉴：

……

敝校成立，经正当合法之手续，两年来错节盘根，基础巩固。岂被二三奸人之强词夺理，所可动摇？会馆财产，移作学校基金，年只三百余元，而两年半之开支，已在三千元以上，此有邮局汇票可查，并非凭空捏造。试加考核，果如彼奸人等所谓侵占否乎？且两年前房屋之颓坍破坏，办校后之修理建设，凡有耳目，卒能见闻。先生亦伺妨驾临，略加较量，则今昔成败，不难立明？

因会馆财产而起讼事，经过若干年月，其目的为何？议决办校，财产之用途如何？目的何在？政府之批准，国内热心教育人士之赞助，办校同人之忍苦经营，其目的又何在？办校结果又如何？即彼奸人等亦已经二年余之讼争，其目的何在？其所得结果又如何？即彼奸人等执迷不悟，继续争讼至若干年，其目的究何在？而其所得结果又将如何？办校人之来自东西，捐助人之远处南北，其行为，其心迹，以与彼二三奸人相较量，究竟孰为光明？孰为正直？凡此种种，圆颅方趾，类能洞察，先生明达，亦曾思及否也？

敝校夙秉为贫苦儿童谋幸福之宗旨，来校学生，十九为贫苦之儿童，书籍纸笔，皆为校中供给。其所加于学生之恩泽，在数十及其父兄之心灵深处，皆有所感收。彼奸人等千方百计，思所攘夺，自徒见其心劳而日拙，乃先生不辨黑白，全力筹谋，苟非不知，即属无仁。律师为人辩诉，固属正当之职业，然未有不分泾渭之清浊而能获利，不主持正义而能人之信赖者。设先生再不顾虑，复滋敝校以纠纷，危及学生之福利，试问先生在数十学生及其父兄之心目中，将为何如人？敝校为校务之便利进行计，为学生之前途福利计，为先生之声名荣毁计，是以披肝沥胆，愿闻明教。朔风正厉，请乞珍摄。匆促上陈，书不尽意。敬颂

大安，伫盼裁答。

新安小学　谨启

这场屡拖不绝的官司，前后经历了两年多的时间，尽管最后的胜利是新安小学校方的，但是在这一过程中让汪达之费时耗力，使新安小学倍受周围人们极深刻的猜疑及对新安小学声誉的极大负面影响等，都是不言而喻的。但是即便如此，汪达之仍以坚韧不拔的毅力，满怀信心地在这样艰难险阻的恶劣环境中，将新安小学“顶层设计”的宏伟蓝图徐徐展开，开始一步一步地实施起来。那么，他又是怎样一步一个脚印地实施的呢?

第三节　创立基本学生制

生活教育显神奇，改革学制展丰姿。
基本学生主力军，普通走读仍坚持。
新旧教育泾渭明，除旧布新排分歧。
教学做中育新人，手脑并用写新诗。

从校内到校外3：基本学生主力军，普通走读仍坚持

1. 基本学生主力军

“给旧教育唱葬歌，给新教育唱进行曲。”——接办新安小学，创建“基本学生”和普通走读生相结合的办学机制，挽救了新安小学的生命，培养了学生的自立、自主和自理能力。这是汪达之对陶行知生活教育思想的创造性继承。

汪达之在新安小学的创造性实践是多方面的。他在陶行知生活教育理论的实践中，结合淮安当地城坝处的校情、民情和社情及当时的县情、省情和国情，在新安小学校长的工作岗位上进行研究、继承、创新与发展，创造出的不少教育实践范例，直到今天都仍堪称中国现当代教育史上成功的经典之作。

1933 年 6 月 1 日的深夜，距新安小学建校四周年纪念日的 6 月 6 日，仅有 5 天了。只身一人坚持在新安小学办学的年仅 30 岁的校长汪达之在给董纯才先生写信。他在信中这样写道：“我们是一面给旧教育唱葬歌，但一面是给新教育唱进行曲。”[16] 这是汪达之对他自己在新安小学的办学思想和实践的高度概括和真实

写照。

汪达之对于中国人民革命教育事业的巨大贡献，应首推他对陶行知生活教育思想的创造性继承。其中，他在接办新安小学期间创建的“基本学生”和普通“走读学生”相结合的办学机制，就堪称首创的范例。“基本学生”和普通走读生相结合的办学机制，拓宽了陶行知生活教育思想指导下的办学形式。

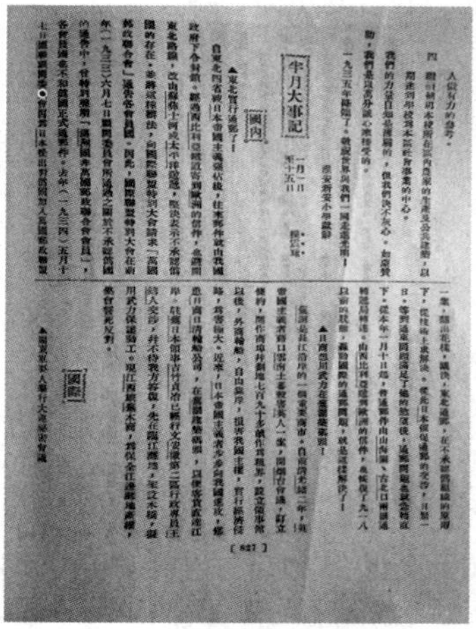
半月大事記

汪达之以新安小学名义在1935年第24期《生活教育》（半月刊）上发表1935年新年献辞

在担任新安小学校长期间，汪达之紧紧依靠当地人民群众，团结着来往匆匆、始终只是短期参与并为数只有三五人的教师队伍（晓庄师范毕业生），吸纳当地和附近贫苦儿童入学，也有一些革命干部子弟隐蔽在这里（如项英的女儿项苏云等），在一所破旧不堪的古庙里创造性地实践着陶行知的“生活教育”思想。

随着反动当局迫害危险和地痞流氓群起争夺学校财产风潮的日益加剧以及面临着生活几乎断炊的艰难窘境，在学校教师中只剩下他一个人的情况下，他毅然苦撑危局，坚持为贫苦儿童办学，并因时因地制宜创造了住宿的“基本学生”和“普通走读生”相结合的办学新模式。

基本学生全部免费，他们吃住在学校，学习用品和生活费用都由学校供给。学习和生活都由学生自己民主管理，学习、生活和生产劳动，实行会的教不会的“即知即传”的“小先生”教学法，老师只作指导。普通的走读生全是学校附近的贫苦农民、渔民和小商贩们的子弟，他们可以一面在家参加生产劳动，一面到校学习文化知识，学生除自备学习用具外，学校不收任何费用。这种办学形式，切实可行，受当地民众欢迎。这是对陶行知“生活教育”思想的一种创造性的继承。

学校每天的学习、生活和劳动，都在当天的早会上民主讨论决定，然后由学生轮流担任总值日，负责主持一天的作息。学习内容，除一般的文化基础知识外，每人每天都要坚持写“学习和生活日记”，每周集体出版一期16开活页杂志型的《莲花周报》，用以刊登学生的学习成果。每周也安排若干科学实验项目的“科学把戏课”。每天早上，要集体练发音，然后学习唱歌。

学校的房屋坏了，组织学生在泥瓦匠师傅的指导下自己修理，学生还自己动手开园种菜，“半归学校、半归学生”，做到蔬菜自给，培养学生“自觉觉人”“自立立人”的自主意识和实践能力。每天晚上都有生活晚会，对当天的学习、生活和劳动进行讲评，开展批评和自我批评，培养学生爱集体、讲民主的品质。

当时的国难教育在学习中占有很大比重，它深刻地启发和激励了学生的爱国主义思想。

学校推行的“小先生制”还定期给群众送学上门，既教孩子也教大人，既教识字，也向他们宣讲国难形势。在汪达之的指导下，通过“小先生”活动，还组织起当地的蒲农成立蒲业生产合作社，进行生产自救，努力地改善群众生活。学校也建成了粉笔制造工厂。除学校自给自足外，后来还畅销苏北市场，为学校挣得一笔可观的创收。原古庙大殿中泥菩萨塑像，也都被他们悄悄地搬掉，把大殿改造成演剧唱戏的舞台。

2. 除旧布新排分歧

为研究当地盛产的蒲草可否造纸问题，为附近的蒲农开辟一条新的生产营利之出路，汪达之还曾发出《致〈时事新报〉函》咨询并请求陶行知先生等援助。

致《时事新报》函

《时事新报》：

顷接七月二日贵报载中国纸业消息一则，适敝校为此问题徬徨无从解决。敝校为发展农村经济，推进文化，为社会谋幸福与贵报宗旨则一，以下问题当能予以满意之解答。

敝校在江北淮安河下镇，校门前有蒲田二三百亩，种户约数十家。年收蒲草数千石，但蒲草向无正当用途，仅供编蒲包、搓蒲索、打蒲鞋等用，价值最高每石约八千文（合现洋二元半上下）。但自去年谷贱以来，蒲草畅销大滞，价格至每石四千文，犹无人问津，以是旧蒲屯集未销，而新蒲又已上市，经济悲慌，达于极点。敝校睹此现状，万难坐视，但非别开途径，又将无从援助者。因思稻草尚可造纸，而蒲草纤维之韧远胜过于稻草，以之为造纸之原料，当可适用。但此必须专家加以研究，与制造家设厂经营，方克有济。

再清淮两地产蒲区域，约有数处，据闻年产约在万石上下。因年来无用途，种户生息，日就荒弃，倘得正当用途，不独现有种户乐于从事，一般低洼荒潦之区，亦将变为种蒲之地，民生实利赖之。如承贵报予以热心指示与赞助，则此哀哀之民众定当感激无既。专肃，敬上《时事新报》馆。[17]

此后，《时事新报》虽以“首拟分析其纤维含量之多少，次宜研究供给之难易，三宜间其价值之是否相宜”等三个方面做了较详细的公开解答，但终因“须经详细之调查，方可着手”为由而将此作罢。为解当地广大蒲农生计的燃眉之急，汪达之因时因地制宜地引领新安小学的学生，组织当地蒲农成立了蒲业生产合作社，指导他们经营蒲包、蒲索和蒲鞋等蒲草编制品，进行生产自救，努力地改善着附近蒲农的贫困生活。

3. 教学做中育新人

当地群众和当时的教育界都盛赞新安小学的学生是“古庙活菩萨”，汪达之则被称颂为“古庙战神”。陶行知先生高度称赞汪达之等新安小学的老师们是“捧着一颗心来，不带半根草去”，并勉励说“你们抱着这种精神去教导小朋友，总是不会错的”[18]。当代诗人赵恺则盛赞：“新安小学超越学校本意，具有象征意味。它象征民族气节，象征人类品质。新安小学是世界历史的旷世之作，惊世之作。”[19]

新安小学的办学实践孕育着丰富的教育思想。这是汪达之“综合技术”教育思想产生的起点和发端。它不仅仅是多方面的，而且还是首创的，是非常具有创新精神和与时俱进的，是符合当时当地中国国情的具有中国特色的、科学的、民主的、大众的教育思想。汪达之在这一阶段的教育思想其突出之处主要体现在以下方面：

一是，“为旧教育唱葬歌，为新教育唱进行曲”，是汪达之“综合技术”教育思想的高度概括。

新安小学的办学实践标志着汪达之“综合技术”教育思想的初步形成。这在他《新安小学四年来在实际生活的体验上所找到的理论》一文中就做过非常明确和详细的阐述：“① 指导劳动者取得现实生活需要的教育。② 指导生产者创造平衡的新社会的学校。③ 用体力从事于劳动生产的真本领以锻炼脑力的教育。④ 指导学生自动地组织集团以解决生活需要的学校。⑤ 科学与艺术综合的生活进程。”[20]

二是，“自觉觉人，自立立人”是汪达之儿童教育思想的集中体现。

汪达之的儿童教育思想，继承和发展了陶行知儿童教育思想，它以培养儿童独立自主生活能力为核心，以培养未来抗日救国和“争取民主中国的胜利”的人才为目标，在儿童教育上做了许多开拓性的成功探索，为新民主主义中国和新中国的儿童教育事业做出了重要贡献。其主要体现在：“① 对儿童进行爱国主义和集体主义为核心的思想道德品质教育的高度重视。② 对儿童身体健康教育和对劳动教育及实践能力教育的高度重视。③ 对儿童艺术教育和科学教育及创新精神教育的高度重视。④ 对培养儿童民主意识和独立思考能力及团队合作精神等全面发展的素质教育的高度重视。”[21]

第四节　缔造儿童旅行团

缔造儿童旅行团，社会大学教学做。
七根光棍游上海，演讲考察上新课。
国家兴亡匹夫责，自治能力不放过。

光棍虽小划时代，心明眼亮清规破。

从淮安到上海：七根光棍游上海，演讲考察真知求

1. 七根光棍游上海

"一群小光棍，点点有七根。小的十二岁，大的未结婚。没有父母带，先生也不在。谁说小孩小？划分新时代。"——缔造新安儿童自动旅行团，到民族解放斗争的社会大学校中去教学做，培养了学生的团体自治能力。这是汪达之对陶行知生活教育思想的继承性创新。

1933 年，在蒋介石政府不抵抗的政策下，日本帝国主义侵占了我国的东北三省和热河后，又将侵略的魔爪伸到了上海、北平和天津。日寇的侵略行径，激怒了每一个爱国的中国人，抗日救亡运动迅速展开。每年暑假陶行知都要在上海组织"生活教育社"活动，对"生活教育社"的成员进行思想教育和业务培训，以及新教育试验等专题研讨。"生活教育社"的成员大多是信仰和实践陶行知先生的"生活教育"思想、立志改造中国旧教育的进步青年知识分子。其中也有不少的原晓庄师范学生和中共地下党员，在从事中国共产党秘密领导下的抗日救亡革命活动。

生活教育社在上海举办这样的暑期研训活动，汪达之是每次必到的。具有强烈爱国主义思想的热血青年汪达之正是在这期间迸发出了创造智慧的火花：与其领着孩子守在淮安城边这个小天地里实践"生活教育"，倒不如让孩子们到民族解放斗争的旋涡里去经受现实生活的教育和锻炼。于是，到了 1933 年的 10 月，汪达之便将新安小学当时仅有的七个基本学生组成了"新安儿童自动旅行团"，到正在进行民族解放斗争的大城市上海这个社会大学校里去教学做。

新安儿童自动旅行团（通称：新安儿童旅行团）出发前，汪达之以新安小学的名义起草了《根据于小的学校要和大的世界沟通——新安小学为儿童旅行团宣言》和《江苏淮安新安（儿童）旅行团告国人书》及《（新安儿童旅行团）告（全国）小朋友书》。

根据于小的学校要和大的世界沟通——
新安小学为儿童旅行团宣言

本校是个试验新教育主张的学校，参加工作的人，都是抱了绝大牺牲而无顾惜的几个研究新教育的青年。但终为经济的铁蹄给踏住了，翻不得身，如是，牺牲的大部分都是徒然了。志愿，也将被撕成碎片了。然真理是不会磨灭的，在我们信仰的教育理论之下，发生出一些新的嫩芽，这样，我们的儿童团便产生了。

这个旅行团是七个孩子组成的。他们都是本校的基本学生，基本学生是本校

今年才开始的一种试验。

他们最大的年龄十七岁，最小的十二岁。

本校的一切日常生活的抬水，烧饭，洗衣，洒扫等，是他们共同轮流负担。种菜，筑路，砌墙，开井等，也是他们共同负责，还有，编辑周刊，表演戏剧，也是他们自动地一桩一件分日分时去做。更有附近一部分来校的年幼儿童，是由他们中的两个年长的负责指导。他们是在有相当计划的生活中陶溶了几个月了。

他们都是受家庭的穷困逼迫着的不幸的孩子，自从整个离开了家庭环境，来过这种有相当计划的生活以后，正常生长，露出很分明的现象，使我们更加相信我们认清的教育主张，有更进一步努力试验的必要。

基本学生定额为二十名，但第五年度开始，生产计划的五千元经费分文无着，而现时的支持，仅仅靠一部分热心赞助的人按每月邮寄三四十元，旧有的租息虽有三四十元，而今年谷贱，更大受了影响。

但我们并不因此灰心丧气，我们相信教育是人类自救的事业。

我们在歹难临头，几乎不堪延续的时候，从报上看到一位无名氏的女子，慨然解囊以巨款捐助抗日义勇军的故事，使我们觉得中华民族的前途尚有可为，也就振一振精神，继续奋斗。

但我们仍然是陷在困难的重围里，而经济的铁蹄，仍然踏紧了不肯放松。

我们相信我们的教育主张，是只有我们自己去努力才会实现的。

生活即教育，

社会即学校。

我们以教学做合一的方法，在劳力上劳心的原则，试验我们的教育主张。七个孩子所组织的旅行团，就是从此中产生出来的。

让他们到广大的学校里去，那是活的学校，有活的动机，不必设计引起；有活的书，须各人仔细地去读，自己去识载。有无数的先生，最合理最正确的指导。

让他们感到困难自己去解决，事实的教训，胜过千万卷书籍。

他们没有先生参加，也没有先生能分身参加。但他们认为正因为没有先生参加，才是他们发展的机会。我们唯有期待着将来的事实，是怎样地告诉我们。

人类的意识，是给时代唤醒了，为儿童谋幸福的声浪，也日高一日了。我们的计划决定后，去和几位先生商量，他们大加赞成，并多方赞助。这出乎我们意料，增加我们不少的勇气，鼓励我们积极向前。但我们所能筹出的旅费依然很有限，这有限的旅费不能阻挠我们前进的勇气。我们决定用我们的劳力，如：卖书，演说，游戏，修路，开井，砌墙等换取我们的旅费。这种以自己的劳力换取旅费去探寻社会文化的儿童，就请目之为探寻文化的小工人吧！

中华民族正在碰着存亡的关头了！图存之道，不止一端，我们是愿以终身尽瘁于新教育事业的人，但我们的力量是这样的薄弱，我们是需要巨量的多方面的赞助和指导！亲爱的父老、兄弟、诸姑、姐妹们，我们是掬诚地告诉你们，关于本校的大概，和这次儿童旅行团的意义了，敬请不吝

指教。

新安小学　谨启

（一九三三，十，十九）[22]

（新安儿童旅行团）告（全国）小朋友书

亲爱的小朋友们：

我们是七个孩子组织的旅行团，现在向镇江、上海出发了。

我们要离开学校，离开家庭，没有先生，没有父兄来领导我们，旅行中的一切，都是我们七个孩子自己领导自己，自己管理自己。

我们从古老的荒凉的江北的农村，向繁华的文化的江南都市出发了。

我们此次旅行的目的：

第一，看看江南的风光，让我们实际地明了地理、历史、风俗、人情等社会科学的实质。

第二，看看近代的工业文化，让我们实际地明了自然科学所给予人类文明的影响。

第三，看看淞沪的战地，让我们实际地明了帝国主义的残暴，做奋斗图存的最有效的鼓励。

第四，打破成人不信任小孩子也有独立自由行动的能力的错误观念。

但这些，总括起来，都是实验我们学校教育的主张："社会即学校"。

亲爱的小朋友们，我们已穿上草鞋，披上不整齐的衣衫，背上我们小小的行囊，出发了。

国家大难临头，我们是国家的主人，我们的责任重大。我们需要有各方面丰富的社会的、生活的经验来开阔我们的眼界，增进我们的力量，磨炼我们的精神，不怕苦，不怕难，不然，这副重的担子如何挑得起！

亲爱的小朋友，我们想：当你们接着我们这封信的时候，一定觉得这是一件很有趣味的事，我们希望不久就有一个大规模的儿童旅行团出现，做全国、全世界的旅行，为我们中华民族的小朋友作先声，为我们老大的中华民族争口气。

我们这次的旅行，是极其困难的。我们家里很穷，学校也穷。但是我们的计划决定以后，分途进行，得到社会同情于我们的几位先生热心赞助，我们要感谢他们的鼓励。但我们的旅费是很不够的，而我们是不顾这些困难，大胆前进了。社会上为我们儿童谋幸福的人一定很多，只要我们的行动是有道理的。

亲爱的小朋友们，我们走上我们的旅途去了，再会，祝努力奋斗！

新安儿童旅行团　谨启
（一九三三，十，十七）[23]

2. 国家兴亡匹夫责

与此同时，汪达之还以新安小学同人的名义给商务印书馆的黄警顽先生和天府味精厂的吴蕴初先生等上海的社会贤达人士及《时事新报》馆写信，请求赞助。这里先选录《致黄警顽先生的信》。

警顽先生：

民族危机到了最后的呼吸，国家存废，如再无振作之方策，则危亡可以立待。敝校同仁，为中华民族的新生命着想，加紧生力军的培养，实为紧要之途径，此同人矢志于新教育事业也。今有敝校儿童七人组织之旅行团，即将出发矣，南征千里，过镇来沪参观，以实验“社会即学校”之教育主旨。

先生为沪上人物之中枢，该团抵沪后即当晋谒，尚希赐教，并再予以赞助。该团旅费极窘，而壮志可慰，倘费用不继，敬祈先生为之登高振臂一呼，庶可不致使该团沦为吴氏吹箫之伍子胥，则感激不尽矣。事关提倡中华儿童创发的新精神，想先生乐于援助也。此上敬祝康乐！

新安小学同人　谨启
1933. 10. 20[24]

此外，汪达之还给暂避在上海的陶行知先生写了一封介绍信。

行师：

七个小光棍，拼命要南征。
旗帜一打好，择期就启程。

小光棍的旅行团，是以九分的决定要到上海去观光了。我们不能筹出多少旅费，是准备着讨乞。我告诉他们：“饿肚子行乞，不是一件容易的事。”但他们笑着回答：“只要眼睛饱了，管不得肚子暂时的饿了。”他们这种气概，我觉得是中华民族的新生命，也就不顾一切地来计划这件事了。

旅费、船费去的不成问题，来的也另有办法。车费去函交涉全免，万一不成，四等车儿童团体票，也很有限。伙食费，预算每人每天二角。从淮安直到上海的费用，大约不成问题，到了上海又将怎么办？真要学伍子胥吹箫的办法吗？我想时代差得很远了，将不至于到此地步。

我以学校名义，给黄警顽先生写了信去，一则要参观商务印书馆，二则也希望他为儿童幸福的缘故给予一点援助。天府味精厂吴蕴初先生处，我也去了信，要求参观他的工厂，因为吴先生是一个贫寒力学出身，可以给孩子们一个鼓励的榜样。《时事新报》馆也去了信，一则，它颇有言论界的地位，让孩子们去参观一下，认识认识，再则希望他们借此传个信号出去，给中国的被牢狱封锁着一般的儿童们，一个新鲜的刺激。

我想这就是“社会即学校”的一个步骤。但是，行师，是不是这样简单呢？

他们的旅行生活计划是：寅会、晚会、写日记，照在学校一般的排列。每天有轮流的主席，有个固定的记录。此外的事务，分成四部：一交际，二账务，三行李，四医药。约定每天要有一份报告信寄回来。事实上恐怕时间不够支配，做不上来，但规定着待做到如何程度再说。参观目的，工厂、学校、其他文化机关，当再拟一个参观日程，到沪后，留待吾师斟酌。

吾师，您将怎样招待这个小光棍团呢？

正是我们没有钱吃饭的时候，幸好本年收的玉蜀黍面，救了我们的驾。平常三餐吃两顿，现在三餐都是玉蜀黍米面。

昨天纯才兄寄来了二十元。

双十节，过得很好，居然能演九幕剧，来观光的把屋子挤得满满的，这分明是暴露着没有娱乐机会的恐慌，现象如是。我在广众之前，将吾师允我迟则半年之久为置一架电影机的好消息，坦坦白白地告诉了他们。也好让他们都有一个“望梅止渴”的机会。

教局长已调换朱文升，中大教育系学生，现尚未视事。

民夜班事，房子虽好，但坏蛋仍在捣乱。俟旅行团回校后，即进行开学。匆上。敬祝康乐！

1933．10．17

旅行团行期本月二十二日（星期日），乘镇淮班轮南下，二十四五日可到沪，在何处访您呢？[25]

新安儿童自动旅行团于10月22日从淮安出发，经镇江至上海，往返历时54天。旅行团凭吊了“一·二八”淞沪战场，参观了工厂、码头，看到了北丰公园和法国公园门上高挂着的“华人与狗不得入内”的标牌，见到了帝国主义“租界”里耀武扬威的“洋鬼子”和黄浦江上挂着米字旗、星条旗、太阳旗的外国兵船及法国巡捕和其雇用的印度、安南巡捕殴打和抓捕中国人的凄惨情景，了解了工人、学生、贫民的艰难生活状况，增强了他们爱国主义的激情。正在上海避难的陶行知先生热情

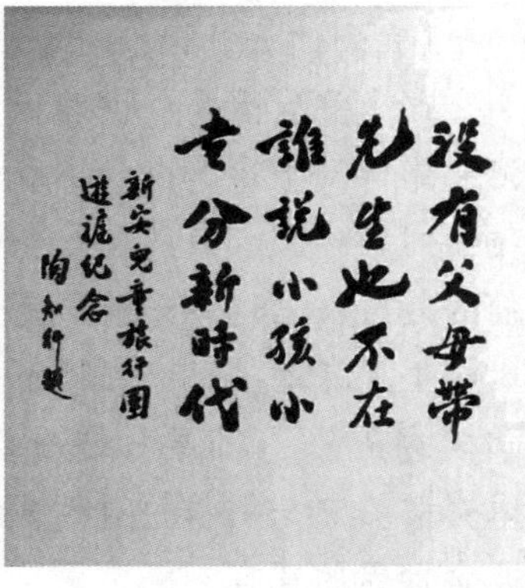

陶行知为新安儿童旅行团题诗

接待了他们，并给他们的活动提供了具体的指导。在54天的旅行修学生活中，他们依靠自己上街卖书卖报，到各大、中、小学校去演讲等方式取得生活费用，终于胜利地完成了组织团体自动自费旅行、考察、学习的任务，顺利地回到了淮安的新安学校。

3. 光棍虽小划时代

新安儿童自动旅行团大胆实践的成功，轰动了当时上海和江苏的教育界和新闻界。许多报纸都以大量的篇幅报道了他们的活动，其影响迅速扩展到了全国许多城市及南洋群岛和旧金山一带的华人华侨界。陶行知先生在给汪达之的复信中盛赞新安儿童自动旅行团“是新时代无价之宝……这样伟大的宝藏，世界上谁也没有!”并赋诗一首。

达之同志：

儿童旅行团来沪，大家都喜欢。我以小工人之礼待之。在这里他们决无冻馁之忧，所怕的是汽车老虎，曾嘱他们特别留神。你要我估一估他的价值，这是新时代无价之宝，姑且定他为万万万万万金元吧！这样伟大的宝藏，世界上谁也没有！却为新安所得，使福特、摩尔根辈见之，未免要生小巫见大巫之感。而新安不敢私为己有，愿公诸天下后世，这又是富翁们舍不得的了。好，如果你讨厌黄金，就听我唱吧：一群小光棍，点点有七根。小的十二岁，大的未结婚。没有父母带，先生也不在。谁说小孩小？划分新时代[26]。

陶行知还在汪达之指导新安儿童自动旅行团回到淮安新安小学后编著出版的，反映他们旅行修学见闻、演讲记录、旅行修学体会等内容的《我们的旅行记》一书的序言中，高度评价这本书“是一本生活教育学，是一本儿童游记，是一本儿童文学，是一本创造儿童世界的宣言”[27]。

《我们的旅行记》是淮安县新安小学儿童旅行团七位小朋友心头滴下来的文字。这个旅行团是一个破天荒的尝试。他们没有父母照应，没有老师领导，从淮河北岸游到上海，以卖讲取得他们的旅费。到了上海，这个中国经济首都便成了他们的大学，上海各层社会的大众便成了他们的先生，形形色色的生活便成了他们的教科书。这本小册子是他们的旅行生活的小影，亦即是他们在这伟大的社会大学里上课的笔记。许恪士先生说得好：“从你们光棍生活上，我方懂得社会即学校的真意。”谁要知道社会即学校的理论，看了这本书就明白了。这的确是一本奇书。它是一本生活教育学，是一本儿童游记，是一本儿童文学，是一本创造儿童世界的宣言。

新安儿童自动旅行团的成功实践首创了中国现代教育史上儿童自主教育的一个奇迹和神话。它打破了自古以来的成人不信任小孩子也有独立自由行动的能力的观念，开创了儿童自立、自主、自强、自理的团体自治教育的先河，在中外现代教育史和少年儿童运动史上有着重要的意义。它是陶行知“生活即教育”“社会即学校”“教学做合一”的生活教育理论和实践宝库中的一颗璀璨的明珠。它是汪达之创造性地实践陶行知生活教育思想的一篇杰作。它是新安小学办学实践中的一个精品范例。它为后来奔赴全国宣传抗日救国，在民族解放的社会大学校中培养优秀人才、为抗日战争和民主中国的胜利做出过特殊贡献的新安旅行团的成立、成功和发展，提供了可贵的有益尝试和宝贵的经验。

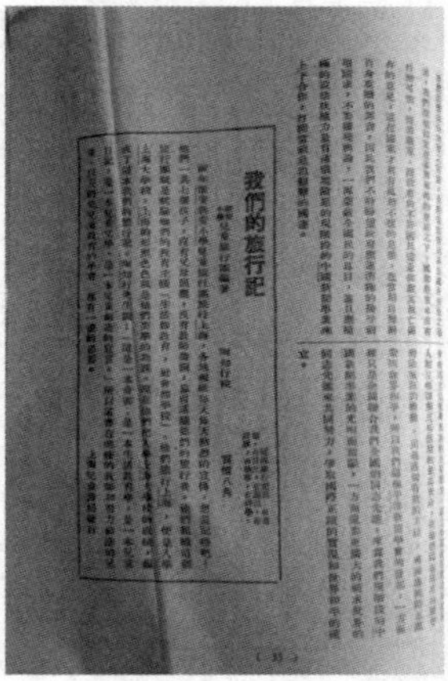
我们的旅行记

1936 年第 23 期《生活教育》（半月刊）上刊登文章介绍新安儿童旅行团著《我们的旅行记》

第五节　树立正确恋爱观

事业为经放首位，爱情恋爱均为纬。
生活路线明方向，全部精力齐聚汇。
树立正确恋爱观，自知生命诚可贵。
志同道合何须晚，传奇姻缘烽火蔚。

从盐阜到苏皖：事业为经放首位，爱情恋爱均为纬

1．事业为经放首位

“爱情是生活的动力，事业是生活的路线。”——把全部精力投入生活教育运动，主张“事业为经，恋爱为纬”。这是汪达之对陶行知婚姻家庭教育思想的拓展延伸。

汪达之是陶行知的高足。他不仅用陶行知生活教育理论指导新安小学的办学实践，而且还用陶行知关于爱情和婚姻及家庭的教育观来处理好自己的婚姻与事业的关系问题。

陶行知在上海创办山海工学团时期，邻村有一个青年因失恋寻死觅短见，他的老母亲急得像发疯似的到处求救。还有的人谈三角恋爱，结果弄得大打出手，不可收拾。陶行知先生知道后，用这些不该发生的鲜活事例为教材教育学生说：“现在青年们一提起恋爱就觉得津津有味，我也不反对。可是有许多青年对于爱人大有‘韩信点兵，多多益善’之势，终日在醋缸、粪缸、毒气房里流连。把国也忘了，家也忘了，学问也忘了，弄得身败名裂，悔之不及。”

“幸福只在专爱里！”陶行知先生除用这句话教育青年树立正确的爱情观、恋爱观、婚姻观和家庭观之外，还特意写了一首诗：“爱之酒，甜而苦。两人喝，是甘露。三人喝，酸如醋。随便喝，毒中毒。”并强调指出，“我写这《三字经》，人人都要读得熟！”[28]有一天，陶行知先生听说一位有音乐才能的学生年龄不大便开始谈恋爱，陶行知写信劝他为着自己的前途，为着音乐教育的前途，希望他把这个问题，延迟到应该产生这个问题的年龄吧。这位学生听取了陶校长生动而又诚恳的劝告，后来在音乐上很有造诣。

原来，陶行知先生认为，爱通过阻力可以给我们热，爱通过信仰可以给我们力量；但愿热溶化人间的隔阂，光明吞掉社会黑暗，把力量拿出来用于自由平等的社会和幸福进步的世界之创造。

“男大当婚，女大当嫁。”这是人之常情。在新安小学工作期间，汪达之也面临着如何对待个人的恋爱与婚姻的问题。据熟悉情况的张牧回忆：“他在二十几岁的时候，曾经有过一段恋爱史，女方是个高中师范毕业生。但是他们相处不久，彼此就分手了。因为女方看不起他家庭，又觉得他当个穷小学教员没出息。”[29]

2. 树立正确恋爱观

汪达之是个孝子，他十分理解母亲的心情，更顶着“不孝有三，无后为大”的旧传统观念及社会习俗等世俗的压力，毅然决然地将自己的“隐痛”深藏于心底，并将老母亲托付给朋友照料，默默地将自己的青春和精力扑在为穷苦孩子办学的新安事业上，借以让母亲的心情得到些许宽慰。同时，也以此来表达他对恩师陶行知先生的感激之情。

汪达之除了每年的寒暑假能抽身回家探望一下老母亲之外，平时也只能用书信来告慰他那长年孤独的老母亲。如他在1933年5月23日夜，写给母亲的信[30]就是这样说的：

母亲：

只一转间，春天去了，夏天又来了，现在又是端阳了。

今年回到学校来，事更加多，先前人也还多，每天倒也热闹，记得生日那天，张老太要给我做生日，忙着做菜下面，小学校开庆祝会，喊汪先生万岁。一种热烈亲热的声音，使我大为感动。这里的小孩子，都很穷苦的，他们多半都是衣不全、饭不饱的。我们本有一种计划，叫他们可以做工，管自己吃饭穿衣，但被政局和天灾收去了，至今没有办法，不能救出他们的穷苦。学校简直就是我的了。母亲，我每想到，不能常在您的面前，又不能多寄一点钱给您用，心里立刻不安起来。但是，立即又叫我转过一个念头来，光是不安是不中用的，还是打起精神来做我的事要紧。我发愿，要将这些可怜穷苦无告的孩子们扶植起来，让他们能得到他们自己的幸福。还要叫他们能认清谁给了穷苦的罪恶给他们受的。

母亲，我之所以这样做，正是发扬母亲给我的精神。母亲以一个受旧社会种种剥削，什么也不能懂得的女流，在更恶劣的命运轮到头上的时候，尚且能毅然的扶持四个孤雏，一天一天地长大，给社会有贡献。虽不幸，经您一手培植出来到山大树大的时候，又一个两个三个眼睁睁望着他们去毁灭了。但您的责任是尽了，这些不是您的能力可以挽回的，它是另有一种您不能明白的道理在里面。

母亲，我每一想及您那一面哀痛青年丈夫的死，一面还要扶持我们几个无力支持的孤雏，和奉养那位缺少同情的婆婆，那是多么艰难的一种环境啊！但是，您确定了您的意志，牺牲一切，一点一滴地做，一步一步地走，任劳任怨，苦难没有磨倒您，您是已经奋斗到成功了……母亲，您这样的精神，是天地的正气。您是光荣地生活着！虽仍然是穷，又丧失了宝贵的健康和三个爱子。

母亲，我是受了您这伟大精神的遗传和熏陶了，我的意识自觉很早，意志的坚定，仿佛与生俱来。这我们兄弟姐妹，大致都很相同。可算是遗传和熏陶的证明。我们的本领似乎小一点，但这是不会去抢现成的钱的本领，我们都是自食其力的人，良心的坦白，是和白天的太阳一样的光明。

母亲，今天又是端阳了，请您不要悲伤。这年头儿说早晚是要天翻地覆一下的。母亲，您要相信，您的仅存的独子，他是不甘平凡的。他是您的二十年代痛苦生存的纪念碑，在痛苦生存的叙述下面，就要缀上以光荣的了。

……

母亲，我要为这些苦孩子们作救星，正如您作了我们弟兄姐妹的救星一样。此后，我一定又要更忙一点。

……

住在学校的有五个孩子，三个孩子学校要供给他们伙食，一个是湖南的，两个是本地的。我们将工人停了，烧饭（等）杂事都是这些孩子们来，他们都是很有进步的。

……

我很健康，也很安心，母亲请您放心！敬祝康乐！

1933. 5. 23 夜

汪达之不是一个随意对待家庭、爱情和恋爱及婚姻的人。他在给朋友葆灵的信中说：“爱情是生活的动力，事业是生活的路线……寒假中为在省的朋友们热烈的助燃所感动，是有所谓一度两性爱情的生活。直到她回到她正待结束的学校，而我也就回到新安了。两月来，也曾有所谓的情书的往来，可是这是最难把握的。不过我在这事例在进展中就和一位在事业方面有相同意识的朋友商量计划了一下，定了三个步骤：第一，是热烈的爱。第二，树立共同的事业观。第三，有两方面，树立起有共同的事业观就结婚，告一段落；否则也告一段落，从此罢休。”[31]他认为：“恋爱问题的解释是这样，有爱情可以结婚，也可以不结婚，但结婚就必得有爱情。爱情是建筑在同一目的的事业的基础上，才能滋长发荣。人又不能生来是完人，所以两方面生活的信条，又自由，平等、互助的原则，共同奋勉。”“人生不可无恋，更不可无失恋。”[32]

3. 传奇姻缘烽火蔚

在恋爱和事业的关系上，汪达之主张：“事业为经，恋爱为纬。”[33]失恋后的青年汪达之，固然期望能寻到一个志同道合的伴侣，但他又说：“我从实践中更明白，恋爱这东西是面包的剩余，有了剩余的面包，才能恋爱，我的梦醒了!”于是，他决定把全部精力投入到生活教育运动中去。陶行知先生曾当面，也在书信上劝过他，希望他找一个贤良的农村姑娘为伴。但他表示，他在所从事的事业没有获得完全成功之前，决不结婚。他信守自己的诺言，把自己的全部精力，都献给了所从事的事业。[34]

对于爱情，对于恋爱，对于婚姻，汪达之是这么说的，也是这么做的。后来，当汪达之率领新安旅行团转移到苏北抗日民主根据地之后，盐阜区有几位党政领导和他的一些老同事，还有新安旅行团的团员们，都不断地劝他早日解决婚姻问题。大家说，过去在国民党统治区旅行修学，宣传抗日救国，环境恶劣、经济困难，现在到了苏北抗日民主根据地，条件不同了，应该考虑解决自己的婚姻问题了。起初，他坚持说要到抗战胜利、实现民族解放的时候。后来，直到中国人民抗日战争胜利后的 1946 年，43 岁的汪达之才接受了大家的意见，和志同道合的新四军中的教育干部杨南琛结成了终身的革命伴侣。

人非草木，孰能无情？汪达之并不是不识“人间烟火”的清道夫，更不是“无后为大”的不孝之子，而是一个以“事业为经，恋爱为纬”地追求真正爱情的理想主义者和一个“忠孝不能两全”的大孝之人。他是把自己的青春年华、毕生精力和心血智慧以及对母亲的孝道深情和对恋爱、婚姻及家庭的伦理热情，全部融进了他所从事的这一时期为穷苦儿童办学的“新安事业”之中。这是常人绝对不可企及的。真可谓“惊天地而泣鬼神”！因此，陶行知先生盛赞他“捧着一颗心来，不带半根草去”。对此殊荣，汪达之应是当之无愧的。

【注释】

［1］［2］徐明聪编著：《陶行知评传》，合肥：安徽教育出版社，2001 年，第 87－90 页。

［3］［7］［10］［18］中国革命博物馆编：《民族小号手——新安旅行团史料选》，北京：春秋出版社，1989 年，第 19－240 页。

［4］［28］叶良骏：《陶行知的故事》，北京：人民教育出版社，1991 年，第 29－190 页。

[5]［6］［8］［11］汪达之：《自传的一个轮廓》（汪如一、陆梅提供汪达之手迹复印件）刘友开编《汪达之教育文集》，北京：中国文联出版社，2003 年，第 564 – 565 页。

［9］［15］［17］［22］［23］［26］孙铭勋：《古庙活菩萨》，上海：上海儿童书局，1934 年。刘友开编：《汪达之教育文集》，北京：中国文联出版社，2003 年，第 8 – 162 页。

［12］孙丹年：《陶门弟子教育家孙铭勋》，贵阳：贵州教育出版社，2007 年，第 142 页。

［13］汪达之：《新安小学第五年计划大纲》，陶行知主编《生活教育》半月刊第 1 卷第 7 期，上海：上海儿童书局出版，1934 年，第 146 – 149 页；汪达之《淮安新安小学第六年计划大纲》，陶行知主编《生活教育》半月刊第 1 卷第 7 期，上海：上海儿童书局，1934 年，第 232 – 235 页。

［14］陶行知主编：《生活教育》（半月刊）第 1 卷第 7 期，上海：上海儿童书局，1934 年，第 149 – 150 页。

［16］［20］［25］［30］［31］［32］汪达之：《生活的书》，上海：上海儿童书局，1935 年；刘友开编《汪达之教育文集》，北京：中国文联出版社，2003 年，第 57 – 75 页。

［19］赵恺：《与天籁同在——〈我的教育诗：刘友开教育教学研究诗集〉序》（刘友开《我的教育诗：刘友开教育教学研究诗集》，长春：吉林教育出版社，2006 年，第 6 页。

［21］刘友开：《人民教育家汪达之教育思想与实践及现实意义之研究——在广东技术师范学院建校 60 周年庆祝大会系列活动中的讲座稿》，重庆陶研会文史委员会、重庆育才中学编《重庆陶研文史》，2018 年第 1 期，第 31 – 32 页。

［24］［27］新安儿童旅行团：《我们的旅行记》，上海：上海儿童书局，1935 年，刘友开编《汪达之教育文集》，北京：中国文联出版社，2003 年，第 133 – 163 页。

［29］［33］［34］张牧：《关于汪达之同志的几件事》，陈明、陈强、林铭钢编《烽火五万里——回忆新安旅行团》，北京：中国城市经济社会出版社，1989 年，第 198 – 205 页。

第四章

宣传抗战万里行

（1935—1941）

……

我们是树起新教育的旗帜，同旧的传统教育抗争。我们是要在教育上革命，进而办一种革命的教育。

陶行知：《对创办新安小学的三点希望》，孙铭勋《古庙活菩萨》，上海：上海儿童书局，1934 年。中国革命博物馆编：《民族小号手——新安旅行团史料选》，北京：春秋出版社，1989 年。

1929 年，伟大的人民教育家陶行知先生在《对创办新安小学的三点希望》中，就提出了“要在教育上革命，进而办一种革命的教育”的办学目标，这在新安小学初创时期的 6 年办学实践中，已初露锋芒。1935 年，这一“革命教育”的办学目标，就以新安旅行团的诞生和此后不断取得的奇迹般巨大成就为标志，达到了“会当凌绝顶，一览众山小”的效果。

新安旅行团是由当时江苏省淮安县新安小学的 14 名基本学生和校长汪达之“顾问”（实际上的缔造者、决策者、领导人、团长）所组成。

它成立于 1935 年，10 月 10 日从淮安出发。

它运用长途旅行修学的方式，宣传孙中山先生的遗教、实践陶行知生活教育思想。唤醒民众共赴国难，在奔赴全国宣传抗日救国的社会大学校里培养优秀人才，是它的初衷。

它历时 17 年，途经全国 22 个省、市、自治区，行程 5 万余里，先后参加过“新旅”的团员达到 600 多人，被陶行知誉为“一群小好汉”。

它既“为抗日战争和民主中国的胜利作出一定的贡献”（宋庆龄题词），又为党和国家与军队及多条战线培养了一大批德才兼备的杰出人才，创造了中国青少年儿童革命运动和中国革命教育史上的伟大奇迹。

新安旅行团是汪达之的伟大创造。可以说，如果没有汪达之，就不会有新安旅行团。因此，把汪达之称为“新安旅行团之父”，对此殊荣，他应该是当之无愧的。因为创造新安旅行团这一惊世奇迹并起决定作用的人，就是新安小学第二任校长（第一任校长由陶行知亲自兼任）、新安旅行团“顾问”——汪达之。汪达之的一生之所以波澜壮阔、光辉灿烂，也正是因为他在此基础上的不断开拓创新和与时俱进，成就了他在中国现当代教育史上史无前例的丰功伟绩。

第一节　为民族生存奋斗

旅行修学播火种，宣传抗日醒民聪。
筹组新安旅行团，冒雨出发向前冲。
民族危亡国难深，攻克时艰真英雄。
代民喊叫发正声，高唱战歌响华中。

从校内到校外 1：民族危亡国难深，攻克时艰真英雄

由新安小学 14 名基本学生和顾问汪达之校长组成的新安旅行团，1935 年 10 月 10 日从淮安出发，作长途旅行修学。他们将奔赴全国各地宣传抗日救国，唤醒民众共赴国难，在社会大学校里发出“代民众喊叫”的时代强音，践行“作民众的小向导”。俗话说得好：“兵马未动，粮草先行。”有备而战才能得胜利。对于作长途旅行修学的新安旅行团来说，筹备工作就显得尤为重要。

1. 民族危亡国难深

“抗战”是抗日战争的简称，指20世纪第二次世界大战中，中国抵抗日本侵略的一场民族性的全面战争。国际上称作第二次中日战争、日本侵华战争。抗日战争的时间从1931年9月18日的“九一八”事变开始算起，至1945年8月15日的日本宣布无条件投降结束，共14年血与火的悲壮历程。

1931年，侵华日军发动“九一八”事变后，完全侵占了中国的东北三省，并成立“伪满洲国”，此后陆续在华北、上海等地制造事端、挑起战争。当时的蒋介石国民政府采取妥协国策则是“攘外必先安内”，加紧对中国共产党领导的工农红军进行大规模的围剿。1937年7月7日，侵华日军在北平附近制造“卢沟桥事变”，发动全面侵华战争，中国人民开展全国性抗日战争。1941年12月7日，日本发动太平洋战争，直到12月9日，已从南京迁都重庆的国民政府才正式对日宣战。

1935年12月，中共领导人毛泽东在中央政治局会议上作《论反对日本帝国主义的策略》的报告，阐明了中国共产党的抗日民族统一战线政策。从那时起，中国共产党所领导的八路军、新四军，在全国军民的大力支持下，协同国内外反法西斯侵略的多种武装抗战力量，实行战略反攻，历时14年，直至1945年，中国人民的抗日战争才取得了最后胜利。

中国人民的抗日战争，是中国人民反抗日本帝国主义侵略的正义战争，是世界反法西斯战争的重要组成部分，是中华民族有史以来的最伟大的卫国战争，也是中国近代以来抗击外敌入侵第一次取得完全胜利的民族解放战争。

这一伟大胜利，彻底粉碎了日本军国主义殖民奴役中国的图谋，洗刷了近代以来中国抗击外来侵略屡战屡败的民族耻辱。这一伟大胜利，重新确立了中国在世界上的大国地位，使中国人民赢得了世界爱好和平人民的尊敬。这一伟大胜利，开辟了中华民族伟大复兴的光明前景，开启了古老中国凤凰涅槃、浴火重生的新征程[1]。

上述论断是2015年中共中央总书记、国家主席、中央军委主席习近平在纪念中国人民抗日战争暨世界反法西斯战争胜利70周年大会上的重要讲话，他从维护人类文明成果的高度，深刻阐释了抗日战争胜利的历史内涵和深远意义。

回顾过去这段英雄悲壮、可歌可泣的历史，中国人民抗日战争的伟大胜利，也凝聚着中国少年儿童革命教育团体——由汪达之率领的被称为“一群小好汉”的英雄群体——新安旅行团，为之奋斗而做出的特殊贡献。

2. 缔造新旅发奇想

那么，汪达之是怎样筹组、缔造和创办新安旅行团的呢？又是怎样亲率新安旅行团这群小好汉们，奔赴全国各地宣传抗日救国，在社会大学校里实践生活教育、培养优秀人才的呢？

“一年后旅行全国，从现在准备起。”——汪达之筹组“新旅”的大胆设想起于何时？

这还得追溯到1933年，新安小学儿童自动旅行团的旅沪之行。1933年，当新安儿童自动旅行团尚在上海作旅行修学时，校长汪达之就萌发了这一石破天惊的大胆构想。他在给新安儿童自动旅行团的信中是这样说的：

旅行全国从现在准备起[2]

我勇敢的小朋友们：

我预算着今天会接着你们的信，果然你们的信送来了。没有停留地一（口）气看完了。我们是怎样地高兴啊！

……

下面所说的是我接着你们的信后，立刻给我决定一事，你们猜猜看是什么一回事？

一年后旅行全国，五年后，旅行全世界。五年的时期尚早，我先来说一说旅行全国的计划。

我们以一年时间，准备可卖的技艺：第一是表演戏剧，要准备十出二十出拿手好戏剧；第二是卖讲，至少要讲明我们教育上的主张；第三是卖书，我们自己的著述；第四是卖照片，我们自己拍的照片（还有卖字卖画）；第五是放电影戏。陶先生已允我们在半年的前后给我们找一架电影机来。

如此一来，我觉得我们的旅行生活费，一定不难找的。

亲爱的小朋友们，你们觉得我的话的理由充足吗？那我们马上就来想个问题，从现在准备起。

不过社会条件能不能允许，却是个大问题。

……

我们是不幸了，然而和我们一样不幸的，比我们更不幸的，还多着呢。如是我们基本学生的数应由七个添加到十个、二十个，至少二十个。有无办法，也要和陶先生切实商量一下。

生活公约，要竭力实行。时已不早，匆祝猛进！

达之　1933. 10. 30. 夜

3. 攻克时艰真英雄

仅从这封信中，我们便可读出如下信息：

一是，陶行知先生是否支持汪达之创建“新旅”，显得尤为重要。试想，如果当旅沪的新安儿童自动旅行团按照他们的老师汪达之在信中所说的，在“和陶先生切实商量一下”时，陶行知先生的态度不明确，或不支持，甚至或是不赞成，或是反对的话，就是汪达之再怎么想，可能也会难能如愿的。

二是，汪达之心中装着的也不仅仅只是为新安小学这些不幸的孩子们着想的“小我”，而且是还装着也要为“和我们一样不幸的，比我们更不幸的，还多着”的孩子们着想的“大我”。由此可知，汪达之为更多的普天下的穷孩子们办学的“大生活”教育思想已初露端倪。

三是，汪达之创建“新旅”的成因，也不仅仅是因为旅行修学的形式、迫切唤醒民众共赴国难、在社会大学校里培养优秀人才的创新之举，而且还与汪达之本人对游学教育真谛的理解和对旅游生活的爱好也不无关系。因为此前，他就曾用从淮安到清江浦去参观游览，来奖励为学校砌好墙头的新安小学基本学生。

四是，把生活教育和共赴国难及培养人才有机地统一起来，以放映电影为主要宣传工具，进行旅行修学，不仅仅是教育教学形式上的创新，而且更应该看到青年汪达之，此时已拥有赶超时代发展潮流的个性品格和爱国主义的大爱民族情怀。

从校内到校外2：筹组新安旅行团，为民族生存奋斗

凡事预则立，不预则废。为了创建新安旅行团，奔赴全国各地宣传抗日救国，在社会大学校里培养优秀人才，汪达之从1933年10月到1935年10月，用了整整两年奔波于淮安与上海之间，从政治上、组织上、物质上、制度上和舆论上及思想上等方面都做了充分的准备。那么，“为民族生存奋斗，讨饭也要去宣传抗日！”——汪达之为“新旅”的成行，这些准备工作又是怎么做的呢？

1．政治准备放首位

汪达之创建“新旅”的这一设想和努力，首先得到了陶行知先生的充分肯定和全力赞助及生活教育社和上海左翼教师联合会中共党支部（秘密的地下党组织）负责人的大力支持。据“新旅”老团员张牧在后来回忆：当时，生活教育社的主要负责人和骨干人员有丁华、王洞若、张敬仁、孙铭勋、张宗麟、戴伯韬等人。他们既是陶行知先生的学生或密友，又是上海左翼教师联合会中共秘密地下党支部的主要成员。丁华、王洞若两人都当过这个秘密的地下党支部的书记。

对于汪达之创建新安旅行团、奔赴全国宣传抗日救国、在社会大学校里培养优秀人才的事，当时上海教联党支部的多数人是既赞成又担心的。他们担心的是，蒋介石正在全力围剿中国共产党领导下的工农红军，在“攘外必先安内”的反动政策下，国民党统治区是一片白色恐怖，一切公开的抗日言论和行动都在严禁之列，“新旅”要到各地去宣传抗日救国，政治上不安全，经济上没有固定来

源，生存的压力很大。

而丁华、王洞若等人则给予大力支持。他们认为：“采取少年儿童教育团体的名义，对外以实践陶行知生活教育思想和宣传孙中山先生的遗嘱，即‘唤醒民众，联合世界上以平等待我之民族共同奋斗’为宗旨，孩子们目标小，安全问题不大。经济上，出发前可以从上海各爱国厂商那里争取支持，搞一些宣传工具和物资装备。组织‘新旅’的计划终于确定了。”[3]

然而，应该指出的是：当时上海的中共地下党组织由于叛徒出卖，已遭到毁灭性的严重破坏，支持汪达之创建“新旅”已不可能以党组织的面目出现，知情的中共地下党员也只能以陶行知旗下的生活教育社社友的个人身份来秘密表示支持，其力量当是极为有限。因此，创建“新旅”起决定性作用的，还是汪达之的不懈追求和陶行知的大力支持。

2. 组织团队亲历为

为创建“新旅”做好人力和组织上的准备，汪达之反复奔波于淮安、上海之间，吸收新的基本学生来新安小学学习、生活，加以有计划培养，并征求他们是否愿意参加“新旅”的意见。在这些新吸收的基本学生中，徐志贯还是汪达之在安徽某所小学教书时的一个学生。

最初自愿参加“新旅”这个团体的有14个基本学生[4]。

他们是：左义华（年龄：13岁，后改名：左林）、曾兆寿（年龄：12岁，后改名：曾里）、张敬茂（年龄：13岁，后改名：张牧）、张俊鑫（年龄：13岁，后改名：张早）、曹维东（年龄：13岁，现仍健在）、靖秉铎（年龄：16岁）、程昌林（年龄：16岁，后改名：凌则之）、靖秉铨（年龄：17岁）、张俊卿（年龄：17岁，后改名：张翼天）、刘昭朗（年龄约十七八岁）、徐志贯（年龄：17岁，后改名：徐之光）、嵇钰（年龄：19岁，后改名：纪宇）、杨永鑫（年龄：20岁，后改名：白晞）、朱金山（年龄：20岁）。

校长汪达之，时年32岁，自认“顾问团员”，共15人。经民主选举，公推了徐志贯、嵇钰、朱金山等3人为团务干事会成员，徐志贯为总干事，其余的成员也分别担任了营业、账务、管理药品、管理工具、管理行李兼记录、电影技术管理兼记录等工作。（出发时15人，其中，杨永鑫、刘昭朗出发到南京后，因病等原因不宜行旅途生活，而回到淮安。）

3. 筹集物资费神思

在物质准备方面，得到的大力支持和赞助，首推陶行知先生。为设法为“新旅”奔赴全国宣传抗日救国，在社会大学校中培养优秀人才而购置必要的宣传设备——电影放映机等，陶行知先生毅然将准备安葬母亲用的一笔人寿保险金500块银圆捐献出来。

汪达之前后花了一年多的时间，运用陶先生在上海的人脉关系，并以他的名义得到吴耀宗、黄炎培、吴蕴初先生等社会贤达人士的帮助，从上海基督教青年会那里购买了一架旧的“德发牌”无声电影放映机（当时的有声电影，全国只有少数的几个大城市才有），又从中华无线电研究社弄到了一台小型汽油发电机和扩音机、电唱盘，还从联华、明星影片公司得到了《一·二八淞沪抗战纪实》《民族痛史》《抵抗》等几部旧影片。

汪达之还通过音乐家任光先生从英商百代唱片公司得到了《义勇军进行曲》等进步歌曲唱片，又购买了一台幻灯机。一些爱国厂商也捐赠了一些毛巾、挂包、油布和一些旅行团体的日常用品和药品。

这些就是筹集到的全部物资。

4. 建立制度闯新路（含经费）

在建章立制方面，汪达之特地拟发了《新安旅行团组织的意义方法和经过路线》。在这个“顶层设计”中指出：

（甲）一、卖文稿、卖书报、卖摄影片等以取得一部分旅费。

（乙）二、为文化团体或国产商品向所经过的地方做一点宣传推广和介绍工作，以取得些许工作报酬。三、放映教育电影，以公开放映，任众观看，不取分文为原则，但必要时，得取最低票资，补助旅费。四、政府赞助，如免船票车票或补助经费等。五、希望热心教育提倡学术的团体或个人给我们精神上的鼓励，学术上的指导，以及物质上的帮助。

（丙）一、舟车中的时间为讲述、阅读和整理等工作。二、抵目的地后，白天为参观和游览时间，晚间为放映教育电影，演讲和写文稿时间，以不妨碍生活健康为原则。

……

三、生活公约：

1. 每天开寅会和晚会各一次；

2. 每天早晚做健康运动各一次；

3. 每天刷牙、漱口、洗脸及衣被整洁各二次；

4. 每天写日记一篇；

5. 每天喝白开水，最少三次；

6. 每天三餐，非饥渴不得随意进饮食；

7. 每天大便一次；

8. 每周开周会一次，每月开月会一次，临时会议，由本日主席或本周值周召集；

9. 无事不得离开团体，外出须通知主席或值周；

10. 本公约得临时修正，出发后即为有效时间。

四、职务分配：
1. 每天主席一人，轮流担任；
2. 每周值周一人，轮流担任；
3. 记录两人；
4. 交际两人；
5. 账务两人；
6. 药品一人；
7. 编辑四人；
8. 电影管理一人；
9. 行李管理一人；
10. 图书工具管理二人；
11. 营业三人；
12. 顾问团员一人。
职务更换由周会中决定[5]。

5. 舆论宣传堪一流

为争取社会各界和进步人士对“新旅”的支持，汪达之以新安小学和新安旅行团的名义，先后起草刊发了《淮安新安小学为实验基本学生长途修学旅行团宣言》《江苏淮安新安旅行团告国人书》《告（全国）小朋友书》《新安旅行团组织的意义方法和经过路线》《新安旅行团附属工作》等文件。

淮安新安小学为实验基本学生长途修学旅行团宣言[6]

本校是试验生活教育的学校。五年来经费极端困难，环境异常恶劣，但不能阻止我们的前进。因为我们民族整个浸在艰难里，从艰难中奋斗，是我们民族唯一出路。

生活教育的理论，并不怎么高深，更非标新立异，只是老老实实地教人不要离开生活，不要离开现实。

所谓生活，所谓现实，并不是机械地生活，更不是拘泥于现实，是要从生活里做起，从现实出发。

在笼里生活惯了的鸟，谁都知道它是不会飞高的，然而不会飞高并不是鸟的本性啊！

看！我们整个民族的生活是怎样了？我们现实环境的紧逼又是怎样了？

不能控制自然，如是来了一阵水灾，又来了一阵旱灾，把我们民族最低限度生活的资料都掠去了，我们将怎样生活下去？帝国主义的明抢暗夺，有了“九·

一八”，更来了一个“一·二八”，这还不够，还要来个“白银政策”“倾销政策”，以及种种不利于我们的策略。我们现实的严重，一步紧逼一步，农村在江河日下地破产，都市不景气，更是接踵而来。当前的时机，在历史的记录中，有更严重于此吗？

生活教育，是一种力量，一种方法，一条准确的原则。就是叫人不要离开生活，不要离开现实。其实谁能离开生活，谁能离开现实？

生活教育，不以形式的学校为学校，而以社会为学校。社会即学校，解放了狭隘的学校、教师和学生。知识无所不在，可以随时随地取得。以知识造成特殊地位的时代，是要随着教育普及而成过去了。

生活教育的方法是“做”。“做”不是蛮做，不是机械地做。“做”是要在劳力上劳心，取得经验，而再综合经验，指挥力量，探寻新经验，是在劳力上劳心。劳力和劳心，不能分开，这叫作一元。

我们相信转换新的民族生机，是要有新的教育力量来培养。我们不怕艰难，努力试验生活教育的理论，就是要找出新的适应需要的东西。

基本学生是我们两年来试验的新细胞。我们的基本学生是由三人到五人、七人，现在是逐渐增至十四人了。

我们的经费，每月只有可靠的捐助五十元，但要供基本学生的生活费，要添置设备，造成新的环境，以充实现实的生活。我们日常生活的一切，都由我们自己工作，自己管理。我们就是工人，就是农人，也就是耳能听，眼能看，口能说，手能写的斯文人了。

我们的生活，是由我们的一年，一月，一周，一日的计划所决定，并不是偶然的事。

二十二年秋，我们七个孩子所组织的旅行团，取得了意想不到的效果，凝成铁一般的事实，放在我们的面前，这是不必怀疑的事了。但谨慎的教育家，惴惴焉若有所不安而叫喊着说“研究研究啊！”

好，我们试验基本学生第二次长途修学旅行计划开始了。请来督责，请来指教，请来赞助我们力所不及吧！

谨以万分诚心，敬待赐教！

淮安新安小学　谨启

二十四年双十节

江苏淮安新安旅行团告国人书[7]

敬爱的父老兄弟诸姑姐妹们：

我们是新安小学的基本学生所组织的旅行团，从事筹备，经过种种艰难，幸得各界赞助，才于双十节出发了。

新安小学数年以来，从艰难困苦中挣扎奋斗，要达到试验生活教育的目的。可是因为能力的限制，成绩依然有限。一种事业的开头，没有不困难的。一个新的试验工作，当然不能例外。

生活教育要以社会为学校。我们的长途修学旅行计划只是实验的一种方法。

我们是要扩大我们的生活，增广我们的见闻，更要多多接近良师益友。这，想是谁也都同情我们的啊！

我们生存在垂危的国家，更处在僻远荒凉的乡村。我们要努力我们的前途，是一定要找寻新的有效方法才行的。

我们为了要使所经之地留下一点深刻印象，发生一点宣传效果，特费了九牛二虎的力量，得着了电影全部机件——电影是近代的教育工具，从少数人的娱乐消遣而走上了它更有价值的前途。我们要运用它到各地去放映，将以唤起各地的普及教育运动。

我们并没有经费，但我们不能因为没有经费而不肯进行我们的计划，我们只能大胆努力前进。

亲爱的父老兄弟诸姑姐妹们，我们将走进广大的学校，我们将亲近更多的朋友，要请不吝赐教！

这次筹备中给我们赞助的团体和个人，我们谨先在这里敬致谢意！前途遥遥，尚希时赐教益，俾勉前进，此祝康乐！

新安旅行团　谨启
二十四年双十节

告（全国）小朋友书[8]

亲爱的小朋友们：

我们又将出发我们的长途修学旅行了。

这次参加人数添增了一倍，旅程也更加遥远了。筹划的经过虽很长久，但为要携带一部新时代的教育工具——电影，却费了很大的气力。

筹备的经过是十分困难，但并不因为困难而停止进行我们的计划。我们认定这是一桩有意义有价值的事，所以不顾一切，把一桩一桩的困难，当作算学上的难题一样，给它一个个地解决。筹备结果，虽然未能十分圆满，但大体已经具备，故于十月十日出发了。今后的困难，一定不会比过去少，但我们都只有和算学上的难题一样去解决。

亲爱的小朋友们，我们今后要以我们所要到的地方为我们的学校、为我们的家庭了。我们虽然想要在我们的生活历程上划下一个新标志，可是力量限制了我们。为了要得一点工具，已费很大力量。世间没有不出劳力的收获，因此竟使我们认清了一条成功原则，就是一切成功，都属于最肯努力，最会努力的人。我们一定要抓紧这条原则去努力我们所要努力的生活。

亲爱的朋友，我们是手足，我们是兄弟。现在国家多难，世界多难，我们唯有互相勉励，互相帮助。挽转人间的狂澜，我们都有责任啊！

我们需要勉励，更需要帮助，谨以万分诚心敬待指教！

新安旅行团　谨启

二十四年双十节

新安旅行团附属工作[9]

甲　放映教育电影

一、放映教育电影，为本团宣传普及教育的工具。非万不得已不取分文，任众观看。

二、特约本团放映电影，须当面接洽。

三、特约放映电影，于必要时，本团得请赞助经费。

四、如时间或其他妨碍发生时，得停止放映。

乙　代售书籍

一、本团代售儿童书局印行本校出书四种：《义华日记》，《古庙活菩萨》，《生活的书》，《我们的旅行记》。

二、代售儿童书局出版各书。

三、代定儿童书局发行《生活教育》半月刊。

以上各书俱系函购性质，本团接收书款后，立即通知书局原班寄书，不取寄费。

丙　介绍儿童科学通讯学校学员

儿童科学通讯学校，是为培养科学的儿童，科学的教师，科学的父母而设立，凡无从受科学洗礼者可入该校，本团担任介绍，手续简便。

丁　介绍自立工艺厂国货擦纸橡皮

国货擦纸橡皮制造厂绝无仅有，林履彬先生有鉴于此，特放弃科学书报编辑工作，而专心致力于橡皮制造；现出品日益精良，价亦较舶来品为低廉，凡欲购货者可向本团接洽。

戊　介绍早报

《早报》为上海小型报中最富国际问题研究意味的报纸，国内消息亦极正确可靠，并注意人生智识。报价低廉，每季一元。本团代定。

己　介绍中华无线电研究社出品

中华无线电研究社专装移动发电机，供电影及无线电报等用途，经多次改良，出品精美。本团为推进文化工具，愿为介绍。

庚　介绍儿童新闻

《儿童新闻》为儿童的好友，凡欲得此好友者，本团可为介绍。

以上的这些文件写好后，汪达之就以邮寄的方式分发到全国各教育单位和新闻机构，并以新安旅行团全体团员的名义，给远在上海避难的陶行知先生写了一封汇报信，告诉陶先生，“新旅”从淮安出发的日期预定在1935年10月10日。

10月初，“新旅”出发前的一切准备工作都已就绪，只等陶行知先生的回信来，就要按照预定的10月10日启程出发了。深秋时节的苏北淮安，虽然已有寒气不停地向人们袭来，但坐落在淮安古城北门外新安小学的校园内外，却呈现出一派热气腾的景象。每天都有莲花街的乡亲们和走读生的家长们来校话别。有一天晚上，新安小学还在学校院子外面的一块空地上为乡亲们放了一场电影。在淮安放电影这是头一遭，学校附近都热闹了起来，真是人来人往、门庭若市。

6. 思想领先防走偏

1935年的中国，日寇侵吞中国的野心日趋暴露，由于蒋介石国民政府采取了“攘外必先安内”的不抵抗政策，致使我国东北的大片领土沦陷、华北也危在旦夕，国难深重。中国共产党向全国人民发出了团结抗日的伟大号召，反对内战、团结抗日的全民抗战意识亟待唤醒。

同年10月4日，日本内阁政府提出的所谓“广田三原则”正式秘密出笼。日本驻中国的特务机关长土肥原贤二，又公开要挟国民党在华北的军事头目——二十九军军长宋哲元出任所谓的“华北协同防共委员会”的委员长，而国民党南京政府和宋哲元本人都不敢公开拒绝。日本帝国主义侵吞中国的野心毕露，形势更加危急！而国民党南京政府对日寇的侵华的态度却十分暧昧。他们把全部精力都集中在对北上抗日的中国共产党领导的中国工农红军的围歼上。

与此同时，在江苏的苏北和鲁南一带，又发生了罕见的大水灾。据当年国民党的《新江苏报》记载：“十月二日，沂河南堤溃决，水流澎湃，有如山崩栋折……爷娘唤子，童稚呼亲，一望大地，四面汪洋，尸体漂流，鸡犬不免。”[10]

就在10月4日之后的几天中，陶行知先生的复信被送到了新安小学。汪达之见信后，他的脸上却没有一点像往日那般兴奋，而是疑云重重、愁眉不展。当天晚上，他把14名团员一起召集到他的住室开会讨论。会议上，他先是带领大家齐唱了一首平时经常唱过的陶行知先生创作的《自立立人歌》：“滴自己的汗，吃自己的饭，自己的事自己干；靠人靠天靠祖上，不算是好汉！”

唱完后，他用庄重而缓慢的语气说：“陶太老师来信了！他在信中劝我们还是暂缓出去为好！”在团员们的一片质疑声中，他又将信重读后介绍说：“陶先生在信中，述说了当前的形势之后，郑重地要我考虑：在这杀机四伏，灾荒遍地的时候把孩子们带出去，安全难有保证，弄得不好饭也吃不上，甚至可能要讨饭，如果这样，学校如何向社会，向家长们交代呢？因此他建议，原计划暂缓执行，过段时间看形势发展再作决定。”汪达之说后问大家道：“同学们，大家都好好想一想，我们该怎么办呢？”大家面面相觑地思索着……

过了一段时间的短暂沉默之后，汪达之接着说：“我们出去的目的，第一条是实践‘生活即教育，社会即学校的主张，我们的第二条宗旨是宣传孙中山先生的遗嘱‘必须唤醒民众及联合世界上以平等待我之民族共同奋斗’，孙中山先生的遗嘱，现在政府不也是每星期要举行纪念周，让大家念一次吗？我们按这两条宗旨，政府又有什么好说的？倒是出去以后真要靠讨饭过日子那该怎么办？”

“讨饭就讨饭！儿童旅行团一个钱没带也没讨饭嘛！相信爱国的人总会同情我们的！”大家的情绪一下子开始活跃了起来。“我们不怕讨饭，讨饭就讨饭！”“讨饭也要去宣传抗日！”团员们你一句他一句地纷纷表示了自己的决心。

这时的汪达之，脸上才露了欣喜和赞许的笑容。他表态说：“如果社会上有人向我们捐助，我们就通通接受，谢谢他们！不过，我们决不公开募捐，以免给反对我们的人以口实。我们还是按时出发。”[11]顿时屋内响起了热烈的掌声。汪达之又补充叮嘱道：“陶先生信上说的事，先不要告诉你们的父母，要是他们不放心，我们就走不成了！”[12]团员们个个兴奋地表示同意或赞成，并决定明天就给陶太老师回信，以表明大家的决心。

如果要问，即将成行的“新旅”小团员们，小小年纪为何就有“讨饭也要出去旅行全国，宣传民众、共赴国难”的雄心壮志？这无疑是与汪达之在新安小学的办学过程中，始终坚持对学生进行爱国主义教育密不可分的，也可以说，这是汪达之创造性地实践陶行知生活教育思想成果的集中体现。

从校内到校外3：说服县长发护照，冒雨出发别乡亲

“为民族生存奋斗，讨饭也要去宣传抗日！”——汪达之率领的新安旅行团，又是怎样冒雨出发的？

完成了以上六项筹备工作之后，在出发前还要办几件重要的大事：一是，为在旅途中应付沿途的军警盘查，得向淮安县政府申请给一张全国通行的护照。二是，要全体团员把起草议定的《誓词》背熟，在出发前要举行宣誓仪式。三是，要举行一次向淮城各界人士的告别会，说明“新旅”在宣传抗日救国的社会大学校中旅行修学的宗旨，以争取当地社会各界人士的了解和支持。四是，要到淮安的轮船公司交涉免票到达首站镇江，以节省仅有的10元钱。

1. 说服县长发护照

一天，汪达之带领“新旅”团务干事一起到淮安县政府去，向县长申请发给旅行全国的通行护照，并送给他一本由新安儿童旅行团著的1933年旅沪时出版的书《我们的旅行记》，当面向他辞行。可是，这位县太爷听明来意后却表示很为难。在他看来，这么一群穷孩子，没有稳定和足够的旅费来源，还想到全国去旅

行修学，简直是一种狂妄的幻想。他要是签发了护照，就势必要承担此行的后果。

可是，在汪达之介绍了1933年新安儿童旅行团的事迹后，他又觉得此事出在他的治下，可算是他的“政绩”和光彩。最后，他终于同意签发了一纸淮安县政府的护照。但是，他又强调指出：这张护照只能证明你们是淮安新安小学学生组成的团体，要到全国去，得由省政府向中央政府申请护照才行。尽管如此，总算弄到了一张淮安县政府签发的通行证了。

2. 告别会上壮远行

向淮安各界人士的告别会，是借用省立淮安中学的礼堂举行的。由于在告别会上要放映电影，所以到会的人特别多。除了淮安中学的全体师生外，包括县长在内的淮安各界人士都到场了。

告别会上，顾问团员汪达之校长先讲了“新旅”团体的宗旨和旅行计划路线等，总干事徐志贯讲了国难形势和“新旅”将遵照孙中山先生的遗嘱，到全国各地去唤醒民众共赴国难的坚强决心。他们的这些满怀激情的演讲，受到了淮安中学师生们的热烈欢迎和大力支持。

当说到唤醒民众共赴国难时，有的学生当即站起来作即兴演说，号召与会人士慷慨解囊，以实际行动支持“新旅”成行。会场上的热烈气氛也引起了淮安中学校方的共鸣，当场宣布为“新旅”出发资助20块大洋的旅费。

当说到与大达轮船公司交涉去镇江免船票的事时（只有5个年龄较小的小团员可以免票、其余的10个年龄较大些的团员只能以半价优待），又有学生站出来大声疾呼：“新旅”从淮安到省会镇江，应该由淮安县政府下令，叫所属的轮船公司免费送行！话音未落，会场上又响起了经久不息的热烈掌声。这掌声也触动了县长良心发现，他也当场表态并宣布由县政府资助20块大洋。

这样，“新旅”在出发之前，不仅有了40元现洋，而且还省下了首站去镇江的部分船票支出。

3. 整装待发先宣誓

1935年10月10日的清晨，团员们起床洗漱完毕，吃过早餐后，便开始了整装待发的紧张准备：每人身穿一件白色细布衬衣，外套一件蓝色士林布的工装裤，脚穿一双蒲草编制的蒲鞋，两人合捆一个行李卷，各人背一只挎包，挎包里装上一把雨伞，到学校的大礼堂里（由灵王庙的大殿改造而成）集合。

在顾问团员汪达之校长的带领下，全体团员列队举行了庄严的宣誓仪式。《誓词》[13]内容如下：

新安旅行团誓词

×××愿参加本团生活，誓以忠诚谋团体生活发展，为“生活教育”努力，为民族生存奋斗！如有违反团体生活，不忠于团体生活行为，愿受团体严厉制裁！此誓。

4. 冒雨出发别乡亲

宣誓结束后，大家排成一列纵队，冒着淅淅沥沥的细雨向古运河畔轮船码头进发。左义华打着一面蓝底的三角小旗，走在最前面，顾问团员汪达之校长走在队伍的最后。蓝底旗面上用白布缝着“江苏淮安新安旅行团”的团旗，在微风细雨中不停地摇曳招展。

1935 年 10 月 10 日，新安旅行团从淮安出发奔赴全国宣传抗日救亡，出发时在新安小学合影

他们带着仅有的 50 块现洋、一套电影放映工具和 15 颗生机勃发的雄心，从母校淮安新安小学，出发了！团员的亲友们、莲花街上的乡亲们和淮安中学师生代表们，以及县城西门一带的群众都冒雨赶来为他们送行。

人群簇拥着他们登上了“达通号”小轮船。当轮船鸣笛起航之时，“新旅”的团员们站在船头高唱起雄壮的《义勇军进行曲》，向前来送行的人们致谢并挥手告别。自此，奔赴全国宣传抗日、唤醒民众共赴国难、在社会大学校里旅行修学的伟大征程，开始了……

综上所述，新安旅行团是在汪达之精心缔造下，一个以唤醒民众共赴国难，在社会大学校里培养优秀人才为己任的民间青少年儿童的旅行修学团体；是在陶行知大力支持下组织成立起来的，一个以实践生活教育理论为指导的青少年儿童的教育团体；是在中国共产党上海左翼教师联合会地下党支部（中共地下基层党组织）有关负责人等，以生活教育社社友名义的亲切关怀下，组织成立起来的，以宣传抗日救国为宗旨的青少年儿童革命团体。它符合当时抗日救亡的中国国情，具有实践生活教育的时代特征。它是在教育上革命和进行革命教育的一个伟大创举。探寻和研究汪达之创建新安旅行团的艰巨历程，对于继承和发扬中华民族的革命教育传统和开拓创新精神，对于新时期中国特色社会主义教育的改革与创新，都具有十分重要的借鉴作用和现实意义。

【注释】

［1］习近平：《在纪念中国人民抗日战争暨世界反法西斯战争胜利 70 周年大会上的讲话》，新华社北京 2015 年 9 月 3 日。

［2］新安儿童旅行团：《达之师给我们的第三封信》，《我们的旅行记》，上

海：上海儿童书局，1935 年，刘友开编《汪达之教育文集》，北京：中国文联出版社，2003 年。

［3］［10］［11］［12］［13］张牧：《新安旅行团——我的一些回忆》，北京：中国青年出版社编《红旗飘飘·29·纪念新安旅行团成立五十周年专辑》，北京：中国青年出版社，1985 年，第 11－16 页。

［4］［5］［6］［7］［8］［9］陶行知主编：《生活教育》第 2 卷，上海：上海儿童书局，1935 年。

第二节　勇作民众小向导

好汉远征拼命干，奔向镇江第一站。
拒发护照获题字，余兴未消起责难。
求助国府靠不住，舌战顿起针锋摊。
重回南京忙公演，绝地反击战饥寒。

从淮安到镇江：民间欢迎又赞助，官方喜忧各掺半

抗日战争时期的新安旅行团顾问汪达之

从淮安出发后，新安旅行团乘坐的“通达号”小轮船在京杭大运河上航行了一天一夜，于第二天上午便在镇江的 3 号码头上靠了岸。

1. 民间欢迎又赞助

由于汪达之在事先已与镇江的“新安同乡会”联系过，加之与汪达之同乡和 1933 年新安儿童旅行团在那里留有的巨大影响的缘故，新安同乡会同意他们入住在该会馆，一个在镇江开办“新新豆食公司”的老板黄乐民先生还代表同乡会到码头来迎接，并表示，“新旅”在镇江期间，该公司可免费供应豆食品。

这样的优待，基本上解决了团员们在镇期间的吃住问题。“新旅”在镇江的 4 天，除了受到了新闻界的责难之外，教育界和工商界都是普遍欢迎的，甚至还得到了特别的优待。许多单位还主动邀请他们去参观访问。其中，镇江“国货公司”的老板还向“新旅”的每位团员赠送了一双力士鞋，使团员们在去南京之前脱下了蒲草编织成的草鞋，穿上了时尚耐用的新款力士鞋。这在当时算是很大的支持了。

“新旅”出发后的第一站首选镇江，是因为那时的镇江是国民政府江苏省的省会，其主要目的是想争取到省政府发给他们旅行全国的护照，为今后在全国作

抗日宣传和旅行修学的活动谋取一个合法的地位。

因此，到达镇江的当天，团体就决定先去拜访江苏省教育厅厅长周佛海，再通过他能见到时任省主席陈果夫。可是，当“新旅”的团员们来到省教育厅时，只有一名省督学出来见面。此人很会“办事”：他一方面恭维有加地表示敬仰陶行知先生的生活教育学说、“钦佩”团员们人小志大的创举，一方面又拒绝引导团体去会见省教育厅长和省主席。

见此情景，早有思想准备的汪达之顾问，只好请他转呈已在事前准备好的，送给省教育厅长和省主席的两本书：《我们的旅行记》（新安儿童旅行团著）。这样，这位督学也不得不表示，代他们向厅长和省主席转达了。至于省教育厅长和省主席能不能接见，还要等他明天的回话。

2. 拒发护照获题字

第二天，“新旅”团队应约前去见那位督学。说到护照，这位督学说你们必须到南京去申请，由国民政府派发才行，周厅长和陈主席的公务繁忙不能接见。但是，经过他的努力，周厅长和陈主席都为你们题了字。说着他便拿出了两张8开大的宣纸，一张宣纸上写的是陈果夫的题字：“幼学壮行。”另一张宣纸上写的是周佛海的题字：“鹏程万里。”

这样的题字，不禁使“新旅”的团员们感到收获的意外，但这也给善于做统战工作的汪达之很大的启发。他在当天的生活晚会上说：“他们不愿见我们，送来两张题字也好呀！今后每到一处，就请当局和各界社会名流题字，这些题字既可以为我们的团体做宣传，也可以证明我们的行动是得到当局和各界承认的！”[1]

于是，团员们就装订了一本厚厚的8开大的题字簿，并在用牛皮纸裱糊的封面上，由总干事徐志贯用毛笔端正地写上“请赐鸿辞以留纪念”的八个大字。陈果夫当然成了在这个本子上第一个题字的人。大家高兴地说：“这不就是江苏省主席给我们开的通行证了吗?”后来，他们每到一地，不论当地的头目们愿不愿意接见，汪达之和团员们都带上这个留言簿去登门造访，当被访者见到大名人在本子上的签名，每每也就欣然题上几个字。

据“新旅”团员张牧回忆，到1942年为止的7年中，在这个本子上落下墨迹的已不下百人。他们中间有宋庆龄、于右任等国民党元老，也有冯玉祥、张澜等社会名流，还有救国会的一些领袖人物。因此，这样的题字簿便成了“新旅”最好的“通行证”和宣传品了。同时，这也堪称汪达之“统战”教育思想与实践的发轫和结晶之一。

3. 余兴未消责难起

新闻记者们听说陈主席和周厅长为“新旅”题字的信息后，即找来采访，当他们看到上述的题字后，便在10月12日的《新江苏报》上刊出了一则对“新旅”的利好消息：“陈周两氏以该团提倡‘生活教育’，而全体团员均为儿童，能不畏跋涉之苦，作十余省之长途旅行，以社会为学校，实属可嘉……”[2]

可是，好景不长，责难之声却接踵而至。第三天、第四天，《新江苏报》便在“时评”专栏连续发表署名为“索园”的责难文章。在第一篇《愿商讨新安儿童旅行团所为何事》的文章里，责问“新旅”的领导人汪达之校长：“在这个时候，以十数毫无学识之儿童，徒劳跋涉又有何得?”“所谓淮安新安小学，是公立？还是私立？是否在苏省省县教育管制之下?”“其十数儿童父母为何人?”[3]

这样的一篇颇有兴师问罪之意的“时评”，在国民党江苏省党部机关报上发表出来，其负面影响当可想而知。报道出来后，汪达之顾问立即召集团员们商量，团员们的意见是：本文既然是针对新安儿童旅行团而来，就该由当年参加儿童旅行团的“七个小光棍”之一的年龄较大些的“新旅”团员杨永鑫出面，写一篇文章作答辩。此文经汪达之顾问修改后，当夜就送到了报社，并提出要在第二天的《新江苏报》上发表的要求。

令人想不到的是，第二天的《新江苏报》不但没有刊登，反而将这篇文稿交给了那位“索园”先生，让他在《新江苏报》的“星期论坛”上又一次对“新旅”之行进行了指责和谩骂：“此十数儿童，皆为国家未来有用之才，不能为此牺牲，虚耗光阴，养成不良习惯，终于不学无术，致国家与社会又多十数惰民!”[4]

接下来怎么应对呢？再写文章反驳，不仅不可能在官方的报上刊出，而且纠缠下去也会影响“新旅”的行程。汪达之主张尽快离开镇江到南京去。这样，10 月 15 日，“新旅”就马上乘火车向南京奔去了。

从镇江到南京：拜访市长遭训斥，针锋相对据理争

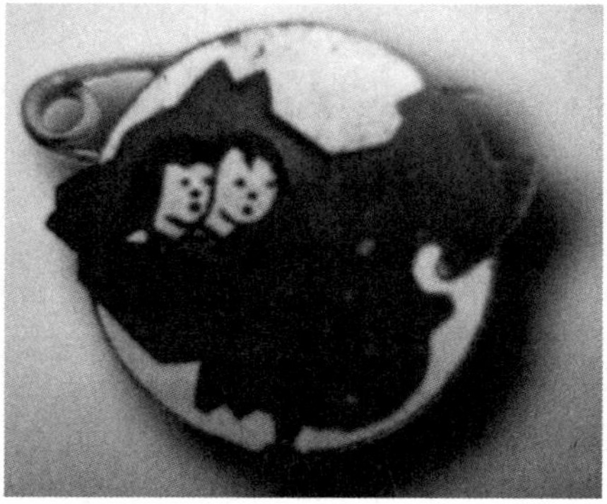

新安旅行团团徽

南京离镇江不远，新安旅行团乘坐火车很快就到了南京，入住安徽公学的一间 20 平方米的库房。白天，以被卷和行李包当桌椅；晚上，在地上打通铺睡觉。

1. 拜访市长遭训斥

安徽公学的校长姚文采先生既是陶行知的同乡好友，又是新安小学的校董之一。因此他既让“新旅”借住，也安排他们在学校食堂搭伙，还积极协助他们和南京各界联系工作的开展。先去拜访南京市市长马超俊，也是接受了姚文采校长的建议而确定下来的重要事项。

一天早上，“新旅”团员们排成一路纵队，步行到南京市政府所在地。队伍行进到门岗前停下来后，顾问汪达之拿出请求市长接见的学校公函和他自己的名

片请传达人员送进去。不一会儿工夫，传达人员便出来回话说，市长公务太忙，不能接见你们！汪达之顾问见状立即跟进去恳切地请他再帮忙联系。这位传达人员同意再为他们联系看看，并让他们进会客室等待。大约等到半个小时后，终于等到了传达通知。听说“马市长就来”，团员们立即起身准备迎接马市长的到来。

待传达人员刚退出门去，这位马市长就大步流星地跨进了会客室。没等团员们开口，他就气呼呼地厉声训斥起来：“你们这些小孩子不在学校好好念书，跑出来干什么？”汪达之顾问急忙恭敬地迎上去说：“马市长，我们这些小朋友……”马市长不容汪达之顾问把话说下去，就连声叫吼起来：“回去！回去！赶快回学校念书去！”

2. 针锋相对据理争

马超俊市长的这番蛮横无理的言行，是“新旅”团员们始料所未及，更使团员们个个义愤填膺。于是，便有了下面的这场与马超俊市长气氛紧张、针锋相对、据理力争的“舌战”：

“现在国难当头，我们遵从孙总理的遗嘱，要唤醒民众共赴国难呀！”总干事徐志贯首先直截了当地开了腔。团员们也紧跟着说道：“读书要紧，救国更要紧！”[5]

“救国？”马超俊似乎不相信自己的耳朵，他以极轻蔑的眼光扫视了在场的每一个小团员，继续训斥道，“救国！你们小孩子懂得什么?！救国是大人的事！”

“九一八，日本帝国主义占领了东三省，一·二八，进攻上海，现在又进攻内蒙古了。东三省的大人当了亡国奴，小孩子不也当了小亡国奴了嘛？为什么小孩子就没有救国的责任？”团员嵇钰又据理反驳，几个小团员也跟着说道：“我们不愿意做小亡国奴呀！”

气急败坏的马超俊感到很吃惊。他万万没料到这群孩子竟敢当面顶撞他，更没有料到反驳他的话居然还义正词严、有理有力。只见他两手插进裤兜里，在这气氛极度紧张的会客室里急促地来回踱步，以图摆脱窘境。

为了缓和气氛的紧张，汪达之相机化解说：“马市长！孩子们是一片爱国热忱。他们一到首都，就要求来拜望您，期待您对他们到全国去唤醒民众共赴国难给予同情和支持……”

马超俊听到这里，又一次打断汪达之顾问的话，把他的满腔怒火发泄出来：“你是他们的老师，难道还不懂得读书就是救国、救国必须读书的道理吗？”

“马市长！东三省的小朋友现在念的全是日本人的书，您知道吗？”“日本帝国主义的飞机不断扔炸弹，大炮轰轰地响，我们还能手捧书本吗？”小团员左义华和大团员朱金山争先恐后地说。

“你们这样东奔西跑就能救国了吗？”“救国！委员长早已有了安排，要‘先安内，后攘外’。现在国内匪患未平，这个时候去打日本，那三天就要亡国的！

你们小孩子懂得什么?!”马超俊似乎又有理了。

“蔡廷锴将军的十九路军在上海打了一个多月，不是没有亡国吗？要是全国所有的军队都一齐来打呢？不就可以收复失地了吗?”“孙中山先生不是要我们唤醒民众联合世界上以平等待我之民族共同奋斗吗?”团员们你一句、我一句地反驳，弄得马超俊简直无法招架得住。

他原以为凭市长的声威权势来把这群孩子们狠狠地训斥一顿，轰走了事。但却被这群孩子们弄得狼狈不堪地又在室内不停地转来转去。最后，他竟然声嘶力竭、连叫带骂地大吼道：“我不和你们强辩！你们统统给我滚！赶快滚回去！”说着，这位马市长活像被人们围打过的疯狗一般地狂叫着夺门而出了！

3．自力更生辟新途

这一切的一切，着实出乎了“新旅”团员们的意料，一瞬间大家都不知如何是好？但转念一想又顿觉好笑至极：一位堂堂的中央大员、首都（南京）市长先生竟是如此霸道、蛮横、粗野……

回到了安徽公学，团员们坐在地铺的行李卷上议论纷纷：这回“算亲眼见到国民党大员是怎样对待民众抗日救国的要求了!”“这就是生活教育嘛，要谢谢市长先生给我们上了一课哩!”“我们说的话虽有理，可语气过重了，人家是市长，是中央大员呀!”“是呀，要是他命令警察把我们押回淮安，那该怎么办呀?”

南京市长的这一关过不去，下一步怎么办？顾问汪达之主张去找教育部再试试看。但他叮嘱团员们不能再像今天对待马市长这样去辩论了。大家都同意汪先生的意见，决定再去教育部、铁道部和交通部作交涉。其结果，请求教育部写一封同意到全国各地作旅行修学的信，又吃了闭门羹；向铁道部和交通部交涉乘坐车船给予优待的事，也以无果而告终。

在镇江和南京的遭遇，引起了团员们的深刻反思：“新旅”要继续生存下去，要在宣传抗日救国的社会大学校里旅行修学，尽管这位身为南京市市长的国民政府大员——马超俊，他对“新旅”举动极不支持，但这并不代表国民政府中有爱国心的其他官员们也都不支持“新旅”的此举。因此，“新旅”也就不再将希望更多地寄托予国民政府的官方支持了。他们明白，只有靠自己的努力奋斗，去争取社会各界民众及爱国人士的同情和支持了。

4．绝地反击战饥寒

这时已到11月中旬。从淮安出发时筹到的50元钱几乎都用在了路费和伙食上了。按原来的打算，是从南京沿津浦路北上，经蚌埠、徐州到济南，再赴华北前线。可是目前，不仅路费没有着落，而且有寒冷和饥饿的威胁，团员们身上可穿的衣服还是出发时穿的那套单衣。

怎么办？在一天晚上的生活晚会上，大家正在商量如何渡过难关，有两个团员突然提出想“打退堂鼓”：一个是说临行前未和父母商量好；另一个说是身体不好，为了减轻团体负担，想返回淮安。在大家都面面相觑之后，还是汪达之先生打破了沉闷。他说："刘昭朗同学要走，团体不强留。杨永鑫身体不好，就回去治病，路上请刘昭朗多照应。现在团里虽然经济上很困难，但你们俩返淮的路费还是有的。我相信你们要抗日救国、要为民族解放事业奋斗到底的决心是不会改变的！"[6]

听了顾问汪达之先生这么一说，团员们的精神才又振作起来。他们纷纷表示：我们原是本着讨饭的决心出来宣传抗日救国的，不达目的决不回去！于是，大家团结得更紧密了。

面对摩肩接踵的艰难处境，团员们合议了坚持下去的三个办法：

一是，多到大、中、小学校及文化教育单位，广泛开展参观访问活动。用演讲宣传新安小学的办学宗旨，用放映国难电影唤醒民众抗日救国。二是，用"滚雪球"的方式，多访问一些社会各界名流，包括国民党的军政头目，只要愿意接待就登门拜访、请他们赐予"鸿辞"，以扩大社会影响。三是，撰写活动新闻和通讯，向报刊投稿、争取当报刊的特约撰稿人并请新闻记者来采访。

实践证明，这些活动还真的奏效。寄出去的投稿有几家儿童报刊发表，并寄来了几位团员们特约撰稿人的聘书及稿酬；许多中小学校也纷纷邀请团员们去演讲；在安徽中学就读的在籍学生张承训还主动为"新旅"募捐，并多次要求放弃学业加入团体中来；《南京日报》记者还来登门采访，并发表了一篇较详细的采访通讯稿。这些活动的积极开展，虽然在舆论上打破了国民党官方对"新旅"的刁难和封锁，但在经济方面的收益却不大。

到了11月底，经济上不仅没有解决路费和添置冬衣的困难，而且还欠下了安徽公学学生食堂的一大笔搭伙费。姚文采校长表示欠款可由学校设法补交，但如果这样长期下去，校方也有难处。怎么解决路费、穿衣和吃饭等难题？经过反复考虑，汪达之顾问决定亲自到上海去找陶行知先生，在上海进步文化界想办法寻求帮助。

好在天无绝人之路。根据"新旅"团员张牧的后来回忆，几天后汪达之顾问回到南京，就带来了好消息：

国难教育社的丁华、王洞若（中共上海左翼教师联合会地下党支部负责人）等人都表示，既然已经出来了，就全力支持我们克服困难，绝不能眼看着我们的行动半途而废！大家听了，真是无比高兴！他告诉大家，邹韬奋先生决定把他主持的生活书店的全部出版物，包括他主编的《大众生活》杂志，统统交给我们去贩卖，书店只收成本，利润全部归我们。由生活书店经售的新知书店和读书生活出版社等家的出版物，经我们贩卖后可得到八折的优待费。此外，陶先生让从东北流亡到上海的魏建新先生，把刚刚编印出来尚未发行的一套国难地图，即《日

三名新安旅行团小团员参加抗日电影《小五义》的演出，其中，曹维东是第二主演。图为“新旅”老团员曹维东

本帝国主义侵略中国史地图》《世界各帝国主义侵华史地图》《中国历代疆域变迁史地图》三本，每本一元，以八折‘赊’给我们一百套，由我们去卖。大家听了这些消息，顿时都手舞足蹈起来，只要我们努力把这一百部地图卖掉，就能赚回六十元，眼前困难就可解决了[7]。

面对滴水成冰的严寒，南京城的大街小巷，多处都可见到身着单衣的“新旅”团员们在叫卖国难地图的身影。尽管国民党的党政机关都拒绝购买，但大、中、小学校一般都能购买一套。金陵女子大学校长吴贻芳还自购了一套。身着单衣冒严寒、饿着肚子多跑路，其艰辛当可想而知。但团员们没有一个叫苦。每天都是披星戴月地回到住处的他们，还要在晚会上交流经验，以相互鼓励。大约到了12月底，他们便把国难地图都卖出去了。这样既扩大了对共赴国难的宣传，又战胜了国民党官方的刁难和封锁，还基本上摆脱了目前面临着的寒冷和饥饿。

5. 将军之言开眼界

“新旅”在离开南京之前，根据陶行知先生在来信中的建议，先去拜访了闲居在中山陵、时任“副委员长”（只是个虚名，实为蒋介石软禁）的爱国将领冯玉祥将军。冯将军亲切接见并高度赞扬“新旅”的全体团员人小志气大爱国走天下的壮举，还为他们题词并请他们共进早餐。

在餐桌上，冯将军还破口大骂：“日本军阀是蒋介石的干爹！半个中国都让他送给日本老子了！我们四万万同胞，被欺负得连孙子都不如，连狗都不如了……我支持你们到全国去，唤醒民众起来抗日，要不然，我们通通都要当亡国奴了！你们到各地去，只要是我的部下，都可以去找他们。就说是我冯玉祥叫你们来的，只要他们还有一点中国人的血性，他们就会帮助你们的！”[8]事后，团员们都谨记住汪达之顾问的叮嘱：“今天听到的话，不能在外也说，如果让人听到了，可是要坐牢的！”[9]

冯将军的此番慷慨陈词，不仅使团员们大开了眼界，而且还与后来在巢县园山学校受到的一次政治启蒙教育密切相关。

从上海到南京：重回南京公演忙，高唱团歌斗志昂

告别了冯玉祥将军，“新旅”在中共地下党员王洞若的建议下、经集体讨论决定，于1936年1月10日离开了南京，绕道蚌埠再到巢县等安徽中部地区去进

新安旅行团当年存放钱物和重要文件的小木箱

行抗日宣传，传播进步文化。

1. 重回南京公演忙

4 月，天气转暖，为决定今后的“新旅”去向，顾问汪达之又亲自跑到上海。当他得知被国民党逮捕关在徐州监狱已被释放的田汉先生，现正在南京主办中国舞台协会公演活动。他便在返回巢县途中去看望了早就认识的田汉先生，并想请他为“新旅”写一首团歌。田汉先生答应了汪达之的请求，还提出希望“新旅”也能来参与他主编的《复活》（根据俄罗斯作家托尔斯泰的名著《复活》改编的话剧）的公演活动，其来南京的路费及食宿费等，都可由演出收入抵消。

顾问汪达之返团后，他把这一提议交给团员们讨论。经讨论，大多数团员都认为这是一次学习文艺宣传知识和技能的极好机会。于是便决定再回南京。当时参加演出的导演和明星及演职人员有好几十人，除了《复活》外，还有《回春之曲》等田汉先生赶写的几部新作，整个演出活动持续了将近 50 天。根据需要，“新旅”成员主要是在《复活》中充任儿童与青年演员，并负责在开演前协助收门票及带领观众对号入座等。开演后，团员们就主动到后台去协助管理服装、道具和灯光及学习这些演出方面的知识与技能。

中国舞台协会的会演活动很成功，每场都座无虚席。每个剧目都以抗日救亡的爱国主义教育为主线，反对国民党坚持内战、不抵抗外敌入侵的亡国政策，号召全国人民团结抗战、共同御侮、复兴中华。

2. 高唱团歌斗志昂

在南京，田汉先生在百忙中为“新旅”创作了团歌的歌词，青年作曲家张曙便立即为这首团歌谱了曲，并领着团员们边学唱边修改。从此以后，团歌不仅是团员们开会时必唱的歌，而且每次演出活动都以此团歌开头、用《义勇军进行曲》作结。

田汉先生对“新旅”派来的小演员和几位小学员们的工作都很满意，他还在百忙中挤出时间给“新旅”的团员们授课，培养他们的演艺才能。应汪达之的请求，田汉先生还欣然为“新旅”创作了团歌歌词。此后，演唱团歌也成了“新旅”在开展宣传活动中的“保留节目”。

新安旅行团团歌[10]

同学们别忘了，我们的口号：生活即教育，社会即学校，拼命的做工拼命的跳，一边儿学习一边儿用脑。别笑我们年纪小，我们要把中国来改造，来改造！同学们别忘了，我们的口号：生活即教育，社会即学校，我们的家破产了，我们的国遇了盗。听啊！到处是敌人的飞机和大炮，同胞们，别睡觉把一切民族敌人都打倒，都打倒！同学们别忘了，我们的口号：生活即教育，社会即学校，不怕他水深，不怕他山高，向民众报告，代民众喊叫，我们是民众的小向导，小向导！

同学们别忘了，我们的口号：生活即教育，社会即学校，拼命的团结拼命的探讨，一边儿用手一边儿教。别笑我们年纪小，我们要把世界来改造，来改造！同学们别忘了，我们的口号：生活即教育，社会即学校，弱小民族不得了，劳苦大众吃不饱。看吧！到处是敌人的枷镣锁铐，兄弟们，别睡觉把一切人类敌人都打倒，都打倒！同学们别忘了，我们的口号：生活即教育，社会即学校，不怕他飞机，不怕他枪炮，为人类奔跑，使人类和好，我们是人类的小宝宝，小宝宝！

这首由田汉作词、张曙谱曲的《新安旅行团团歌》，在 1936 年 7 月“新旅”到上海后，经过任光先生的协助，和冼星海先生所作的《救国军歌》等几首歌曲，被英商“百代唱片公司”录制成唱片，行销全国。此首歌词的下半部分为陶行知于 1937 年补写，特地从美国寄给了“新旅”。当时，陶行知先生担任“国民外交使节”，正在海外宣传抗日救国。他曾在美国芝加哥、旧金山、纽约等地教唱，美国这三大都市的华侨工人都会唱这首歌。

【注释】

［1］［2］［3］［4］［5］［6］［7］［8］［9］张牧：《新安旅行团——我的一些回忆》，中国青年出版社编《红旗飘飘·29·纪念新安旅行团成立五十周年专辑》，北京：中国青年出版社，1985 年，第 18－29 页。

［10］聂大鹏编：《陶行知儿歌》，北京：中国和平出版社，1987 年，第 283－285 页。

第三节　誓为抗日做后盾

政治启蒙暖心窝，投入救亡大制作。
面对行凶志不移，社会大学教学做。
智退警察讲国难，辩明是非真理佐。
挽歌一曲悼鲁迅，继往开来创优课。

从巢县到上海：政治启蒙暖心窝，投入救亡大制作

安徽省巢县园山学校是以冯玉祥将军的名义开办的。因为规模较小又地处偏

新安旅行团团旗和团员们当年穿过的工装裤

僻的农村，远离蒋介石特务机关的监视，所以抗日救亡的气氛较浓。

1. 政治启蒙暖心窝

在园山学校，“新旅”又一次巧遇到汪达之顾问的同乡同学舒政海。他是因共产党的案子而坐牢，刚从南京监狱出来后到这里养病的（舒政海曾得到过汪达之的秘密救助）。有一次，“新旅”团员们到农村去开展“小先生”活动，在归来途中的田埂上休息时，舒政海以拉家常的方式对他们进行了再次政治启蒙。他从苏联的农业机械化耕作谈到田埂子和界石的力量：

不是田埂子和界石有力量，是私有制有力量！在我们中国，土地是地主的，工厂是资本家的，蒋介石就是私有制的总头目。中国工农要过上苏联工农那样的日子，就要打倒国民党蒋介石！共产党就是带领工农来干这件事情的！[1]

说着说着，他还顺手撕开一只香烟盒上的纸，把他改写后的国民党党歌歌词写在上面，边写边唱了起来：

杀民主义，狗党所忠。出卖民国，破坏大同。咨尔多士，杀民先锋，帝国主义，唯命是从。矢勤矢勇，屠杀工农。工农团结，狗党送终[2]。

“新旅”团员们听了都拍手叫好：“你改得真好哇！以后我们就这么唱！”但舒政海立即强调：

那可不行！人家听见了要杀你的小脑袋哟！光骂他们不顶用，还是要跟着中国共产党，把工农都组织起来，才能把这群狐群狗党打倒[3]。

和舒政海短短半个月的相处，团员们不仅从他那里了解到苏联和中国工农红军的许多情况，还学会了唱《国际歌》《少年先锋队歌》及《八月的桂花》等苏区民歌。他逐词逐句地给团员们讲解歌词的意义，使团员们受到了一次“从未有过的政治启蒙教育”。当团员们有人问他：“你是共产党员吗?”他笑着回答：“不是！国民党把我当着共产党抓起来坐牢，真冤枉呀！”

直到1954年，张牧从朝鲜前线回国路过北京去看望舒政海时，提到这件往事，问他当时为什么不从“新旅”中吸收团员们入党，他才说出其真相：“那时你还小哇，我从监狱出来在园山养病，还没接上组织关系哩！”

2．投入救亡大洪流

1936年，日本帝国主义要弄侵占中国的诡计：它一面高喊“日中亲善”，一面加紧侵略进攻，并公开要求国民党政府要明令取缔抗日活动。而国民党反动政府却仍旧力推“安内攘外”的反动政策，竭力镇压全国人民抗日救国的怒潮。就在这年夏天，国民党广东和广西的军阀陈济棠、李宗仁、白崇禧也通电全国，打起“抗日”的旗号，公开倒蒋。与此同时，上海人民的抗日救亡运动也正在蓬勃开展。7月28日，“新旅”的团员们从安庆乘船赶到了上海。

一到上海，“新旅”的团员们就立即投入群众性的抗日救亡运动。首先，他们积极参加群众抗日救亡歌咏运动，到青年学生和店员及工人中去组织歌咏队，教唱和推广抗日救亡歌曲。其次，他们每个星期六按时参加刘良模先生主持的“星期歌咏晚会”和来自各方面的抗日歌咏骨干共同学习新歌，练习歌咏的指挥、轮唱、合唱、重唱等技艺，交流用歌咏普及群众抗日救亡活动的经验。

在上海，“新旅”的团员们还先后两次参加了救国会组织的群众性反日游行大示威。

一次是8月份在闸北东方图书馆举行的，反对日本浪人猖狂走私的万人大会。会上，救国会领袖沈钧儒、史良等在大会的演说中斥责了“牺牲未到最后关头”的亡国论调，谴责国民党政府的对日投降卖国政策。会后，他们打起旗子与群众四人一排、手挽手肩并肩地高唱抗日救亡歌曲举行示威游行。在游行队伍中，“新旅”负责领呼口号和散发传单，以及用粉笔在各处书写抗日救亡口号。

再次是纪念“九一八”五周年示威大游行。“新旅”团员们按照救国会的部署，做了周密的准备：一是组织报童、报贩子事先将传单夹进出售的报纸中去卖；二是把书写标语的粉笔换成不易被擦掉的墨汁；三是两人一组，一人写字一人望风。

各小组在划分好的区域，特别利用便于立即转移的法租界和公共租界相交的马路地段进行活动。在实施过程中，尽管大家都比较顺利地完成了预定的任务，但还有朱金山被巡捕当场抓走，直到过了9月18日才被放出来。在9月18日的示威游行中，救国会领袖史良被打伤，队伍被冲散。“新旅”的团员们也在与巡捕混战中，潜入店铺后撤出。这次游行示威虽然未达到预想的效果，但却给上海市人民烙下了深刻的印象，连英方雇佣的一些印度巡捕也为中国人民抗日救国的爱国主义精神所感动。

3．社会大学教学做

在上海，“新旅”还进行了一次比较系统的政治和业务学习。他们在丁华、王洞若的建议和帮助下，先后请艾思奇、孙冶方、骆耕漠等专家来讲大众哲学、中国农村经济问题和政治经济学；请洪深教授、张庚导演讲戏剧和导演艺术；请孙铭勋先生（刚从陕北归来）讲陕北见闻；还从国难教育社和救国会得到的共产党在法国出版的《巴黎救国时报》（旧报纸）上，读到了中国共产党的《八一宣言》《抗日救国十大纲领》等文件。

新安旅行团组织起来的儿童团部分团员

此外，每周还定期参加上海世界语学会、上海新文字协会组织的专题学习活动。通过这次系统学习，不仅使团员们对共产党的了解更具体化，而且还使他们的思想政治觉悟和认识水平也有了很大提高。后来在武汉，1938 年 5 月，王洞若又成了“新旅”秘密党支部上级组织的领导人。在王洞若参加的第一次支委会上，有人回忆起在上海要求建立党支部时的往事，王洞若才告诉他们说：

那年在上海不能同意你们建党，不仅仅是为了你们的安全，而且上海党组织刚遭到敌人大破坏，正在紊乱之中，连谁是自己人一时都弄不明白，我怎么能不批评你们呢？[4]

在上海，“新旅”又吸收了三个新团员，团体人数由 14 人增加到 17 人。其中一个是复旦大学在籍生张承训（张平），他说服了在某县当县邮政局局长的父亲，把他上大学的全部费用拿出来，“自费”参加“新旅”。另一个是《读书生活》杂志的青年编辑童常，他是经李公朴先生介绍入团的。他们两人是“新旅”中文化水平最高的，不久便很快都成了团体的骨干。团体人数增多，经济危机又加剧起来。这次渡过难关的途径有二：一是顾问汪达之向上海儿童书局结算到他 1934 年出版《生活的书》的数十元版税；二是几个团员向几家儿童报刊结算到的稿费。

4. 挽歌一曲悼鲁迅

在上海，“新旅”还被鲁迅治丧委员会指定为出殡仪式的挽歌队。近万名群众自发来为鲁迅先生送葬，大家怀着极其悲痛的心情唱着《哀悼鲁迅先生歌》的挽歌（歌词是由吕骥、孟波、麦新等人根据《打回老家去》的抗日歌曲所填）：

您的笔尖是枪尖，刺破了旧中国的脸！您的声音是晨钟，唤醒了奴隶们的迷梦！在民族解放斗争里，您不曾退后，擎着光芒的大旗，走在新中国的前头！啊！导师，啊！同志，您没有死去，您活在我们的心里……

哀悼鲁迅先生！哀悼鲁迅先生！他是我们民族的灵魂……[5]

每唱完一首，大家都振臂高呼口号：“纪念鲁迅先生就要打倒日本帝国主义！”“纪念鲁迅先生就要停止内战一致对外！”“打回东北去，收复一切失地！”

慑于鲁迅在国内外的崇高威望，警察和巡捕也不敢轻举妄动。他们也只好一声不响地跟着群众队伍往前走。但在返回市区的路上，经预谋的国民党军警和雇佣的巡捕已开始抓人了。上海左翼教师联合会党支部书记丁华在到达法租界的路口时，就被国民党反动派抓走了。鉴于“新旅”驻地附近不三不四的人也不断增多的危险处境，王洞若建议，“新旅”应积极响应中共中央和中华苏维埃中央政府发出援绥抗战的号召，到绥远前线去开展抗日宣传活动。“新旅”接受了他的建议，决定先到沪杭铁路沿线上的松江县县城去开展抗日救国宣传工作。

从松江到嘉善：讲国难智退警察，面对行凶志不移

1. 讲国难智退警察

1936 年 11 月 8 日，“新旅”离开上海乘火车到了江苏省的松江县城。刚到事先联系好的住处——县民众教育馆所属的中心民校，国民党警察就来驱逐：“我们奉县党部的指令，请你们马上离开松江！”这时，门外一些围观的人群中就有议论说，这些人是从上海来鼓动学潮的。顾问汪达之便不失时机地大声对来人说：

新安旅行团团员在战地教儿童们唱抗日歌曲

> 我们是新安旅行团的，是到贵县来旅行的。同时也是向松江各界父老兄弟姐妹们宣传孙中山先生遗教的，就是唤醒民众，共赴国难！不是搞什么学潮的。我们正打算马上去拜望县党部书记长先生，你先生来得正好，那就引我们去县党部吧！[6]

说罢，汪达之顾问便带上团体的名片和题字簿，和总干事徐志贯一起随来人到了县党部。这位书记长老爷见到题字簿第一页就有陈果夫的题字，后面还有周佛海、于右任、冯玉祥等国民党要人的题字，还听说有国民党中央党部赠的《农人之春》《一·二八战地写真》等电影故事片，其神经才有所放松，“请”他们出席明天总理纪念周的例会，并命令“狗腿子”在“新旅”住地“撤围”。公开的警察虽然撤走了，但暗探却没有全部撤走。就这样，“新旅”才得以在松江连续工作了一个星期。他们每天晚上仍坚持在县体育场放映电影，并利用放映前向群众讲国难，介绍傅作义将军正在绥远抗日的战况。

2. 面对行凶志不移

1936 年 11 月 14 日，“新旅”离开松江转战到了浙江省的嘉善县城。“新旅”白天公开到各中小学去开展抗日歌咏活动。每天晚上，他们利用县民众教育馆的民众乐园剧场放电影，公开打出了援绥抗日的旗号，用电影为绥远抗日将士募捐，很受群众的欢迎。但却触动了国民党反动派假抗日的神经。

一天晚上，电影还没开始放映，几个彪形大汉就横冲直撞地把顾问汪达之打倒在地，他的头部右上方被打破，血流满面。团员们奋力将顾问汪达之先生抢救出来。群众见到特务行凶，纷纷主动协助救人并高呼“抗日无罪!”“不许打人!”“打倒汉奸”[7]等口号。凶手们见势不妙，便一个个乘乱而逃。顾问汪达之先生坚持着和团员们一起放完电影，才带着当场从特务们手中夺下来的一根残留着血迹的带着铜头的皮带等凶器，去找县长理论。

面对特务们无可抵赖的罪证，这位县长（与汪达之是初中时的同乡同学）才不得不以“惩凶实在无能为力”和“连表歉意”而不了了之。

【注释】

[1] [2] [3] [4] [5] [6] [7] 张牧：《新安旅行团——我的一些回忆》，中国青年出版社编《红旗飘飘·29·纪念新安旅行团成立五十周年专辑》，北京：中国青年出版社，1985 年，第 32－50 页。

第四节　唤醒军民齐抗战

祝捷大会献银盾，基层慰问将士尊。
援绥劳军战鼓擂，宣传国难铸军魂。
迎难挺进大西北，消解隔阂利民屯。
唤醒军民齐抗战，奋不顾身精神存。

从杭州到北平：唤醒军民齐抗战，宣传国难铸军魂

经过 1936 年“双十二事变”（西安事变），国共实现第二次合作，初步形成了国内抗日民族统一战线。1937 年 9 月，国民党中央通讯社发表《中国共产党为公布国共合作宣言》和蒋介石发表谈话，承认共产党的合法地位，抗日民族统一战线正式成立。

1936 年 12 月，正在浙江省海盐县与海宁县之间的南北湖农村地区开展抗日救国宣传活动的“新旅”，为及时得知“西安事变”后的国内、国际形势，他们即从硖石镇乘火车到了杭州。

1. 宣传国难醒民众

到了杭州的“新旅”就收到国难教育社张宗麟的来信说，上海各界救国联合

新安旅行团在作战地演出

会已决定组织前线慰劳团，到百灵庙去慰问傅作义将军和他的部队，以扩大援绥抗日运动。他希望“新旅”立即返回上海，准备参加慰劳团到绥远去。

顾问汪达之先生在生活会上对团员们说：“现在北方正是严寒季节，前线更加艰苦，你们害怕吗?”“那怕什么?”团员们争先恐后地说，“要是怕，我们还能出来吗?”[1]12月底，“新旅”从杭州赶到了上海。1937年2月3日，以“新旅”为主体的上海文化界绥远前线慰问团，从上海乘英商太古轮船公司的“湖南号”向塘沽出发了。

经过三天两夜的航行，轮船到了塘沽码头。团员们一上岸就见到街头有不少日本人，掠夺中国财富的日商大幅广告也在墙上随处可见，连火车站的站名竟然也是用中、日两国文字书写的。大家见了都无不义愤填膺。

慰问团来到了北平。在华北抗日救亡运动中的“一二·九”运动发祥地的北平，以吕骥代表上海文化界、汪达之和“新旅”代表南方师生和青少年儿童的慰问团所到学校都受到本校爱国师生的热烈欢迎。慰问团对在抗日救亡运动中，尚处在中间状态的师生的影响更大。特别在北平一所女中演讲时，当“新旅”团员们讲：

当我们古老而伟大的中华民族面临灭亡的关头，四万万七千万同胞就要变成牛马，我们怎能再埋头读书？我们奔走呼号的第一使命，就是要唤起民众，叫老大的中华民族怒吼起来。凡是炎黄子孙，全中国的大朋友们，小朋友们，一致团结起来吧！拉起手来吧！让我们一同来挽救民族的危亡！[2]

这时，台下的学生群中突然有一位女生霍地站起来，振臂高呼：“打倒日本帝国主义！打倒汉奸卖国贼！”[3]只见她一边喊，一边奔上讲台激动地说，她自称自己是一个卖国贼的孙女，从现在起，一定要和其祖辈的卖国行径决裂，同所有爱国青年一起投身到抗日救国的行列中去。她的话音刚落，会场上便立刻响起了热烈的掌声和潮水般的欢呼声。

2. 慰问演出入军中

二十九军副军长佟麟阁和师长赵登禹在南苑驻地亲自接见了慰问团，并同意召开团以上军官的小型慰问座谈会。

吕骥、江陵、汪达之分别在座谈会上讲话，对二十九军过去的抗日战绩表示敬佩，对全军将士的爱国壮举和英勇牺牲精神表示慰问。同时，他们还利用这个机会，宣传了当下的国难形势，希望将士们发扬爱国传统，和全国人民一道抗击日寇、挽救民族危亡，并表示将誓作将士们的坚强后盾。

会后，慰问团还在营房的操场上，为操练的士兵大刀队进行慰问演唱并教唱《救国军歌》《义勇军进行曲》等抗日歌曲，极大地鼓舞了将士们的抗日勇气。

“新旅”顾问汪达之对赵师长说：“谢谢你给我们开了眼界，我们亲眼见到了威武雄壮的杀敌表演，预祝贵军为国再立大功！”[4]副军长佟麟阁在告别时热情致谢：“你们小朋友到处宣传国难，唤醒民众，这样的爱国精神，对我军将士是很大的鼓舞啊！”[5]说着，他还约师长赵登禹和军部的值星官等人，和慰问团成员合影留念。

从北平到归绥：祝捷大会献银盾，慰问将士下基层

1937年3月14日，以“新旅”为主体组建起来的上海文化界绥远前线慰问团，乘车从北平向绥远进发。

1. 祝捷大会献银盾

绥远是山西、陕西、甘肃、宁夏等中国西北诸省的门户屏障，具有十分重要的战略地位。日本帝国主义为将它作为下一步吞并中国的侵略基地，决心占领它。

新安旅行团部分团员慰问抗日将士时留影

1936年11月23日深夜，傅作义部队冒着零下三十多度的严寒，向盘踞在百灵庙的日军发起了强攻。经过7个小时的激战，终于击溃了全副日式近代装备的伪蒙军，收复了百灵庙及其附近地区，缴获了日军的大量军用物资，仅面粉就有两万多包。

虽然这次战役的规模并不算大，但却极大地鼓舞了全国军民抗日救国的磅礴气势。

乘载着慰问团的列车，在行进了一天一夜后的早晨，到达了归绥车站。他们一下车就受到了傅作义将军派来的一位副官的欢迎。3月16日，傅作义将军在绥远大校场举行了祝捷阅兵和追悼阵亡将士大会。“明耻教战”“众志成城”的八个白色巨幅大字对联，挂在用松柏扎成的主席台两边的长匾上，显得格外醒目和庄严。慰问团在主席台前边的来宾看台上落座，受阅部队有傅作义部队的三十军和王靖国部队的十九军及赵承绶的骑兵部队。

在大会上，慰问团的代表宣读了上海文化界致绥远前线抗日将士书，向傅作

义献上了银盾、锦旗和慰问品清单。傅作义将军在答谢词中说：

百灵庙的胜利，只是胜利的开端，要取得最终的胜利，还需要更大的努力……在这次抗战中，有几件事足以证明我国民族意识日趋强固：一是，受伤官兵精神异常兴奋；二是，民众竭力参加抗战；三是，官兵热烈拥戴在上的长官；四是，全国民众的同情。你们不远千里而来，对我广大将士是巨大的鼓舞，我代表全体将士向你们表示衷心感谢！[6]

2. 慰问将士下基层

大会结束后，慰问团到归绥（归化绥远）各个伤兵医院和各个部队驻地去进行慰问演出。傅作义将军还正式聘请慰问团的团长吕骥为他部队的音乐教官，在一批年轻的中下级军官中办起了抗日救亡歌咏训练班。

3 月 24 日晚上，“新旅”和随后赶到绥远的刘良模先生合作，在归绥“九一八”纪念堂举办了有 300 多人参加演唱的抗日军民歌咏大会，先后演唱了《救国军歌》《救亡进行曲》《前进歌》和《义勇军进行曲》等歌曲，“新旅”还单独演唱了《新安旅行团团歌》和《锄头歌舞》等歌曲。

演出中，场上鼓掌的声浪此起彼伏，气氛非常热烈，极大地鼓舞了抗日将士和当地军民抗日救亡的士气。最后，傅作义将军在大会上讲话说：“当此全国救亡图存的时候，唱歌可以激发人的感情可以把人组织到一起，所以这些最雄壮、最有意义的歌，是应该人人会唱的！”[7]大会结束时，刘良模先生又指挥全场人员齐唱《义勇军进行曲》。会场歌声激昂，人人热血沸腾，盛况空前。

傅作义将军对慰问团所做工作的充分肯定，也为“新旅”进一步在绥远军民中宣传抗日救亡活动的深入开展扫除了不少人为的障碍。慰问活动结束后，傅作义将军还邀请慰问团参观了归绥的名胜古迹和“民生渠”水利工程，还希望“新旅”到绥西包头王原一带——他的屯垦部队参观访问、宣传抗日，并说如果去的话，食宿和交通可由屯垦部队负责，如果将来再去山西或宁夏，由他向阎长官（阎锡山）和马主席（马鸿逵）介绍都可以。

鉴于大西北闭塞落后、抗日救亡运动亟须发动推进，顾问汪达之和“新旅”团员们商量后，决定往西走，去唤醒大西北那里军民的觉醒，共赴国难、抗日救国。慰问团主要领导人之一的江陵先生也主张很有必要去西北。

【注释】

［1］［2］［3］［4］［5］［6］［7］张牧：《新安旅行团——我的一些回忆》，中国青年出版社编《红旗飘飘·29·纪念新安旅行团成立五十周年专辑》，北京：中国青年出版社，1985 年，第 54 –66 页。

第五节　危难之时党指引

民族杂居荒僻地，统战教育谱新篇。
救亡宣传入人心，团结抗战意志坚。
抓住时机秘找党，地下支部险中全。
长途跋涉播火种，黑云压城重见天。

从归绥到乌拉山：宣传抗日播火种，智破谣言搞统战

乌拉山位于绥远西部，是汉、蒙、回等多个民族杂居的地方。由于历朝历代的反动统治者实行愚民政策和民族压迫手段，各民族和蒙古族各王旗之间的尖锐矛盾不断加剧，人民生活极为贫困，思想文化也较为落后。

1. 宣传抗日播火种

在蒙古族集居区，有的奸商仅用很少一点低价布匹，就换走蒙古族同胞大量贵重的皮毛。还有的奸商只用几斤白糖等，竟换走一个蒙古族少女！也有的奸商在白面粉下加半袋沙子，卖给牧民。这些奸商丧尽天良的欺掠行径一旦被蒙古族同胞识破，蒙古族同胞们也会以极端手段予以报复性还击。

在回、汉聚居的农业地区，由于官方默许或倡导，不少农户种的罂粟比种的粮食作物还要多。烟农家家都有熬制烟膏的土坑。富有的人家从清晨到夜晚都有人睡在烟坑上抽吸大烟。全家合穿一条裤子的贫穷人家，每天也有人要吸上几口来过瘾。

在汉民聚居区，外国神父（牧师）们把教堂拥有的大量土地租给入会的教民种，进行盘剥。不入教会的农民就没有地种，没有地种也就没有饭吃。国民党的区、乡政府除了只管再向农民搜刮一层民脂民膏外，其余的一切都得听洋教主摆布。

绥远西部的大片区域几乎与外界隔绝，极少数到过张家口和天津做生意的商人，就被称为了不起的、见过大世面的人物。当他们看到了“新旅”的团员们时，认为是北京的皇上派来的呢！至于日本是什么样国家和怎样侵略中国的，则更是一无所知。

“新旅”从包头沿乌拉山脚一路西下，在这些荒僻之地主要工作是放映电影和普及抗日救亡歌曲，以及组织青少年儿童们的歌咏队和宣传队。即通过放电影把四面八方的人群吸引过来，再进行口头宣传，并教唱抗日救亡歌曲。

这些地方的人烟虽然稀少，但如果第一天放电影是几百人看，第二天和第三天往往就有成千人或几千人来看。附近几十里甚至上百里的人们，有的骑骆驼、有的骑马，也有的全家人赶着牛车带着干粮，赶来看这从来既没听说也没见到过的洋玩意儿——电影。有些人，在银幕的正面看了还要到反面再看，放映结束了

还不肯立即离场。

2. 智破谣言搞统战

在每次放电影之前，人们总是来得很早，团员们也总是见缝插针地把青少年儿童们组织到银幕前面，先教他们唱一首抗日救亡歌曲。待他们学会了，再组织他们集体唱，让其他成年人也跟着唱一句。这样不到一个小时的光景，一首《救国军歌》人们就基本上学会了。这样组织起来的歌咏队便成了“新旅”向广大民众普及抗日救亡歌曲的得力助手。通过“新旅”五个多月的工作，抗日救亡的歌声响彻了乌拉山麓及黄河两岸。

同时，“新旅”开展的抗日救国宣传活动，也很快震动了在绥西聚居的蒙古族王旗们。历来和汉族极少往来的他们，想看电影却不愿放下架子和普通牧民们一样往外跑去看，于是就纷纷派人来邀请“新旅”前去，还向“新旅”开放从不向汉民开放的宗教禁地，有的竟然还脱下念经作佛事的穿戴和物件送给“新旅”团员们作纪念品。一些懂汉语的当地蒙古族人和通蒙语的当地汉族人，都十分乐意为“新旅”当翻译，并以此为荣。

“新旅”越是与当时隔阂很深的蒙汉两族人民关系相处融洽，就越引发国民党反动政客们的敌视。由于“新旅”是傅作义将军请来的客人，这些反动政客们不敢轻举妄动地公开阻挠和破坏，他们便不择手段地暗中散布“新安旅行团是西班牙人民阵线分子，他们的话可信不得呀”的流言。其实，什么是西班牙人民阵线？他们并不知道，只是听“新旅”团员们唱过《保卫马德里》的歌曲而已。

为了揭穿这些坏蛋们的谎言，“新旅”在离开包头的前夕，特地召开了向各界告别的招待会，把这些有头面的人物都请来，向大家说明西班牙人民阵线是反对西班牙的卖国贼佛朗哥的，而佛朗哥就是和绥远的德王、李守信这帮汉奸们一样的恶人。在事实面前，这些谣言的制造者们才不得不当众认输！

从乌拉山到石咀山：组织集会开新局，智放电影马公馆

1937 年 8 月，“新旅”好不容易才乘上一条三舱的单桅帆船，在黄河上逆水上行，遇到逆风时还要冒着酷热轮流下船拉纤。经过 18 天的艰难航行，他们终于在 8 月下旬来到了石咀子，即现在的石嘴山市。

1. 组织集会开新局

“新旅”团员们一上岸，就受到了马鸿逵部下的一个旅长前来欢迎，并在这个部队的防区内工作了两个多星期。他们从旅部借来近半个月的《宁夏日报》，把“七七事变”和“八一三事变”的情况和当时抗战形势，向部队官兵（全是汉族人，马家军的部队是不会让“新旅”去做宣传的）和市民做了抗日救亡的宣传。

为了表示对“新旅”的欢迎和支持，这位汉族旅长还特地邀请团员们和他一

起参加部队的围猎黄羊及会餐等活动，并要当地商会用最便宜的价格卖给“新旅”每人一件滩羊皮袄，以便日后去宁夏御寒。

这时，虽然全国的抗战已经开始了，“新旅”的抗日救亡工作也可公开化了，但是宁夏还是死水一潭，广大民众还并不知道抗战是什么，以及为什么要抗战，即使有少数能看到报纸的公职人员也大都对抗战漠不关心。在平罗，“新旅”利用“九一八”6周年纪念日的机会，把全城的中小学师生组织起来，发动他们去动员组织全城的民众，举行了一次盛大的群众纪念大会，并在会后组织了游行活动。人们都说，全城居民不分男女老幼，几乎全部参加，这在宁夏全省还是历史上的第一次！

2. 智放电影马公馆

在石咀子工作了两个多星期后，“新旅”从平罗到了银川，马鸿逵表面欢迎但内心排斥，他派了省教育厅长出来接待，一边把团员们安排在师范学校食宿，一边为他传话，除银川的几所学校外，市民和其他单位都不希望去搞什么活动。

但有一天下午，却很意外地有人来传“请今晚到马公馆放电影”的话。团员们听了心里都很不愉快：“我们是宣传抗日的，不是做堂会的！”于是就准备以机器坏了、正在修理相推托。当年的“新旅”团员张牧在回忆录中写道：

> 可是顾问汪达之先生却认为还是去的好。因为在宁夏的工作还有一多半路程要走，应该争取省方，创造便利条件。大家这才终于勉强去了[1]。

电影就在马公馆的院子里放映。只见长得胖胖的马鸿逵坐在人群中间，左右各有四个老婆陪着，周围还配有几个保镖。马鸿逵看完电影满口称好地对团员们说：“这可开俺宁夏老百姓的眼界了，请你们也给省会各界都放放吧！”他的这句话，不仅帮“新旅”打开了此后在银川向群众进行宣传抗日救亡工作的大门，而且又一次验证了顾问汪达之先生践行统战教育思想的成功。

“新旅”从绥远到宁夏，在民族杂居和少数民族聚居的区域，工作生活前后将近9个月，他们都受到了极为深刻的教育。军阀官僚、王公贵族和洋人教士及广大苦难的各族劳动人民，都成了他们在社会大学校里教学做合一的“生活老师”。

从石咀山到平凉：抓住时机秘找党，正式建党受重审

1937年12月，“新旅”从银川来到了陇东重镇平凉。这里设有专员公署，商业和文教事业也比一般的县城要发达些。当时，全国抗战已经打了几个月，国民政府也发布了抗战动员令，首府南京已落入日寇侵略军之手，但对平凉的国民政府机关公职人员和民众，竟然几乎没有影响，绝大多数人还根本不知道有抗日救亡这回事。

1. 抓住时机秘找党

随着“新旅”到来后宣传工作的展开，便立刻使平凉的抗日救亡气氛不断升温。当时学校正处于放寒假时间，他们在东关连续放了几场宣传抗战的电影后，还编了一些时事活报剧，在群众赶集时演出，也都十分受欢迎。从此，城里的青少年儿童们就都会唱一两首抗日的歌曲了，大街小巷的人们，也开始谈论起战事的消息来了。

“新旅”到了平凉不久，就发现了一家新型书店——抗战书报供应社。这是他们在西北地区见到的第一家书店。店面虽然很小，但里面却摆放着他们从未见到的《新华日报》《抗战》《全民》《群众》等多种进步报刊 。见了这些报刊，“新旅”团员们便如饥似渴地阅读起来。店主人听他们都是南方口音就问道：“你们是新安旅行团的吧?”“是的，你们怎么知道的呢?”他接着说：“我在东关看了你们的电影，听口音，你们又不是北方人嘛！你们要看什么可以先借去看，我还可以送你们一些旧的《新华日报》。”在交谈中，店主还问了他们从宁夏到平凉沿途的一些情况，团员们也向他打听了平凉抗日救亡工作的情形。他说：“日本军队虽然占领了南京，但他们的飞机还没有到平凉来过。至于炮声，那就更听不见了。所以这里的人还全然不知道抗战这回事哩！你们一来就好了，这两天不就已经打破了死气沉沉的局面了吗!”[2]

从后来与店主人更深入的交谈中，“新旅”中的骨干团员还了解到离这里不远的庆阳是陕甘宁边区政府管辖的、有八路军（那里人称红军）、离庆阳几十里的西峰镇就是边区政府的管辖地等重要情况。“新旅”总干事徐志贯与骨干团员张承训（张杰）、张敬茂（张牧）三人，经多次分析后认为，这家书店不是国民党官办的，很像是共产党派人办的，但没法肯定，又不敢贸然深问。“我们想争取入党，这是几年来的心愿，现在边区就在身边，这个机会应该抓住呀!”张杰的想法立即得到徐志贯和张牧的同意。但是整个团体公开去目标太大，是不行的，秘密去也做不到。

2. 发展党员建支部

怎么办呢? 经他们三人反复商量后确定：

由徐志贯以总干事名义向顾问汪达之先生建议，希望他利用目前有利时机，秘密派人去庆阳，向八路军学习抗日宣传工作的经验，同时收集一些抗日宣传材料，如果可能，就顺便打听一下我们全团进入边区工作的可能性怎样。结果汪先生很同意这个建议，当然他不知道这个建议的背后还有找党建党的用意。于是团务干事会正式派徐志贯同志代表团体秘密去庆阳，同时向团内每个同志交代这件事对社会上要绝对保密[3]。

大约一个星期后，徐志贯回来了，意外的是他还带来了两个人：一个是23岁的牟永春，另一个是十五六岁的苏纯俊。他们虽然都穿着便衣，但团员们都明白他们就是八路军。徐志贯向大家介绍说："牟永春同志是来向大家传授八路军宣传工作经验的，苏纯俊是红小鬼，是来帮助我们学习红军宣传队的表演节目的。"[4]团员们听了都非常高兴，并为他俩召开了欢迎会。这样，对外他们就成了"新旅"的团员了。

在牟永春到了"新旅"以后的那段时间里，他除了立即召集徐志贯、张杰、张牧三人秘密开会，传达了陇东特委书记黄欧东关于在"新旅"发展党员和秘密建立党支部的指示精神外，还逐一找他们三人分别做了更深入的谈话，对每个人从家庭、思想到对党的认识都做了全面考察，并将带来的《党章》《党的生活》等小册子交给他们，组织他们秘密学习。

不久，牟永春便约他们三人到那家抗战书报供应社的一间小房子里都用化名填了入党申请书。接着，他就介绍这三位团员与平凉地下党的一位同志见了面。填完了表，这位平凉地下党的同志从怀中掏出一面纸做的党旗挂在墙上，然后带领他们举行了入党宣誓仪式。他在仪式后讲话说：

> 从现在起，你们就是'新旅'的第一批共产党员了！按照《党章》规定，新党员应该有三个月到半年的候补期，但是你们几年来，在国民党地区已经受到了许多考验，所以不必再用候补期来考察你们。这样，你们三人可以成立一个党支部了[5]。

3. 正式建党受重审

在第一次支委会上，大家选举徐志贯为书记、张杰为组织委员、张牧为宣传委员。牟永春又在会上分别说明了支部书记和委员的职责和工作方法。徐志贯代表党支部在表态发言中说："我们党的支部成立了，每个同志都必须绝对遵守党的秘密工作原则。同时，我们要注意团结好汪达之先生和其他几名团务干事，这样才能使党支部实现对全团工作的领导。"[6]

张杰在会上提出，根据汪达之先生的政治情况，同时为了便于工作，是不是趁牟永春同志在团的时候，争取近期内发展他入党。牟永春当即表示："汪达之先生的政治条件是好的，但他本人还没有这方面的表示和要求，发展他入党还要有个过程，让他暂时'灰色'一些，不入党，对'新旅'的工作更有利。"[7]因此，在这次支部会上，还确定新党员的发展工作要缓一些时候再考虑。

据"新旅"老团员张牧后来回忆说："1938年3月初，牟永春同志在支委会上对我们说，八路军兰州办事处的党组织审查了我们党支部成立的经过，发现批准我们入党的平凉地方党的负责人曾经脱离过党组织，他自己的组织关系尚未正式恢复，因此，经他批准我们入党和建立支部是不符合党的组织原则的，但我们三个党员本身是合格的，所以需要我们重新填写一次入党志愿书，由兰州党组织重新批准后，再进行一次入党宣誓仪式。仍然不要候补期，党龄从重新批准时计算。这样，我们又补办了一次入党手续，‘新旅’内部的建党工作才算完成。”[8]

【注释】

［1］［2］［3］［4］［5］［6］［7］［8］张牧：《新安旅行团——我的一些回忆》，中国青年出版社编《红旗飘飘·29·纪念新安旅行团成立五十周年专辑》，北京：中国青年出版社，1985 年，第 67－70 页。

第六节　战场摆到大后方

重要时刻抓机遇，抗战前线迈大步。
穿云破雾心底亮，战胜顽敌开新路。
达成共识党引导，去向问题消解误。
抗日救亡掀热潮，力挽狂澜殊途赴。

从兰州到长沙：重要时刻抓机遇，力挽狂澜辟新途

新安旅行团在平凉的抗日救亡工作结束后，在牟永春关于“尽快和八路军驻兰州办事处取得联系，听取上级党对今后工作的指示”的建议下，经团务干事会研究决定，“新旅”即从平凉开赴兰州。

1. 重要时刻抓机遇

从平凉到兰州，谁先去“打前站”事关团体前途的成败。在这样极为重要的节骨眼上，又是顾问汪达之当仁不让地来当了这群小好汉团队的“马前卒”。为便于开展工作，汪达之和牟永春两人先去兰州。到了兰州后，汪达之先后拜访了《民国日报》社和甘肃省民众教育馆，均收到显著成效。

民众教育馆的负责人，不仅欢迎“新旅”来兰州开展宣传抗日救亡工作，而且还同意团队来馆借住。汪达之还通过他见到了当时在兰州任国民党第八战区副司兼甘肃省政府主席的朱绍良。朱绍良除了对即将来兰州的“新旅”表示欢迎外，还当即决定派一辆军用卡车到平凉去接。

《民国日报》也在 1938 年 2 月 17 日刊出了一篇对“新旅”加以褒奖的专题报道：

新安旅行团自到平凉后，对于宣传抗日救亡工作甚为努力。入春以来，该团又在东关放映电影数场，因入场券资低廉，故一般民众前往参观，极为踊跃。该团放映电影前，配以歌咏与演讲，并以幻灯放映抗战新闻，更教民众唱救亡歌曲，故全场气氛，异样生动活泼，电影内容具有教育意义。此间人士对该团所作

所为深表同情。该团于电影工作结束后，又进行活报与话剧宣传，以致街头巷尾都知道新安旅行团的名字。据闻该团顾问赴兰晋谒主席，已面允拨车迎该团前来兰州云[1]。

接着，《民国日报》又在2月26日以“民教馆筹备欢迎新安旅行团”为题作了报道。朱绍良的积极表态和《民国日报》的舆论宣传，无疑为“新旅”去兰州工作创造了很有利的条件。

“新旅”到达兰州后，就受到八路军兰州办事处负责人谢觉哉和吴漱泉（伍修权的当时用名）亲切接见。他们除了向“新旅”秘密党支部的支委们讲了全国抗战形势和中国共产党在国民党统治区的工作方针、任务等之外，谢觉哉还特别安排支委们去听他所做的专题报告，如“三民主义和共产主义”和“统一战线”等。吴漱泉还关切地叮嘱“新旅”的团员们说，兰州的特务很多，要时时警惕，不在必要时，少到办事处来。

2. 穿云破雾心底亮

对顾问汪达之先生的情况，吴漱泉也向“新旅”秘密党支部的支委们做了详细的了解，支委们也都做了如实的汇报：

汪达之先生对来自八路军方面的指导意见，从来都十分尊重，遇有难处，也主动向办事处请示，这是“新旅”能在政治上坚信党的绝对领导的一个重要原因。但是汪先生认为“新旅”所从事的工作，既是民族解放事业的一部分，又是他个人从事的一项事业，无论他个人还是“新旅”这个团体，他都希望保持某种程度的独立性，这是他不积极要求加入共产党的主要原因[2]。

吴漱泉对此也做了明确的指示：

事实证明汪先生是一个真诚的爱国主义者，你们不但要尊重他，还要处处团结他，他不入党，不可勉强他，将来总有一天他要入党的，团内一切工作，除了党组织要对他绝对保密外，其他一切都要把他作为党内同志相待[3]。

大约在4月底，国民党第八战区司令部和甘肃省政府联名在甘肃省省府礼堂为苏联援华人员举行了招待会。这是由朱绍良亲自决定的。他特地要“新旅”也出席为招待会表演节目和做招待员。

在这次招待会上，团员们看到了苏联电影《夏伯阳》；“新旅”也表演了宣传抗日救亡的文艺节目。就在这次会上，国民党的大特务头子曾旷清也认识了“新旅”。从此以后，他就经常派人来“请”小团员们到他的家里“玩”：给他唱唱歌、跳跳舞，同时还用高级糖果相招待，并向小团员们不断提问：“你们为什么不在家里念书呀？”“是谁派你们出来的呀？”“父母是干什么的，想不想你呀？”“这支歌你们是从哪里学来的？”“这个舞是谁教你们的？”[4]

这个曾旷清虽是个国民党的大特务，但他每次派人来“请”，“新旅”的小团员们都大大方方地去。当他获知“新旅”今后要去武汉时，他还说：“你们不是要去武汉吗？我马上要去！我是坐飞机去，愿跟我坐飞机吗？那可又快又好玩呢！到了汉口，我代你们向国家申请免费入学深造，将来还可以留洋，你们都是国家未来的栋梁啊！”[5]

面对这个国民党大特务的引诱、哄骗，年龄稍小点儿的、几乎人人都去过他家的“新旅”小团员们，个个都沉着应对得恰到好处。但令曾旷清万没想到的是，站在他面前的、吃了他家不少糖和水果的这群孩子们，竟然是一群具有高度思想觉悟的少年！

对于朱绍良关于要求他们留在兰州工作的挽留，“新旅”直接婉言谢绝。他也只好无可奈何地以礼话别：“你们志在全国，不可挽留，那就还由长官司令部派车送至西安吧！”[6]同时，他还让副官给陕西省主席孙蔚如打电话，要他协助解决“新旅”自西安去武汉的车辆问题。

这不也是从另一个侧面例证了“新旅”团员们机智勇敢、非凡的应变能力和顾问汪达之统战教育思想所取得的卓著成绩吗？此外，在兰州，“新旅”还吸收了两个是亲兄弟的新团员，一个是哥哥王德威（后来成为中国美术学院副院长、全国著名油画家），一个是弟弟王山（后来成为全国著名的工程专家）。

从兰州到西安：去向问题生误解，达成共识党引导

1938年5月间，“新旅”乘上国民党第八战区提供的军用卡车，从兰州来到了西安城。据了解到的真实情况是：去汉口要在郑州转车，而由河北向南侵犯的大批日军已攻到安阳，郑州已危在旦夕，潼关也在日军大炮的射程之内。不能直奔武汉，该怎么办呢？

1. 去向问题生误解

“新旅”秘密党支部经讨论，一致的意见是准备带团体从西安去延安。其理由是：全体团员可以分别到抗日军政大学、陕北公学、鲁迅艺校去学习深造，然后由组织分配到八路军、新四军的部队，到前线去打击日寇。据时任“新旅”秘密党支部宣传委员的张牧在后来回忆：

在团务干事会上，总干事徐志贯将这一想法刚一提出，顾问汪达之就问他：那我们这个团体就解散了？他赞成去边区，但反对团体就此结束，并表示这是件大事，需要找林伯渠同志商量。当时，我们三个党员都觉得汪达之先生把团体看

成个人所有，太个人主义了[7]。

2．达成共识党引导

林伯渠同志当时在八路军兰州办事处主持工作。为了这件事，他还专门找牟永春和“新旅”地下党支部三个支委谈了话。他在谈话中以商量的口气、语重心长地说：

你们这个团体在汪达之先生率领下，克服了重重困难，在全国广大地区开展了抗日救亡运动，尤其在闭塞和落后的西北地区，普及了抗日宣传，在国民党（统治）地区已经有了巨大的社会影响，这是今后继续进行工作的十分有利的条件。国民党（统治）地区的抗日宣传任务还很重，非常需要你们。边区有共产党的领导，又有那么多先进青年在那里工作，所以就不那么需要你们了。是不是等火车一通，你们仍到武汉去，坚持在国民党（统治）地区工作下去？[8]

经林伯渠同志的开导启发，“新旅”秘密党支部才意识到是他们自己想错了，误解了顾问汪达之先生。不久，林伯渠同志又特地亲自接见了“新旅”的全体团员，重申了他的这一观点，同时也消除了顾问汪达之先生自己的顾虑，并分别安排团员程昌林去陕北公学、朱金山去抗大、张翼天去鲁艺学习。由八路军西安办事处作为工作人员公开送去延安。至此，牟永春和苏纯俊也完成了他们的任务离开了“新旅”。到了6月底，去汉口的火车通行了，但必须在夜间行车，因为过潼关时火车上不准亮灯光，以免遭到驻守在河对岸日军的炮击。这样，“新旅”就坐上一节闷罐火车从西安出发去武汉了。

从西安到武汉：抗日救亡掀热潮，面对刁难苦周旋

1938年6月，“新旅”来到了武汉，下榻的地方是武昌的“抗战教育研究会”所属的院子。在武汉期间，对“新旅”来说，可谓是：机遇与挑战并存。其机遇是，武汉民众的抗日救亡意识高涨，群众性的抗日救亡运动此起彼伏；其挑战是，国民党顽固派对“新旅”为求生存以解决活动经费的问题（与其他宣传抗日救亡的儿童团体一样，由国民政府拨给活动经费）进行百般刁难，企图收编“新旅”的暗流在不停地涌动。

1．抗日救亡掀热潮

当时，武汉的抗战形势是：由于苏联援华空军志愿队的参战，先后击落了来空袭的几十架日本空军飞机，因此保卫武汉空战胜利的捷报频传、人心大振。而日军并不甘心失败，他们一面从平汉铁路南下，一面沿长江逆流而上，加紧会攻武汉。然而国民党军却节节败退。其国民党及国民政府内部反共、亲日、投降的

反动势力，也在不断制造和散布所谓的“陕甘宁边区是封建割据”和“八路军游而不击”等反共论调，“再战必亡”的阴霾甚嚣尘上，在暗中对日投降的阴谋相当猖獗。

“新旅”到武汉时，正逢国民党军委政治部第三厅（宣传厅，由郭沫若主持）发动全市人民筹办以纪念“七·七抗战”一周年为主题的保卫大武汉的宣传活动。“抗敌宣传队”“抗敌演剧队”“抗敌放映队”等三厅所属的宣传单位和“孩子剧团”等民间宣传团体都在这里工作和开展抗日救亡宣传活动。他们除了广泛开展街头宣传外，还动员全市人民举行募捐活动，市区的主要街道和场所都搭起了献金彩台，动员大家为抗战“有力出力，有钱出钱”。

群众性的抗日救亡运动空前高涨。“新旅”一到武汉，就立刻投入了这样的抗日救亡热潮，无论是街头宣传还是组织献金，“新旅”都受到广大民众的热烈欢迎和大力支持。因为他们刚从大西北来，带来了很多人们都闻所未闻的新鲜事，尤其是刚从八路军那里学来的秧歌、舞蹈和民歌小调，身在武汉大城市里的人们都是头一次听到和看到，所以很有吸引力。因此，“新旅”在武汉的影响不断扩大。前来邀请他们去协助和指导开展抗日救亡活动的大、中、小学校或团体都纷至沓来，有时竟应接不暇。与此同时，“新旅”工作的许多方面又能及时得到郭沫若和田汉等文化名人及第三厅中许多进步文化界知名人士的指导。这是“新旅”在其他地区所未遇到过的良好机遇。

但与此同时，政治上的挑战与经济上的困难也接踵而至。

首先是经济上的困难已危及团体的生存。初到武汉时，“新旅”的经费主要来源于两个方面：一是，利用积极参加第三厅组织的活动，取得些临时性的补助。二是，作为国民外交使节在国外宣传抗日救国的陶行知先生，在美国华侨中为“新旅”募捐到的一些款项。但仅仅靠此也不是长远之计。经顾问汪达之和干事会的骨干团员研究，唯一的出路是向国民军政府政治部申请，要求他们给予“新旅”和“抗映”“抗演”“抗宣”队一样的待遇，按月发给团体工作费用和人员薪金，因为大家做的同样都是抗日救亡工作，更何况“新旅”在几年前就主动地这么做了，而且做出了卓著的成绩，也产生了巨大的社会影响！

当时在国民军政会政治部第三厅主持工作的郭沫若很赞同这个办法。因为政治部第三厅本身无权决定，所以他建议应该立即写个报告，由他帮“新旅”直接递交给政治部部长陈诚，只有得到陈诚的批准，政治部第一厅（总务厅）才能照办。按照郭老的建议，“新旅”的这份报告便很快地被递了上去，但是久等却杳无回音。可没有想到的是，陈诚竟然居心叵测地做起收编“新旅”的阴谋诡计来。

2. 面对刁难苦周旋

经过一段时期的耐心等待和汪达之等方面的反复周旋，团员们等来陈诚的答复是："该团可予收编，尔后按核准的名额发给薪金和费用！"[9]这样答复震惊了团员们每个人的心。他们清醒地认识到，所谓的"收编"，就是要解散"新旅"；所谓的"核员"，就是要对"新旅"进行清洗。虽然团员们都知道问题的严重性，但大家却都坚决表示"即使国民党不给一分钱，我们也要把抗日救国的事业进行到底！绝不让陈诚收编的阴谋实现"[10]的坚强决心。这时，名义上担任国民政府军事委员会政治部副部长的周恩来和董必武、邓颖超对"新旅"的生存和发展十分关心，他们多次在武汉八路军办事处约见汪达之和"新旅"秘密党支部的负责人，耐心听取他们的工作汇报，热情地鼓励他们把国统区的抗日救亡宣传工作坚持做下去，并指示说："你们的钱一定坚持要国民党出，但'新旅'这个民间团体的独立性也必须保持！"[11]

根据周恩来的指示精神，"新旅"为争取生存和发展，与陈诚等国民党顽固派进行了长达几个月的反复周旋和艰难的说理斗争。

顾问汪达之先生数次地找陈诚交涉此事，都无果而返。最终，汪达之先生不得不说明全体团员都不同意接受收编的坚定决心。陈诚见以收编为幌子来达到解散"新旅"的企图不成，便图穷匕首见。

陈诚威胁汪达之先生说："你们出来是为了宣传抗战，现在全国抗战已经开始，你们这个团体还有什么必要再存在下去呢？既然不愿政府收编，又没有钱生活下去，那就自动宣布解散吧！不要误了青年和孩子们的前途！"[12]汪达之顾问据理反驳道："团员们的家乡都已沦陷，父母兄长也不知逃向何方，在此国破家亡的时候，我把团体解散了，叫他们到哪里去呢？我又如何向他们的父兄交代呢？"[13]陈诚无所谓地说："大的可以去战干团，小的送保育院嘛！"[14]汪达之顾问断然表示坚决不能这样做，而且团员们也都不愿这样做。

因为汪达之先生清楚，战干团的全称是国民革命军事委员会战时干部训练团，团长是蒋介石兼任的。保育院是宋美龄领导的战时儿童救济组织，国民党统治区各省都设有战时儿童保育会，全国总会会长是宋美龄。至此，"新旅"与陈诚之间的交涉就毫无疑问地陷入僵持的局面。但时隔不久，陈诚又放出话来说：新安旅行团如果不自动解散，那就命令他们解散！然而，这个命令却迟迟没有下达。

这又是什么原因呢？这绝不是陈诚的心慈手软或改弦更张，而是他心知肚明，在抗日战争正处于高潮的时候，如果国民党对一个无党无派的宣传抗战的少年儿童团体也不允许存在，那就未免做得太绝了，更何况"新旅"这个团体已有了三年宣传抗战的历史和实绩，在海内外的影响也颇大！

到了1938年8月，武汉的形势已相当危急。从平汉路南下进攻的日军和沿长江而上的日军都已抵近武汉，企图一举合围武汉。武汉人心浮动，国民党的军政机关及公职官僚们，已开始纷纷向四川撤逃。"新旅"怎么办？在这紧要关头，周恩来作出指示：要“新旅”留下部分团员继续在武汉工作，组成一个精干的团队，一面继续坚持保卫大武汉的斗争，争取社会的同情和支持；一面继续和陈诚交涉，力争取得合法的地位和合理的经费。其余的“新旅”团员可以先行退向长沙，继续开展抗日救亡的宣传工作。

按照周恩来的指示，“新旅”暂时将团体一分为二：在武汉留下总干事徐志贯，加上张承训、张杰、范政、童常等组成武汉工作队，并成立临时党支部。后来，为了扩大影响，武汉工作队就干脆称作新安旅行团第二团。其余的“新旅”团员由顾问汪达之率领去长沙，党内的工作由张牧负责与上级党组织取得联系。

3. 骑到真理背上去

1938 年 10 月 10 日，是辛亥革命纪念日，也是“新旅”成立 3 周年的纪念日。为扩大“新旅”在武汉的影响，同时利于和陈诚等国民党顽固派作坚决的斗争，“新旅”武汉地下党支部决定扩大纪念活动，把当时尚在武汉的各界人士尽可能都请来。周恩来也答应到时会来参加。纪念庆祝活动的会场借用汉口一元路战时儿童保育院，方式是举行茶话会。田汉、王洞若、江陵、任光等社会名流应邀到会，陶行知先生刚从美国归来，也赶来了，武汉各报的记者也应邀到会。会议的主持人是小团员范政，童常在会上做工作报告。会场四周挂满了“新旅”三年来的工作和生活照片，尤其是“新旅”在大西北少数民族地区宣传抗日救国、增进民族团结的照片，更引人注目。

茶话会上，田汉在讲话中谈到“新旅”曾和他合作过，盛赞像“新旅”这样的中国第二代的聪明和英勇。他在讲话的最后还勉励“新旅”：“一个始终追求真理的团体，必有其好的成就！”当请到陶太老师陶行知先生讲话时，他风趣地说：“我不是你们的太老师，而是你们的太学生。因为你们向工农学习，我又要向你们学习。”他热情庆贺“新旅”能把小的力量贡献给保卫大武汉的工作。为此，他当场朗诵了两首专为“新旅”而作的两首诗歌。

第一首是：

人从武汉散，
他在武汉干。
一群小好汉，
保卫大武汉[15]。

第二首是为庆贺“新旅”三周年而作的《三万歌》：

一、看一看
我们是一群穷光蛋呀，

要把眼睛儿打开来看呀，
在山上看看，在水上看看，在社会里看看。
看一看，中国有多少宝藏，
看一看，有多少人没有衣穿，
看一看，有多少人吃不饱饭呀！
你不信吧？三万里路跑回来呀！
有一本账，越看越要干，越看越要干！
二、想一想
我们是一群穷光蛋呀，
要把脑袋儿拿出来想呀，
对中国想想，对日本想想，对全世界想想。
想一想，怎样可以打胜仗，
想一想，谁是爱国的大好佬，
想一想，谁是混账的王八蛋，
你不信吧？三万里路跑回来呀！
打开脑筋想，越想越要干，越想越要干！
三、玩一玩
我们是一群穷光蛋呀，
要把光阴儿腾出来玩呀，
打个球儿玩玩，唱个歌儿玩玩，做出戏儿玩玩。
玩一玩，可以免掉老古板，
玩一玩，消灭气闷与麻烦，
玩一玩，没有玩的都来玩，
你不信吧？三万里跑回来呀！
个个是好汉，越玩越要干，越玩越要干！
四、谈一谈
我们是一群穷光蛋呀，
要把嘴巴儿张开来谈呀，
谈一谈，长了嘴巴有何用呀，
谈一谈，也要吃饭也要谈，
谈一谈，空谈瞎谈不算谈，
你不信吧？三万里路跑回来呀！
老老实实谈，越谈越要干，越谈越要干！
五、干一干
我们是一群穷光蛋呀，

要把双手拿出来干呀，
在城里干干，在乡下干干，在战场上干干！
干一干，大家的事儿大家干，
干一干，团结起来勇敢干，
干一干，只有汉奸才假干，
你不信吧？三万里路跑回来呀！
保卫大武汉，打倒小东洋，打倒小东洋！[16]

保卫大武汉中的新安旅行团全体团员留影（1938 年 7 月）

参加庆祝会的作曲家任光，当即就将陶行知先生的这首诗《三万歌》谱成曲子，成为“新旅”成立三周年的纪念歌曲。

陶行知先生在讲话的最后还强调指出：“假如追求真理的话，现在还只是抓住了真理的尾巴。必须继续抓住，而且要骑到它的背上去！”[17]他的讲话既幽默风趣又富有哲理，团员们都表示应该遵照陶太老师讲的去做，不仅要不断地去追求真理，而且还要进一步掌握真理！

就在庆祝会正在进行的时候，邓颖超匆匆地赶到。她对“新旅”的团员们说：“周恩来同志本来要来参加你们的会的，但他临时有事来不成了。我特地赶来参加你们的纪念活动。”她在讲话中，热烈祝贺“新旅”三年来艰苦奋斗所取得的成就，祝贺“新旅”第二团的成立，并勉励说：“我们所有要求抗战到底的人，都应该祝贺他们！支援他们！共同把抗战事业进行到底！”为此，她还特意即席赋诗送给“新旅”，其中有两句是：“你们走过了三万多里路，我也走过二万五千里！”[18]

对这次庆祝纪念活动的盛况，《新华日报》等新闻媒体都做了大量及时的报道。因此，“新旅”在武汉各界的影响迅速扩大，在国民党军政官僚们和公职人员及很多人群纷纷都从武汉撤离、出走和外逃的情况下，大家还知道“新旅”的这群小好汉们仍然在武汉沉着地战斗。就这样，“新旅”一直坚持到日军占领市区的前两天，才随八路军办事处部分人员一起撤向长沙。临撤退的前一天，团员们还用红土拌上由驴皮熬制成的土胶水，在江汉关大楼面向江面一侧的麻石墙面上，刷写上“打倒日本帝国主义”的巨幅标语。因为麻石墙体凸凹不平，驴皮土胶水又难以冲刷掉，据说日军占领武汉后，很久也没法将这个利箭似的戳痛他们心窝的大标语抹掉。

从武汉到长沙：紧要关头挽狂澜，反对收编得双胜

武汉失守之后，国民军政委员会政治部和陈诚等连人带机构也撤到了长沙。从武汉撤出来的“新旅”第二团与总部在长沙汇合后，顾问汪达之等又一次去找陈诚汇报“新旅”在武汉保卫战最后阶段的工作，并继续要求解决今后工作的经费问题，但是他仍坚持说，国民政府不能给民间团体经济补贴，除非接受改编才行。

1. 紧要关头挽狂澜

反对收编、争取经费的斗争已到了最后的紧要关头。怎么办？最终，还是周恩来同志亲自出面与陈诚交涉。周恩来对陈诚说：

> 新安旅行团这一群小朋友，早在全国抗战开始之前就自动组织起来，在全国各地宣传孙中山先生遗教，受到海内外爱国同胞的同声赞扬。他们坚持保卫大武汉，直到最后两天才撤出来，精神可嘉！现在抗战正处在紧要时期，宣传抗日只怕人少不怕人多！他们不让你收编，你就要解散他们。这样做，对你们国民党又有什么光彩呢？[19]

面对周恩来有理有利有节的一番慷慨陈词，陈诚自知心中有愧，只好无言以对。接着，周恩来向他提出了建议：

> 他们是个很有影响的民间团体，既然不愿你们收编，那你就要他们做政治部的特约团体，规定他们按季度向政治部提出工作报告，由政治部按月发他们的生活和工作费用。这样不好吗？[20]

这时，陈诚才无可奈何地同意了这个特约办法，并达成口头协定：政治部对“新旅”的工作做原则上的指导，具体活动可以自行安排。团体名称不变，但要在名称前加上“国民革命军事委员会政治部特约”的字样。

2. 反对收编得双胜

树欲静而风不止。在办理特约团体的具体手续时，政治部第一厅（总务厅）又刁难地提出政治部要派人来团领导。“新旅”毫不退让：“既然你们官方委派领导，那我们还叫什么民间团体呢？既是领导又成什么特约的关系呢？”[21]他们的无理要求被“新旅”顶了回去。接着，他们提出人员数目和每月工作费用金额问题来反复纠缠，拖延了近一个月才定下来，按45 人发放津贴，按宣传队的标准发放经常费。经过多次力争，最后又加了一些放映电影的费用，确定从 1939 年 1 月 1 日起实行。

至此，这场为争取生存和发展的与国民党顽固派陈诚等人的斗争，终以新安旅行团在政治上和经济上取得的双胜利而告结束。

【注释】

［1］［2］［3］［4］［5］［6］［7］［8］［9］［10］［11］［12］［13］［14］［15］［16］［17］［18］［19］［20］［21］张牧：《新安旅行团——我的一些回忆》：中国青年出版社编《红旗飘飘·29·纪念新安旅行团成立五十周年专辑》，北京：中国青年出版社，1985 年，第 71－82 页。

第七节　秘转前后显身手

发展壮大创空前，岩洞教育新篇挚。
复校义演退兵战，千里秘转根据地。
战胜厄运党指引，少儿运动高潮至。
主席复信向前进，争取胜利曙光媚。

从长沙到桂林：发展壮大创空前，战胜厄运党指引

1938 年 8 月底，顾问汪达之先生率领的“新旅”大部分团员到达长沙，继续开展抗日救亡的宣传工作，并吸收发展了一批新团员，还组建了由张牧、任干、徐婉华为成员的湘西工作队，同湖南省委第十战时儿童保育院的人员到湘西石门县一带，组织青少年开展抗日救亡宣传工作。不久，“新旅”第二团也随八路军办事处从武汉转移到长沙。1938 年 10 月中旬，湖北战事吃紧，从武汉撤退到长沙的国民党军委政治部，又从长沙向重庆撤退。顾问汪达之与周恩来和徐特立等商议决定，“新旅”向桂林转移。

1. 岩洞教育新篇挚

1938 年 11 月 28 日，“新旅”乘着每小时只能走一二十公里的火车到达了桂林，来到了七星岩，住进了一所道观——庆林观。

“新旅”到达桂林后不久，日寇的飞机就接二连三地对桂林实行了前所未有的大轰炸。市民因为缺乏防空常识，伤亡惨重，人心恐慌。“新旅”团员立即分头到各中小学去，动员和组织师生向市民普及防空知识，并很快又组织起全市的反轰炸群众歌咏大会，用快板、歌曲、双簧等文艺形式，向人民群众控诉日寇暴行，宣讲坚持抗战必胜的道理。会后又组织了数千人参加反轰炸火炬大游行，极大地鼓舞了市民的人心，让人民群众从恐慌中解脱出来。

日寇飞机的几次大轰炸之后，战火也随着空袭的加剧逼近广西桂林的七星岩，有时警报声整天都在响。这样，七星岩洞便成了民众的天然防空之所，洞口都挤满了人。“这不是我们进行宣传抗日救亡的最好机会和场所吗?”经过大家的讨论研究，“新旅”决定在岩洞分组开展抗战教育和宣传工作。

展览宣讲组，画了一幅巨大的抗战形势图，把日寇侵略暴行的画册拆开分幅贴在白布上，对着画面进行讲解；书写标语组，用牛皮胶水拌上红土，在岩洞石壁上写上“岩洞是我们好课堂”“敌人在轰炸，我们在上课”等大字标语；扫盲识字组，编写了临时急用的抗战识字简易课本，教不认识字的市民识字写字；教唱歌曲组，把抗战歌曲抄写在大纸上教民众学唱抗日救亡歌曲，并创作了《岩洞教育歌》：

老百姓天天忙匆匆，没有钱也没有空。平时想把书来读，好似蛤蟆上天宫。敌人送来好机会，岩洞是我们的好课堂。洞外敌机在轰炸，洞里歌声比它响！认几个字儿听个讲，国家大事来商量。知识好比大炸弹，帮助我们打胜仗！[1]

这样，岩洞附近的空地和洞口都成了抗日救亡宣传教育的课堂：爱唱歌的组成了歌咏队，愿识字的成立了识字班。这边是揭露日寇暴行的画廊，那边是抗战形势的宣传站。所有来这里躲空袭的人们都被吸引来接受抗战的宣传教育。岩洞教育受到了社会各方面的称赞，一时传为佳话。当时，徐特立同志去重庆路过桂林，汪达之先生特地到桂林八路军办事处去向他汇报工作。徐特立同志听说“新旅”的岩洞教育搞得生动活泼，高兴地说：“你们的工作搞得好哇！民众喜欢你们的岩洞教育，你们把岩洞变成了一所民众抗战大学了啊！”[2]李克农同志接着说：“刚好有一位苏联塔斯社的记者在桂林，正在给广西学生拍纪录电影，他叫卡尔曼。你们去请他采访，请他把你们的活动也拍下电影来不好吗？”[3]

卡尔曼被请来了，徐特立同志也来了。在一阵热烈的掌声和欢呼声中，卡尔曼高兴地说：“我不但要拍你们的岩洞教育，我还要拍下你们的一天生活。你们是中国少年儿童中的小英雄！我要用这架摄影机，把你们介绍给苏联的少年儿童，这部纪录片的名字，就叫作《小英雄》，好不好？”[4]徐特立同志也高兴地说：“你们在长沙，我不能去小吴门看你们，今天补这一课。祝小同志们把抗战宣传和民众教育的工作做得更好！”[5]

2. 发展壮大开新局

1939 年 1 月，“新旅”作为国民政府军委会政治部特约团体关系的协议开始生效。每月可领到 45 人的生活费和 100 元的工作费，总计 1045 元。这笔钱该怎么用？全团的生活又该作如何安排？过去的团员们过的都是集体生活，从顾问到团员，每个人从吃饭穿衣到日用品都由团体供给，任何个人都没有经济支配权。李克农同志曾经说过：“你们的生活方式，真是独一无二的，八路军的战士还有几块零用钱哩！”

现在的这笔钱，在当时虽然数目很小，但对于长期过着饥寒生活的“新旅”

来说，数目已经是很大的了。有的团员认为，生活费是按人头发下来的，应该发给个人支配。也有的团员认为，生活费仍应由集体管理，不发给个人，这样有利于培养大家的集体主义精神，但生活水平可提高一些。

在讨论会上，顾问汪达之先生以商量的口气对大家说：“过去几年，虽然各地都有少年儿童渴望参加‘新旅’，但因为没有经费，团体人数只能保持在20人上下，现在经济上有了固定收入，可不可以在适当提高生活水平的条件下，把一个人的钱分作两个人用，扩大我们的队伍，为抗战多做些工作呢?”他的这一提议，立刻得到了团员们的一致拥护。因为这也是全体团员的共同愿望。

李克农同志听了汇报后，也觉得汪达之先生的这个办法好。他说：“你们在桂林已经打响了头一炮。广西当局对你们反轰炸的宣传、岩洞教育活动反映很好，现在你们要扩大队伍，更广泛地开展工作，那社会上的影响就更大了，同情和支持你们的人一定会更多，顽固分子要反对你们，也就更困难了！你们扩充人员以后，一定要把生活搞好，少年儿童是长身体的时期，营养是很重要的。希望你们的工作做得更好！”[6]

经“新旅”团务干事会研究，向社会公开招收新团员的事，就立即被确定下来并开始实施。报名十分踊跃。经考查，一下子就将团员人数增至近百人。9岁的陈伟（女）、10岁的郝杰等都是在父母的坚持要求下被吸收进来的；已过而立之年、主动辞去国民党少校军衔的医生范敏言，他将自费从香港购买的一套医疗器械和许多药品也带来了，到桂林参加“新旅”，无偿地为团员们做医疗服务，被团员们称之为“老大哥”团员。

为了使内部生活管理和学习、工作等适应队伍扩大的新情况，“新旅”开始有了儿童部、少年部、少女部和青年部，部长都是民主选出，分别管理各部的生活和工作。青年部的许多大哥哥、大姐姐们还当了儿童部、少年部和少女部的生活或学习辅导员。在学习上，除了内容统一的时政内容之外，文化学习就以不同程度编班，业务学习则分别请桂林文化界的多方面知名人士来帮助讲授。

从此，在对外工作中，“新旅”根据不同的工作对象，组织起不同工作内容的工作队或工作组，同时到市民、学生、工人、难民、伤兵及郊区农村开展工作。因此，伤兵之友队、西南工作队、贵阳工作队等应运而生，并都为抗日救亡的宣传工作干出了卓著的成绩。

如伤兵之友队的“新旅”团员们在大墟镇的国民党军伤兵医院里，每天都到病房去教伤兵们识字、唱歌、代写家信、讲时事、读报纸、拉家常、开座谈会以及帮助伤兵学文化、成立互助会和戒烟会等组织，不仅和伤兵们逐渐建立了亲密的友谊，而且还帮助医院创立了歌咏队和剧团，并机智地用毛泽东《论持久战》的理论观点，来化解伤病官兵产生的亡国悲观情绪。

再如“新旅”西南工作队还深入桂南前线的国民党驻军营地和伤兵医院进行

慰问，并巧妙地完成了上级党组织交给的慰问一部分八路军伤兵的任务，直到圆满完成了任务之后，才从日寇飞机的轰炸下突围出来。

又如“新旅”贵阳工作队，经桂林中共党组织批准，在贵阳办起了履三小学，用一年时间使学校的旧貌换上了新颜：“学期结束，教育局通知：履三小学由丙等第三，升为全贵阳小学校的甲等第二！”[7]。

3. 战胜厄运党指引

“新旅”在桂林开展抗日救国宣传工作有一年多的时间，虽然搞得轰轰烈烈，也没有受到桂系当局多大的阻挠和破坏，但这并不是说桂系当局不反共，而是他们仅仅在反共的程度、范围和方式及时间上与蒋介石的不完全相同而已。其根本原因主要还是靠汪达之顾问和“新旅”党支部与干事会及上级党组织在统一战线政策上的适当把握、及时指导。随着日寇对蒋介石进行政治诱降的加剧，蒋介石于1939年年底，发动了国共两党团结抗战后的第一次反共运动，在抗战初期以进步文化城闻名的桂林上空，也开始弥漫起分裂倒退的阴霾。

桂系当局对“新旅”经过广西省抗敌后援会同意而组织起来的桂林儿童团体星期座谈会，官方也提出了要“注册登记”。上级党组织通知“新旅”说，国民党已掀起全国性的反共高潮，希望“新旅”的活动暂时收缩进行，并要多考虑可能出现的新情况和应对的新办法。这样，1940年春，“新旅”派出的多路工作队在圆满完成任务后，便开始陆续返回桂林住地东江镇小学。

顾问汪达之对团务干事们说，国民党顽固派“逼我们生存不下去，让我们自己解散，这是他们的老主意了。按照周恩来先生对我们的希望，还是要尽可能把这里的工作坚持下去，我们要想到最坏的可能出现后，将怎么继续坚持下去。”[8]

在顾问汪达之先生和总干事徐志贯带领以小团员和女团员为主的元旦贺年小组，到国民党元老李济深家中去祝贺新年的时候，李济深表示很欣赏“新旅”开展的抗日救亡活动，并表示说，只要可能，他是会在必要时为“新旅”讲话。

在看望八路军桂林办事处李克农同志的时候，李克农同志还以协商的口吻，向汪达之先生建议说：“最坏的可能，不是没有的。万一不给钱了，你这近百人的队伍怎么办？可不可以现在就作点准备，把队伍中的骨干和必要时可以减少的人员分分类，对他们未来的出路，也作点打算呢？”[9]汪达之先生同意李克农的建议，但心情显得很沉重。

到了1940年的春夏之交，虽然日军飞机来空袭的次数少了，但是国民党分裂投降的阴云却越发密布，桂林抗战的形势也显得更加严峻。一天上午，桂林行营政治部传来话说，梁寒操主任要顾问汪达之去一趟。见面后，梁寒操竟直言不讳地对汪达之顾问提出了两条要求：一是行营政治部拟派人来团领导；二是全体团员应和政府其他公教人员一样，集体加入国民党。

顾问汪达之先生用事先已有准备的理由反驳道：“梁先生，关于行营政治部派人来团领导一事，当初陈诚部长也曾提出过。后来，鉴于‘新旅’是一个无党派的民间少年儿童团体，约定作为军委政治部的特约团体，同意不再另行派人，除按季度向上呈送工作报告和计划外，政治部对团体内部工作不予过问。现在行营再派人来，我们和军委政治部的特约关系就不好处理了。”[10]哪知，梁寒操见派人来领导（实为控制）不行，就只好再谈入党的问题：“那你们加入本党该不成问题吧？你们也在政府的公教人员之列呀……你们不都是儿童嘛！儿童可以例外……这可是政府的规定啊！你看哪一个公教人员没有入党？半月以后，行营所属公教人员将集体举行入党仪式，到时候（年龄符合的）都要来。”[11]

“是有几个年过 18 岁的，我当然就是一个了。我们从未想过要参加政党活动，所以至今无党无派。如今若要改变，我还得和他们商量。这一点，是否可以容后再议？”汪达之先生见已无通融余地，只好表示，“我将把先生的话带给他们。”[12]

从行营回来，顾问汪达之先生立即和几个团务委员商量对策，并请示李克农同志后，决定从年龄大的人中确定汪达之、徐志贯和嵇钰三人在名义上履行一下集体参加国民党的手续，以维持团体的生存或做周旋。据嵇钰（纪宇）事后对大家说，在桂林行营集体入党仪式中，只是唱了支“党歌”，念了几句“誓为党国尽忠”之类的词句，就解散了，后来也没有要求他们参加任何活动，只发了一张登记表和一张“党证”，贴上照片，盖上章就完事了。

事后不久，徐志贯就被党组织调往延安“学习”去了。“新旅”的总干事就由张平担任并兼秘密党支部书记。没过几天，果不出所料的事发生了：国民党桂林行营办公厅奉军委政治部“训示”，从第三季度起停发“新旅”的经费。顾问汪达之先生找到八路军桂林办事处李克农同志商量，他准备去重庆，再找周恩来同志请示对策，同时再看看陶行知先生在重庆创办的育才学校可否容纳一部分人。李克农同志建议汪达之先生说：“为使团体坚持下去不致使这么多人马上饿肚子，还是决心进行精简吧！要把大家安顿好，困难会很多，相信进步家长和社会人士还是会支持你们的。”[13]

随后，为让团员们有个思想准备，顾问汪达之先生与团务干事们以商量的口吻说：“老团员，家在沦陷区而父母又不在大后方的，如果没有妥当的社会职业，或者本人坚持不愿就业的，是不是尽量保留下来。其他人员，在家长和本人志愿条件下，妥当地安排就学或者就业，一定要使大家各得其所。”[14]大家都默默地表示同意他的主张。然后，汪达之顾问才带嵇钰到重庆去。

“新旅”干事会决定将此实情向全体团员公布，让大家来讨论应该怎么办。许多小团员都气得哭了起来，但是大家纷纷表示，国民党顽固派不给钱，我们也要把抗战宣传工作做下去。只要对团体生存下去有利，团体要我们做什么，我们就做什么！于是，在王山的带领下，儿童部所有的团员都积极主动把各自剩下的零用钱（团币）集中起来，一共52．12元，交给团体集中使用，家在大后方的团员还立即写信与家长联系，力争做“自费团员”。为提振与国民党顽固派斗争和继续做好抗战宣传工作的信心和决心，团员们不约而同地唱响了《新安进行曲》：“新安！新安！新中国的少年！不怕苦！不怕难！不怕敌人的凶残！”[15]

在多次举办的精减人员的工作晚会上，先后对40多名团员分别进行妥善的安排：褚济群（褚群）等几个团员在桂林党组织的帮助下，被安排到汉口基督教女青年会战时服务团工作；斐加如等被安排去重庆育才学校学习；年龄太小的郝杰等由父母带回家就读；唐振元等一些家在桂林的团员，也返回家入学。

这样，留团的团员还剩下40多人，除家在沦陷区的以外，其余人全部实行了自费。许多团员从家里要来的钱，都超过了个人的生活费，并交团体集中使用。从桂林保育院到“新旅”来参加工作的袁立（袁力），将妈妈送她的一只金戒指也献给团体。炊事员王德银把他逃难出来谋生多年积蓄起来的保命钱40块银元，全部捐给团体，请求团体让他继续留团为大家做生活服务，一起坚持宣传抗日救亡……他们的一片赤诚，使每一个团员都深受感动。

为打破告别会的沉闷和激励团员们继续奋发图强，总干事张平鼓励大家说：“今后，我们虽然和离去的同志不在一起了，但我们的心是永远在一起的！我们要冲破黑暗，要把抗战进行到底的决心是一致的！”[16]于是，大家便不约而同地齐唱“起来同胞们！起来和鬼子们拼！”“红日照遍了东方！自由之神在纵情歌唱。”[17]会上，执行主席范政还即兴朗诵了他刚刚写出来的一首送别诗，为送别会画上了一个圆满的句号：

朋友，啊同志！
抬起头，挺起你的胸膛朝前走！
敌人不怕眼泪，它只认拳头！
今夜漓江暂别，让我们各自去战斗！
胜利的曙光在招手，让我们相会在鸭绿江头！[18]

4．复校义演退兵战

1940年夏的一天，一封邮政快递突然传来国民党第四战区司令张发奎“热忱欢迎‘新旅’去，一切费用统由战区解决”的消息。团务干事们摸不透这葫芦里究竟装的是什么药，便立即去找当时负责“新旅”工作的党的领导人龙潜会商。据他从八路军办事处得到的情报，以及第四战区司令部做地下工作的何家槐来桂林证实：“新旅”如果去了，就将被改编为其政治部的政工队。经党支部和团务干事会研究，终以“全国性民间团体，难于限在四战区范围工作”为由，机智地婉言谢绝。

不久，顾问汪达之先生从重庆回到桂林，他对团务会议精减人员的工作和谢绝第四战区“邀请”等近期大事的处理等，表示十分满意。接着，他就去向八路军桂林办事处李克农同志汇报去重庆的情况，并请示“退兵一战”的办法。在李克农的建议下，“新旅”立即启动了以恢复新安小学作暂时隐蔽和筹备义演募集经费，待必要时向苏北抗日民主根据地盐阜区作长途秘密战略转移的准备。

新安旅行团部分团员在桂林致和村恢复新安学校时的合影

新安小学在致和村复校后，顾问汪达之先生兼任校长，当时因“新旅”正集中全力在各方面做“退兵一战”的工作，学校的具体工作由生活指导部主任嵇钰（1941 年后为张泉）主持，总务部主任由童常担任。除“新旅”分配了一部分团员去学校工作外，党组织还陆续派了关健、刘萍、尹卜甄、罗络等人担任教师。学校按照生活教育的方针，进行抗战民主的教育教学活动。

汪达之先生向大家建议说：“我们可不可以用庆祝‘新旅’五周年和为新安小学筹募办学基金的名义，举行一次大型的‘义演’活动呢?”他的建议立即得到了全体团员的赞成！李克农同志鼓励汪达之先生说：“你的想法很好！可以请桂林进步文化界给你们以支持和帮助，他们是会帮助的！”[19]

果然不出李克农所料，通过顾问汪达之先生和“新旅”团员们的努力工作，桂林进步文化界对“义演”都给予了大力支持并倾注了大量智慧和心血。

舞蹈艺术家吴晓邦帮助编排一场四幕大型舞剧《虎爷》（一个描写封建地主依仗官僚势力欺压人民、反对进步，最终不得不顺应时代潮流的故事），并废寝忘食地和“新旅”的演职员们共同生活工作了几十天；音乐界的刘式昕为舞剧创作乐曲，并亲自任乐队指挥；桂林艺术馆的欧阳予倩，把他领导的管弦乐队全体人员都动员来参加演奏；文学和戏剧方面，杜萱、严恭全力协助创作并加以指导；美术方面，周令钊将舞美设计、指导制作到画广告都包了下来；新闻宣传方面，由高芬、高灏作专题采访，《救亡日报》全文刊出文学剧本，免费刊登演出广告……

《虎爷》全剧需要演员近 70 人，“新旅”精简后，只有 40 多人，人力相差很多，团员们一人干几个人的事，终于把这台戏排练出来了，并于 1940 年 12 月 21 日开始在国民戏院如期上演。这样规模的演出，成为桂林进步文化界一次联合行动，它在桂林是空前的，就是在整个国民党统治区也是罕见的。观众之多也完全出乎了人们的意料。每场都要加座，许多人从广东的曲江、湖南的衡阳和广西的柳州都赶来观赏演出。许多观众都争购高价票坐低价的座位。人民群众热情支持义演的盛况，与那股反共投降的政治寒流形成了鲜明的对比。

大型舞剧《虎爷》的义演成功，即使“新旅”获得了千余元的经济收入，也是人民群众对反动派倒行逆施的强有力回击，同时也使“新旅”得到了一次大型演出的“实战”锻炼，为后来在艺术宣传方面的发展培养了一大批优秀人才。

5. 千里秘转根据地

顾问汪达之先生自《虎爷》演出后，就忙累得病倒了，不得不住进广西省立医院治疗。正在此时，震惊中外的“皖南事变”爆发了。1941 年 1 月 17 日，在重庆出版的《新华日报》刊登了周恩来同志哀悼江南死难烈士的题词：“千古奇冤，江南一叶。同室操戈，相煎何急!”[20]昔日以开明著称的桂林，政治形势也开始急剧恶化。

据有关消息透露，国民党中央系统的特务们，极有可能要对尚在桂林的进步人士实行大逮捕，汪达之和张平已经上了他们的黑名单。就在团员们急得寝食难安的时候，便得到了党的指示。八路军桂林办事处李克农同志，根据周恩来同志的指示精神，让“新旅”立刻做好准备，把现有人员都撤到苏北新四军的抗日根据地去。第一步先到香港，下一步怎么走，再由香港的廖承志同志安排，并叮嘱说，准备好了就尽快分批动身，行动要绝对隐蔽，不能暴露。

随着桂林形势的不断恶化，“新旅”分批向苏北秘密转移的工作也在紧锣密鼓地展开，历时整整一年。

根据张敬茂（张牧）后来回忆，经“新旅”团务干事会和秘密党支部的研究并征得尚在住院医治的汪达之先生的同意，决定：“所有的人，除城里必须留守的少数人之外，通通都到郊区致和村（新安小学）隐蔽起来，然后再分批撤走。到致和村后，由我（张敬茂）负责组织大家学习，担任写作的同志，可以利用这个时间赶紧工作，争取撤出之前，把书稿交给司马文森（出版）。”[21]

汪达之先生在医院听了“新旅”总干事张平对李克农同志的决定和干事会商量的结果的汇报，感到既兴奋，又显得有些担心。他为八路军办事处的领导对“新旅”团体有了妥善的安排而兴奋，同时也担心“新旅”今后怎样继续存在下去，抗日根据地里，是不是还需要这样的团体？张平等安慰他说：“当前第一是安全。只要大家都安全地到了根据地，其他一切都好办了！‘新旅’的事业，也是党的事业啊!”[22]从几年来活生生的事实中，顾问汪达之先生也清楚地认识到，共产党是他和“新旅”的唯一靠山，也只有共产党才能让“新旅”发展壮大。

1941 年 1 月，秘密变卖电影机器、发电机、影片、家具等物资，由张敬茂（张牧）、曹维东等人负责。组织左林、张拓、聂大鹏（聂大朋）、任干为桂林文化供应社《少年文库》写作丛书，由童常负责。在隐蔽在致和村新安小学的一个多月期间，他们写出了《火线上的孩子》《生活的故事》《在内蒙古的草原上》《湘桂线上》《李德贵》等小册子，在司马文森的帮助下，又再版了《海外一课》《敌后的孩子》，获得了一大笔稿费，保障了向苏北转移的路费。1942 年前，这些小册子先后在桂林出版。

2 月至 7 月，参加转移的“新旅”团员和新安小学教师共 48 人，先后分批（每批三、五、七、八人不等）秘密离开桂林，经广州湾（今湛江）、香港、上海，转赴苏北盐阜区。

2 月上旬，由张杰、范政、张天虹 3 人组成的先遣小组，离开桂林去香港，负责了解沿途交通、军警盘查和食宿情况。到达香港后，他们和八路军香港办事处主任廖承志同志联系上，为后续多批次的组队安全转移打好了前站。

4 月，在廖承志和新四军上海办事处政治交通人员的接待和帮助下，“新旅”的先遣小组顺利地通过海上和长江的封锁线，进入苏中和苏北抗日民主根据地，安全到达新四军军部所在地盐城。

5 月，张拓、岳荣烈、韩枫、郭华等参加转移的第二批团员安全到达盐城。新四军政委刘少奇、代理军长陈毅和华中局组织部部长曾山亲切接见“新旅”小同志。刘少奇对他们说：“国民党不让你们做抗日儿童工作，我们把根据地的儿童工作都交给你们去做。”遵照刘少奇和陈毅的指示精神，在“新旅”大部分团员尚未到达盐城之前，先组织了“新旅”苏北分团（张平任团长、张拓任副团长），并接收鲁迅艺术学院华中分院少年队的王云飞等 10 多位小同志参加了“新旅”苏北分团，在盐城附近的儿童中开展抗日救亡的组织和宣传工作。

6 月，张平、左林、黄明、聂启坤等团员安全到达盐城。

7 月 1 日，“新旅”苏北分团参加在盐城新四军军部大礼堂举行的纪念中国共产党成立 20 周年大会上，听了刘少奇同志的报告，并在会上举行了到根据地后的第一场文艺演出。会后，苏北分团的全体团员到盐城学生夏令营帮助工作。

7 月，张牧、孔方到达盐城。顾问汪达之带领的 10 多名团员到达苏中。由于当时的盐阜区已开始“反扫荡”，不便北上。根据苏中区党委的决定，成立了“新旅”苏中工作队（聂大朋任队长），暂留苏中工作并出版了《苏中儿童》油印刊物。7 月 7 日，法西斯德国向苏联发动侵略战争后，“新旅”苏北分团发表《给苏联及全世界反法西斯国家小朋友的信》，指出：“我们是站在一条战线上的弟兄”[23]，要团结起来，共同为反法西斯侵略而斗争。

7 月，嵇钰、袁立等最后一批撤离的“新旅”团员，离开桂林，向苏北抗日民主根据地秘密转移。

7 月 24 日，张平、张杰、张牧、左林赴湖垛向华中局和新四军军部请示工作，在随鲁迅艺术学院华中分院二队转移的途中，遭遇日伪发动的“大扫荡”，在北秦庄遭日军包围，张平、张杰不幸牺牲，左林被俘，张牧泅水冲出了敌人的合击圈，和其他部分师生回到新四军军部。

9月，盐阜区“反扫荡”斗争取得胜利。新四军军部决定，暂留张拓等6人到新建的军部鲁艺工作团学习业务，将“新旅”交给盐阜区党委和盐阜区行署领导，负责盐阜区的青少年儿童工作。张牧任团长兼党支部书记，聂启坤任指导员。

10月，由“新旅”团员范政任主编的华中抗日根据地第一份儿童报刊《儿童生活》创刊，该报先是油印、后改为石印，4开4版。1942年3月，新四军代军长陈毅为《儿童生活》题词：“抗战事业应该让儿童参加，新四军愿意做儿童们的良友。”[24]

12月，由汪达之先生率领的聂大朋、陈伟等“新旅”苏中工作队的小团员，沿海边北上去盐阜区。应苏中区党委要求，留下5人组成工作队继续在苏中工作，徐莎任队长；张泉、关健、曹维东等人留在苏中地区，另行分配工作。

12月，“新旅”团务干事、党支部委员童常到达香港后，因太平洋战争爆发，无法前往苏北，香港沦陷后，他又撤回国统区，继续坚持做党的地下工作。

1942年1月，汪达之先生率领的近20名“新旅”团员到达苏北阜宁县陈集，与先到盐阜区的“新旅”团员们汇合。为欢迎顾问汪达之先生率领的纪宇、聂大朋等一批最后到达盐阜区的团员们，“新旅”特地在驻地举行了欢迎会。团员张天虹自己指挥并带着大家领唱她创作的歌曲：“我们亲爱的战友们！让我们欢呼，让我们歌唱！你们翻过了高山，渡过了大小的河流，冲破了敌人的封锁线！今天，我们胜利地汇合在苏北平原！让我们手牵着手，肩并着肩，结成一道抗日的钢铁战线！高举抗日民主的战旗，向前！”[25]激越奔放的歌声与心潮起伏的热血在交相沸腾。

新安旅行团从“皖南事变”起，在长达一年的时间里经历了许多艰险，团体也付出了血的沉痛代价，但“新旅”在党的领导和关怀下，终于胜利地在苏北平原的盐阜区汇合了。他们怎么能不激动呢？顾问汪达之先生感到无限的欣慰和极大的兴奋。他与先到苏北的团员们都经受了长途秘密转移的重重艰险和到根据地后遇到日伪“大扫荡”的生死考验，团体不仅保存了下来，而且“新旅”发展壮大了、也更加坚强了。但张平、张杰这两位团体的主要骨干却不幸牺牲，左林也吉凶难料，他的心情也和大家一样地难过和担心。

至此，“新旅”长达一年的从桂林向苏北抗日民主根据地盐阜区的战略大转移，终于在党的领导和顾问汪达之先生的带领下，经全体团员长期的共同努力，得以顺利实现。

从盐阜到两淮：根据地里显身手，抗战胜利凯歌奏

1．少儿运动掀高潮

随着盐阜区根据地“反扫荡”“反围剿”“反清乡”等对敌斗争接连不断地

取得决定性的胜利，“新旅”组织少年儿童参加的抗日救亡运动也如火如荼地开展了起来。他们的做法主要有五方面：

一是，进行集中学习和整训，总结开展儿童工作经验，提高政治思想和业务及艺术水平。

“新旅”自1935年成立从淮安出发起，至转战到苏北抗日民主根据盐阜区，已经有六年了。随着根据地形势的相对稳定，进行集中学习提高和整训总结，以便更好地迎接新的任务，学习已被提到了重要的议事日程上。他们先后于1942年8月和1944年12月，分别在阜宁县羊寨和益林附近的条龙庄等地，进行系统的学习、整训和提高。

6年来，“新旅”走遍了苏、浙、鲁、冀、晋、察、绥、甘、宁、陕、豫、鄂、湘、桂等14省及南京、上海、北平、天津、武汉、长沙、桂林、香港、澳门等大都市，历程3万7千余里，受宣传群众250余万人，包括回、蒙古、藏、满、苗、汉等多个民族，成员大多是青少年儿童和城乡的工农大众，也有军人、知识分子及其他阶层的人士。

6年来，分散在各地的干部最多时超过100人，金华、桂林、贵阳、成都、长沙、柳州等处均有组织在继续开展抗日救亡和普及教育的活动，已组织的儿童团有54个，现尚存的还有40个。浙江著名的台湾少年团，也是“新旅”派出骨干团员去协同组织起来的。

在荒凉的大西北，他们用电影、话剧、歌咏、舞蹈、活报剧、读报、播音、演讲、街头壁报、书报、展览等多种形式，向闭塞的大西北民众宣传抗日救亡，给许多散漫的地方带来了新的生机和活力。有一位包头的国民党中央政治分校主任，他原来对“新旅”有诸多误解，但当他们学校搬迁到青海的西宁时，沿途亲眼看到“新旅”遗留下来的唤醒民众共赴国难的宣传抗战的实绩后，最终被感动，改变了原来对“新旅”的错误观点。

“新旅”放映抗日电影时，除团体特约自愿捐助外，其他都是一律不收入场费的。但团员们都能用特别的方式来取得工作上更大的收获。如，入场时，负责歌咏的团员站在入口处，每个进场的少年儿童都必须向他们学习一支简易的抗日歌曲或是几句救亡的口号。开映时，会场的每个角落都安排团员们向观众解读银幕上内容的意思，并向那些害怕发电机的响声和银幕引动的黑影的蒙古族等少数民族同胞进行科普宣讲。

除了在群众中间开展抗日救国宣传外，“新旅”工作还深入部队，举行了多次的军民歌咏大会和盛大的公演，沟通了军民之间的情感。对于地方的中小学教师、小先生团，“新旅”都能和他们打成一片，经常举行座谈会、时事研讨会，并改进了中小学教育适合于抗日救亡的需要。

在保卫大武汉中，自1936年10月武汉外围告急时来到武汉的“新旅”，即以最新的姿态迎接新的战斗任务，热烈地进行慰问城防士兵，举行街头募捐，发动儿童写慰问信，并协助作抢救儿童工作。在武汉沦陷前两天，他们还在帮助遣散儿童团体，并在经济上代为设法取得援助，在武汉沦陷时儿童没有受到半点伤害。

在大后方桂林工作的两年半中，“新旅”的工作得以大大地开展，团员人数由二十多人增加到百人。除了团本部之外，还下设了多个工作队、组，广泛深入地开展抗日救亡的宣传工作。

西南工作队、乡村工作队、伤兵之友等队、组，仅在1939年的儿童节期间，“新旅”动员了近郊的牧童举行砍柴献金，就募集到190元慰劳前线将士和医院伤兵。

广西行政干部学校附属小学在东郊工作队的帮助，开办识字班和开展各种实验活动。

西郊工作队对兵工厂的子弟学校做了大量推动工作并在工人中开展抗日救国宣传工作。

良丰工作队还深入到垦区的移民难民中间，组织识字班和读报组等。教育学院的实验小学在“新旅”的帮助下，还成立了儿童服务团。

在桂林期间，“新旅”的组织、生活和学习等活动机制也日臻完善。其组织，最高是全体团员大会，成立了团部。团部有总干事、团务委员，此外还有秘书部、儿童运动部、总务部和编辑部等6个部。

西南工作队有一个队长、两个副队长，副队长两人兼儿童文化和生活教育两个委员会主任，儿童文化委员会以下有文学、美术、音乐、舞蹈、科学、戏剧等6个组；生活教育委员会以下是健康、图书、事务、生活、会计、教育等6个组。每组的负责人3个月改选一次。工作队实行集体制领导下、个别负责的民主和集中相统一的领导机制。团部每月有团务会议各一次，由顾问、总干事、各部部长、辅导员、队长等骨干参加。

在生活和学习的组织上，分为少女部、少男部、儿童部，各有部长及生活学习辅导员，负责督促和指导团员们的生活、学习事宜。每天晚上有总结当日工作和计划次日工作的生活会。学习方面，保持每半天的学习制度。每星期举行一次快乐会，进行文化娱乐教育。

在教育的方式上，则采用集体研究、小组讨论、召开辩论会和聘请专家演讲以及有计划地个人自由阅读、辅导员个别辅导等相结合，对大的问题举行专题研讨，使儿童明了正反两方面的道理。此外，为使团员习惯于社会生活，团内还建有小银行及合作社的运作组织，发行和使用团内代币购物券。

因此，“新旅”的每个团员，不论大小和男女，见识和能力都要超乎平常儿童的数倍，并形成了发扬艰苦奋斗、民主管理、自立自强、团结友爱、互相帮助、批评和自我批评的优良作风。

二是，发展团员，调整和健全组织机构，发挥“新旅”党支部的战斗堡垒作用。

1942 年春，在全体团员 46 人转移到苏北抗日民主根据地盐阜区一个月后，“新旅”就在阜宁县东岔头举行了到达苏北的第一次全体团员大会。

会议总结了 6 年以来的工作，准备以最大的热情迎接党交给的组织 10 万儿童参加抗日救亡的新任务。会议还通过了团章，组成了新的团委会和党支部。张牧任团委会主任委员兼党支部书记，张拓、聂启坤为党支部委员，纪宇、张拓、聂大朋、聂启坤为团务委员，汪达之仍为顾问。盐阜区还任命汪达之为行署文教处督学，主要致力于抗日根据地的教育建设和改革事业。

3 月 30 日，阜宁县初等教育工作会议代表 200 余人参观“新旅”事迹展览，并就地举行座谈会。汪达之顾问和“新旅”负责人向大家介绍了团体的工作、生活和学习等情况，团员们还一一回答了代表们提出的问题。7 月 8 日，“新旅”女团员、文艺骨干、中共党员岳荣烈因伤寒并发肺炎不幸病逝，安葬在阜宁县郭树张庄。

同年 10 月 14—18 日，“新旅”在阜宁县单家港召开成立 7 周年纪念大会，现有团员 70 人。新四军代军长陈毅亲临参加，勉励“新旅”小朋友积极领导全华中儿童工作。“新旅”顾问、盐阜区行署督学汪达之向大会报告“新旅”7 年来宣传抗日救国、旅行修学的主要工作情况：

走过的省份——江苏、安徽、浙江、山东、河北、山西、察哈尔、绥远、宁夏、甘肃、陕西、河南、湖北、湖南、广西、广东、贵州。

宣传工作——放映电影、晚会、联欢会、座谈会等共 400 次以上。

组织工作——共计组织了 55000 多名儿童，到苏北后不到两年，已组织了 30000 多名儿童。

出版工作——出版了 21 本书、35 次特刊，编印发行报刊《儿童歌声》《苏中儿童》《儿童生活》等。

会议还举行团员大会，选举产生了新的团委会，聂大朋任团委会主任。经苏中区党委的营救，在“反扫荡”转移途中遭遇日伪军袭击被俘的左林，于 1942 年春从敌占区南通逃出，在苏中经过短期工作后，也回到了苏北的“新旅”团部。会议还为去年在苏北“反扫荡”斗争中英勇牺牲的张杰、张平烈士和因工作积劳成疾病逝的岳荣烈团员举行追悼会。

会议除研究部署了在 1942 年 11 月底之前在盐阜区组织 10 万儿童的任务外，还向带领全国抗战的中共中央毛泽东主席等发出致敬信。

1943 年 1 月，为贯彻落实盐阜区党委关于实行精兵简政准备“反扫荡”等指示精神，“新旅”动员部分上海和本地的团员回家“打埋伏”，团员人数由一百多人紧缩到六七十人，顾问汪达之和辅导员纪宇暂时离开行署文教处，随“新旅”行动，以增强“新旅”的领导力量。全团转移到阜东县八大家六垛一带的海滩隐蔽，进行游击斗争。为便于在分散中坚持斗争，“新旅”将全团分为 3 个队：山鹰队（队长李楠、副队长陈明）、海燕队（队长范政、副队长王德威）、野马队（队长张早、副队长韩枫）。

1943 年 3 月，“新旅”在滨海县一带荒凉的草滩上坚持对敌斗争，团员们同盐民、渔民打成一片，睡草地、吃盐蒿，在同日伪军周旋的空隙中，还进行社会调查，组织政治文化学习。4 月下旬，“反扫荡”斗争取得胜利，“新旅”先后从海滩移驻阜东县的宋尖和东坎，进行整训，组织全体团员学习毛主席《在延安文艺座谈会上的讲话》等文件，并在盐阜区开展秧歌运动，组织全区小学教师和文娱骨干开办秧歌训练班，通过《盐阜大众》报的宣传和介绍秧歌舞，发表并演出短剧《扭秧歌》。8 月，“新旅”组成新的支委会和团委会，张拓任党支部书记，左林任团长。

1943 年 2 月，党中央来电，决定“新旅”立即赴延安。“新旅”立即在笆斗山召开北上动员大会后赶赴大淤尖，准备随新四军三师参谋长彭雄率领赴延安学习的干部团一同出发。后因敌情突变，干部团的船只提前出海，“新旅”遇到敌人对海陆的严密封锁，未能成行。

1944 年 6 月，“新旅”重驻涟东县陈码头，张拓等 8 名党员骨干调盐阜地委党校参加整风学习，在留团干部中重建了新的团委会和支委会，左林任团长兼党支部书记。7 月 28 日，为扩充团体力量、培养大批少年干部和开展儿童文化工作的需要，“新旅”在《苏中报》《盐阜大众》《淮海报》上刊登招收新团员启事，合格者经过一个月的试用期即成为正式团员。

1944 年底至 1945 年 2 月，“新旅”进驻阜宁县益林附近的条龙庄继续进行整风学习和开展生产运动，并排演了由团员范政编导的话剧《好哥哥重上前线》。

通过一系列系统的总结和整训及学习，“新旅”的组织加强了，队伍扩大了，团员们的政治思想觉悟和业务文化水平都得到了很大提高，也更加有战斗力了。

三是，配合对敌斗争形势发展的需要，创编文艺剧目，举行慰问演出，鼓舞根据地军民的对敌斗争士气。

1942 年 3 月上旬，“新旅”全团到阜宁县单家港的新四军驻地为参加华中局扩大会议的新四军各师和各根据地的党政军负责人举行文艺晚会，演出剧目有舞剧《反法西斯进行曲》和话剧《帮助咱们游击队》等。会后，刘少奇、陈毅用半天时间专门接见了“新旅”全体团员并进行了座谈。刘少奇在讲话中指出，“新旅”到了苏北根据地，不仅一定要存在下去，还要有一个很大的发展。因为“你们是一个有光荣历史的革命团体，工作有很大成绩，在国内外有广泛的影响，这是不可多得的。国民党迫害你们，共产党一定要保护你们，而且还要让你们的团体和你们的工作有一个很大的发展。整个苏北、全华中的少年儿童工作都要交给你们去做。”[26]陈毅在讲话中指出：“‘新旅’小朋友要做好文艺宣传工作，不但对儿童宣传，还要对群众、对军队宣传，希望‘新旅’小朋友努力做好儿童工作，交给你们一个光荣的任务：三年内组织起苏北根据地十万儿童！”[27]

同年10月14—18日，“新旅”在阜宁单家港举行成立7周年纪念会，会议共5天：14日，游艺晚会；15日，顾问汪达之报告7年来斗争经过；16—17日，讨论、总结并布置今后工作任务；18日，举行张平、张杰、岳荣烈三烈士追悼会。会议第一天，新四军代军长陈毅特地赶来参会并发表讲话。他指出：革命主要在改造社会，要改造社会须先从改造儿童做起。他对“新旅”提出三点希望：“（一）儿童工作应适合各阶层家庭的需要；（二）加强儿童文化教育；（三）注意培养儿童干部和青年干部。”他再次号召“新旅”“在三年内一定要完成组织苏北十万儿童参加抗战的任务”[28]，并热情地提出新四军愿以消灭敌伪军、恢复失地同“新旅”竞赛。

1943年8月，“新旅”从阜东县赶回阜宁县芦浦参加新四军烈士纪念碑落成仪式，并演出秧歌剧《保卫陕甘宁》。后移驻涟东县谢庄。为动员群众起来揭露蒋介石派重兵进攻延安发动内战的阴谋，“新旅”通过《儿童生活》发起“团结抗日，反对内战”的1万名儿童签名运动。在短短的半个月中，就收到从盐阜区各地寄来的2万多名儿童的签名信。

1944年1—5月，“新旅”全团在涟东县朱码头、陈码头，排演由“新旅”团员张拓编剧、章枚作曲的以新四军解放陈家港为题材的秧歌剧《雨过天晴》，并和在涟东县长浦河复校的新安学校（汪达之任校长）等单位和团体发起儿童拥军优抗活动周，组织全盐阜区儿童开展六大工作：一、写一封慰劳信，给新四军三师和盐阜军分区。二、募集破铜废铁，开展每人献一斤铁（铜）运动。三、每个儿童献一个山芋、一颗白菜，慰劳军队和伤病员。四、慰问抗属。五、写拥军标语1万条。六、举行军民联欢会。为配合拥军优抗活动的开展，“新旅”和许多学校的儿童团都排演了秧歌剧《慰问抗属》，编剧为“新旅”团员韩枫。为欢度春节，在新四军三师和苏北区党委干部大会上，“新旅”还演出秧歌剧《雨过天晴》。

1月27日，新四军三师师长黄克诚、副师长张爱萍联名给“新旅”写信，感谢小朋友们给他们写慰问信，指出：“抗战更接近胜利了，希望小朋友们努力学习打敌人，学习生产的学问，扩充自己的知识，准备做新民主主义国家的主人！”[29]为配合动员参军和生产运动进行文艺宣传，“新旅”还在集市演出街头剧《参军去》《儿童解放舞》和秧歌剧《小放羊》，并到阜宁县东沟、益林等地巡回演出《雨过天晴》。

1945年3—4月，为迎接盐阜区第一次少年儿童代表大会的召开，“新旅”

派出多个工作组到各县、区、乡，调查总结开展儿童工作经验。美术组在王德威带领下用硬纸板和驴皮（由汪达之当面向新四军政委刘少奇申请，批杀一头驴）做材料创造出新的“皮影子戏”，排练由张拓编写的童话皮影戏《大萝卜》和《帮助新四军》等节目。

四是，创办儿童刊物，成立工作队组分赴各县帮助调整和建立儿童团并恢复新安学校，举办普及教育训练班，培养军地急需人才和儿童干部。

1941 年 10 月，由汪达之顾问带领的“新旅”小分队，从桂林向苏北转移途中，在苏中作短期停留工作，创办的华中抗日根据地第一份儿童报刊《儿童生活》创刊，主编为“新旅”团员范政。该报 4 开 4 版，先是油印，后改为石印。1942 年 3 月，新四军代军长陈毅为《儿童生活》题词：“抗战事业应该让儿童参加，新四军愿意做儿童们的良友。”[30]

1942 年 3 月 15 日，苏北生活教育社社友会举行“生活教育社 15 周年纪念会”，汪达之作为主席出席并发表讲话。他说：“十五年了，我们的社员像野火一般，走到哪里烧到哪里，要把全国革命之火，都燃烧起来．今天我们又要在苏北燃烧了。因此，值此十五周年纪念，我们除检讨十五年来的工作成绩外，更应讨论我们今后的工作。”[31] 此外，汪达之还向纪念会报告了“新旅”的经过，并和大家讨论明确了苏北生活教育社今后的三项主要任务：健全组织、深入研究、把生活教育的理论付诸实行。会议还通过了致中共中央电和致生活教育社友会总社电。会上，汪达之与朱泽甫、陆维特被推选为担任生活教育社友会苏北分社工作的负责人，并进行具体分工。

1942 年 3—6 月，盐阜区行署文教处派“新旅”团员分组到各县小学校帮助调整和建立儿童团，举办儿童干部训练班。4 月 1—9 日，“新旅”派出郭华、韩枫率领由各县小学校儿童团代表组成的“盐阜区儿童慰问团”一行 17 人，携带儿童们捐献的子弹壳、废钢铁和鸡蛋等礼物，慰问新四军将士，陈毅代军长接见全体代表，并提出三点希望：一、发动盐阜区三分之二的小朋友于次年参加儿童团。二、努力读书。三、帮助自己的父母。5 月，“新旅”组织了 7 个工作队、组，分赴阜宁、建阳、涟东、淮安、盐城、射阳等县，组织儿童团、少年队，开办儿童干部训练班和教师训练班，开展“小先生”扫盲活动、普及抗战歌曲、组织慰劳新四军和抗属、组织收集废钢铁和子弹壳支援军工生产、帮助民兵站岗放哨捉汉奸，积极参加支前工作和在保卫夏收中开展少年儿童工作。

1943 年 8 月，由“新旅”顾问、盐阜区行署督学汪达之提议，经盐阜区地委和行署批准，决定在涟东县长浦河村恢复新安学校，培养军地急需人才。于 9 月招生开学，汪达之任校长，“新旅”骨干团员纪宇任生活指导部主任。

同年 11 月，应淮海区党委要求，“新旅”派聂大朋率领郭华、彭彬、杨匀等 7 人的工作队前去淮海区筹建“新旅”淮海分团。根据淮海区党委书记金明、行署主任李一氓的指示，工作队到达后即分别参加了淮海区青年干校和青救会工作，积极筹建淮海分团并筹备召开淮海区儿童团代表大会，工作已初见成效。后因日伪对淮海区发动“大扫荡”并分割封锁，“新旅”淮海分团未能建成。聂大朋、杨匀留淮海地区工作，郭华、彭彬等其他人员返回“新旅”团部。

同年9—12月，“新旅”在帮助群众秋收结束后，以涟东县为基地，派出多个工作队、组，到各县继续举办儿童干部训练班，发动组织农村剧团和秧歌队会演，帮助地方开展冬学工作，并创办《儿童画报》，“新旅”团员王德威任主编。

1944年3—4月，应淮海区中共淮涟中心县委邀请，“新旅”团员韩枫（带队）、徐莎、郭立范、崔海波等人去盐河西涟水县帮助开展儿童工作，传播秧歌舞。7—10月，“新旅”派出工作队、组，到各县帮助整改恢复儿童团组织，举办儿童干部训练班建立儿童团县团部。

五是，筹备召开盐阜区第一次少年儿童代表大会，正式成立盐阜区少年儿童总团部。

1945年5月17日，苏北根据地第一次少年儿童代表大会在盐阜行政公署大礼堂隆重开幕。9县1市的少年儿童代表400余人出席，不少县区的代表都是克服重重困难，穿过敌人的一道道封锁线，才到达开会所在地的。如，苏中兴化县出席会议的两名代表陆得荣、陈腹英，就是在多个地下交通站人员一站一站交接中，在敌伪据点间日夜穿行了七八天，才到会议的所在地——盐阜区阜宁县益林镇罗桥，被人们称之为从苏中“邮寄”到苏北来开会的儿童代表，一时被传为美谈。

会议由新安旅行团主办。出席会议的代表被分编成了“列宁大队”“斯大林大队”“毛泽东大队”“朱德大队”。盐阜区行署和苏北区地委负责人曹狄秋、计雨亭、刘彬及新四军三师师长黄克诚、政委洪学智等领导到会祝贺。汪达之在大会上发表讲话，号召大家向泽东同志学习。

会议的主要议程和任务有三项：一是，总结三年来的根据地少年儿童工作。二是，成立盐阜区少年儿童总团部。三是，进行时事政治及文化学习，交流各地少儿工作经验，回去更好地领导儿童团开展各项工作。当时，全区各县、区、乡、村都建立了儿童团，有组织的儿童已达到18万多人，“新旅”超额完成了陈毅代军长号召的组织10万儿童这一光荣而艰巨的重大任务，新四军也已歼敌45万人。

会议为期15天，于5月31日胜利闭幕。大会发出了给党中央毛泽东主席的电报，一致通过了大会决议和给全区少年先锋队队员和儿童团员们的公开信，正式成立了盐阜区少年儿童总团部，“新旅”团长左林当选盐阜区少年儿童总团部总团长，“新旅”骨干团员李洪生、刘海俊等当选为副总团长。会后，“新旅”派出工作组到各县去协助传达大会精神。

2. 主席复信向前进

1945 年 12 月，新安学校在淮安县河下镇莲花街原址复校，校长仍为汪达之，经筹备，当时有教师 3 人，学生 30 多人。

同月，在“新旅”成立 10 周年的时候，团长左林提议以全体团员的名义，给毛主席、党中央写封信，汇报“新旅”10 年来在党的领导下的战斗历程，特别是自 1941 年春从国民党统治区桂林转移到苏北抗日民主根据地盐阜区以来所做的主要工作。这一提议，立即得到全体团员的一致赞同。为了写好这封信，成立了由左林、黄叔宽、张渔组成的起草小组。信写好后，在团委会和全团大会上讨论通过，由团员林铭钢誊写。信誊写好了，团部派专人把这封信交给去延安开会的华中分局书记邓子恢，带给毛主席。

同年 5 月 1 日，“新旅”创办华中少年出版社，左林任社长、张渔为副社长、任干为总编辑，编辑出版《华中少年》《华中少年画报》。6 月 10 日，《华中少年》创刊号出版，苏皖边区政府主席李一氓题词：“经过战争与民主的锻炼，在抗战炮火中生长起来，在无比自由气氛下工作和学习，新生的一代有对解放区的热爱，也对自己的光明努力。”[32]

5 月 20 日，毛泽东主席亲笔给“新旅”写复信[33]：

新安旅行团各位同志们：

来信收到，极为感谢！祝你们努力工作，继续前进，争取民主中国的胜利。

毛泽东

一九四六年五月二十日

“新旅”于 6 月中旬收到由邓子恢从延安带回的毛主席的亲笔复信，团长左林以极其兴奋的心情向团员们报告了这一消息，并在全团大会上激动地宣读了毛主席的亲笔复信。为满足团员们的愿望，团部还将毛主席的亲笔复信拍成了照片，分发给每个团员珍藏，以鼓舞大家“继续前进”的革命士气。

毛主席的亲笔复信，既是对“新旅”工作的充分肯定，也是对“新旅”顾问汪达之的高度评价。

3. 抗战胜利奏凯歌

1945 年 8 月 15 日，日本帝国主义宣布无条件投降，中国人民抗日战争取得了完全的伟大胜利。奉命随新四军三师解放淮阴，到前线部队和支前民工中作战地宣传的“新旅”，创作并排练了街头剧《活捉潘干臣，解放淮阴城》和一些歌曲，在军民中进行战地宣传。9 月 6 日，“新旅”参加解放淮阴的攻城战和清理残敌等搜索工作。9 月 14 日，“新旅”参加了庆祝解放淮阴城的军民群众大会，演出《活捉潘干臣，解放淮阴城》等剧目。

同年9月22日，“新旅”参解放淮安城的战斗。在战斗中，“新旅”团员们身背宣传品，和攻城战士一起爬云梯登上城楼。进城后，“新旅”团员们就在大街小巷张贴宣传标语，进行街头演出，向群众宣传党的政策。新四军三师师长黄克诚等军政领导热情表扬了“新旅”的战士们，并亲自给他们发放战利品。

同年11月，“新旅”移驻淮阴城南门大街，改属中共华中分局和苏皖边区政府领导，扩大招收一批新团员，党支部改选，左林任书记。同时，重建“新旅”苏北分团，李洪生任团长，徐莎、郭立范任正、副书记。分团驻淮安城，隶属中共五地委和五专署领导，继续在盐阜区开展工作。

1946年1—3月，“新旅”赴建阳、射阳一带巡回演出，慰问华中兵工厂、印钞厂的干部职工。3—4月，汪达之出任苏皖边区政府教育厅督学，并当选为苏皖边区参议会驻会委员，同时仍兼任新安学校校长。华中宣教大会在淮阴举行，“新旅”展演从国统区带来的舞剧《春的消息》等节目，汪达之出席大会，并在会上做了题为《为群众铺平这样一段路》的经验介绍。新四军第四师师长张爱萍到淮阴南门大街“新旅”总团部视察，并为“新旅”拍摄了一组反映小战士们学习、跳舞、体操、游戏的照片。

6—9月，“新旅”苏北分团领导干部李洪生、徐莎、郭立范及部分团员调出，苏北五地委决定由地区青联宣传部长韩枫兼任分团团长，刘海峻任副团长兼党支部书记。“新旅”苏北分团随五地委民运部、总联土改工作队去阜宁县钱庄乡参加土地改革运动的试点工作。7—8月，“新旅”派出演出队开赴宝应前线，深入医院慰问在自卫战争中光荣负伤的华中野战军指战员，并为战地军民进行慰问演出。8月，“新旅”团员张旭在慰问工作中不幸因枪支走火而牺牲。9月，“新旅”总团部随华中野战军作战略转移，从淮阴出发北上，经阜宁、涟水、新安镇至山东临沂，左林任团长兼党支部书记，黄叔宽任党支部副书记。

10月，“新旅”苏北分团配合阜宁县青联组织宣传队，参加涟水保卫战。在前线利用战斗间隙演出秧歌剧《军民一条心，打败蒋匪军》等节目，并派团员杨健东等随民兵支前队做政治工作。

12月，国民党军队占领盐阜区重要城镇和公路线，五地委和专署开展疏散工作。“新旅”苏北分团转移到阜东县陆集整训后，奉命分散到各县打游击。后来，大部分团员先后转入部队和地方工作。

仅自1941年春，“新旅”转移到苏北抗日民主根据地的5年中，在党的直接领导下，已先后向多条战线输送出300多名优秀人才。他们分布在华中、华东、中原、华北、东北的多个根据地或解放区。在他们中间，有的团员已经是军分区宣教部长或军区宣教科长，还有些团员已成为从事文艺宣传方面的骨干。如张天虹和陈明所创作的歌曲、王德威的漫画、陈伟的女高音独唱等都已有相当的知名度，并颇受干部群众的欢迎。

从苏皖到冀鲁：北撤南下急行军，解放战场壮军威

1．长途北撤急行军

随着解放战争的大幕拉开，“新旅”于1946年12月，在北上山东至沂水县界首新旺沟，被编入由刘季平、徐平羽率领的华中分局后方机关的“黄河大队”，为第三中队。

新安旅行团部分团员在河北故城留影

1947年1—4月，“新旅”按照“黄河大队”的统一指挥，穿越沂蒙山区，跨过津浦铁路，强渡运河、黄河，到达河北省故城前黄村。在行军途中，团员们不断宣传，书写大标语和画宣传画。途中短期修整时，还抓紧排戏演出。

5—9月，“新旅”在前黄村进行整风学习，团长左林奉华东局派遣去莫斯科参加世界青年联欢会，后因战争形势变化滞留东北，“新旅”团长由张早代理，黄叔宽任副团长兼党支部书记。为宣传土改工作，“新旅”演出《翻身》等剧。9月，土改基本结束后，张拓带领“新旅”主要文艺骨干，赴河北省束鹿县（今辛集市）华北联合大学文艺学院学习交流，受到沙可夫、艾青、周巍峙、贺敬之等专家的指导帮助，学习了延安文艺工作者的好经验和新创造，提高了思想和业务水平，带回了陕北腰鼓、秧歌舞和一批富有战斗精神和民族传统特色的新节目，为“新旅”在新形势下从事革命的文艺工作，进一步打下了更加坚实的基础。

10月，“新旅”划归华东军区政治部领导后，举行建团12周年纪念会，回顾了走过的革命文艺道路，讨论了新形势下的工作方针和任务，改变了团体内部的组织形式，按业务不同编为表演队（王山任队长）、演出队（陈强任队长）、音乐队（方南君任队长）、美术队（王德威任队长）和创作组（张渔任组长）。

11月，遵照华东局和华东军区命令，“新旅”全团南下，经夏津、聊城等地赴华东野战军前方指挥部慰问演出，并派出第二批团员赴华北联大学习。华野政治部副主任钟期光代表华野热烈欢迎“新旅”，并给“新旅”写信，热烈欢迎“新旅”为广大指战员们演出，还赠送了每人聚餐半斤肉的边币。“新旅”到达山东朝城岳屯楼后，赶排了《张德宝归队》《胜利腰鼓》等节目。

12月，“新旅”为华野特纵、华中局南下纵队、随营学校、新兵师、前方医院等演出，受到热烈欢迎。在朝城岳屯楼，华东野战军陈毅司令员在钟期光陪同下观看“新旅”演出后说：“你们‘新旅’的腰鼓打出了军威。你们要把腰鼓教

给每一个部队文工团。”[34]并鼓励“新旅”的同志们“要把腰鼓打到全中国去!”[35]“新旅”认真贯彻落实了陈司令员的指示精神，教会了许多部队文工团打腰鼓。从此，铿锵有力的陕北腰鼓声，迅速响遍了整个华东部队。

2. 文艺演出壮军威

1948 年 1—4 月，“新旅”赴黄河金堤为“安澜大会”演出，慰问参加治理黄河的部队官兵及民工，并代表华野慰问冀鲁豫党政军领导机关，同当时正在进行集中学习的民间艺人联欢，并动员全体团员学习当地民间艺术，不少团员学到了民间声乐、器乐的表演技巧。2—3 月，“新旅”由韩城开赴河南濮阳华东野战军前方总部，慰问正在进行新式整军运动的华野西兵团一、四、六纵队官兵。4 月，朱德总司令到华野视察，在团以上干部会上，“新旅”举行了演出晚会，并特地编演了《欢迎朱老总花鼓》。朱德、陈毅、粟裕等首长观看了演出，并祝贺演出成功。

5—9 月，“新旅”在华野政治部领导下进行了“三查三整”后，左林从东北回到团部工作，任党支部书记，张拓仍任团长。左林带来了中共东北局李富春、蔡畅赠送的小提琴、曼佗林琴等乐器。华东局和华东军区决定“新旅”回山东益都（青州）接受新任务，到渤海地区惠民为党政军领导机关及所属部队和当地群众进行慰问演出，并接受了参加解放济南和渡江解放上海的文艺宣传工作新任务。不久，左林奉调到团中央机关工作；团员崔海波不幸因病去世；为迎接大反攻的重大任务，“新旅”全团进行了整训，并排演了秧歌剧《血泪仇》等节目；“新旅”成立了新民主主义青年团支部，黄叔宽兼任团支部书记。9 月 24 日，我军收复济南，“新旅”随军入城，其宣传卡车、秧歌、腰鼓等活跃在济南街头、广场和公园，轰动了整个济南城。

10—12 月，“新旅”扩大招收一批新团员，全团人数增至 120 多人，并深入工厂、机关、学校，熟悉城市群众，排练了《黄河大合唱》、秧歌剧《买卖公平》等歌舞节目，在人民剧场公演，受到热烈欢迎。

从济南到上海：乘胜南下渡长江，迎来建国获新生

1. 乘胜南下渡长江

1949 年 1—2 月，在欢庆淮海战役胜利的凯歌声中，“新旅”排练了大型秧歌剧《王贵与李香香》，在济南人民剧场公演，引起强烈反响。3 月，“新旅”随华东军区总部和华东局南下，第一站到达滕县、第二站到达淮安，稍事修整准备渡江。

4 月下旬，南京解放后，“新旅”沿京杭大运河南下，冒着敌机轰炸扫射的危险，在镇江的六圩强渡长江，连夜直下丹阳。在丹阳，“新旅”排练准备进入上海的文艺节目，并学习党中央颁布的入城守则，全体团员听了陈毅的入城动员

报告。

5月28日，上海解放的第二天清晨，“新旅”随解放大军进入上海，团部驻淮海中路1449号，隶属关系划归上海市军事管制委员会文教委员会领导。张拓仍任团长、阎毅千为副团长兼党支部书记。6月，“新旅”参加取缔破坏金融贩卖银圆的斗争，在街头及舞台广泛演出《银圆花鼓》等节目。6月28日，“新旅”参加全市音乐工作者会师大会。

7月4日，“新旅”先后参加上海文艺界纪念“七七”庆祝上海解放在逸园的集会及游行。7月6日，“新旅”腰鼓队及宣传卡车参加解放上海入城式和纪念“七七”庆祝上海解放的30万人大阅兵、大游行、大示威。晚上，陈毅市长在国际饭店14层楼宴请各界代表及民主人士，“新旅”参加演出，陈毅市长接见“新旅”小团员。

7月17日，“新旅”在逸园为纪念聂耳逝世14周年晚会作演出。7月25日，“新旅”参加纪念陶行知逝世3周年活动。

2. 胜利腰鼓响华东

1949—1950年1月，“新旅”按军管会文艺处指示，在敌机不断轰炸的情况下，分赴江南造船厂、大隆机械厂、国棉十七厂等工厂边宣传边学习，配合各军管小组发动工人群众恢复生产，支援解放军，解放全中国。与此同时，开展工厂文艺活动，组织秧歌队、腰鼓队，在“新旅”团部驻地组织了百人大腰鼓排练，辅导本市和外地文艺单位学习秧歌和腰鼓的演技艺术。

8月初，“新旅”在复兴公园参加全市文艺界劳军游园大会，演出大秧歌《建设新上海》，对秧歌舞的创新和发展进行了成功的尝试。邓颖超参加了游园会并亲切地会见了“新旅”的全体团员。8月上旬，团长张拓带领部分团员到武汉第四野战军文工团、舞蹈队及部队艺术学校学习和交流经验。10月，又转赴北京、天津，向中央戏剧学院和中央音乐学院学习。

10月1日，经“新旅”培训和组织的万人大腰鼓队，参加上海市庆祝全国政协会议召开和中华人民共和国成立的大游行大庆祝活动。10月31日，“新旅”参加全市在中山公园举行的重阳节游园会。11月27日，“新旅”团员孟军在上海国棉十二厂工作期间，因机器事故牺牲。

11—12月，“新旅”全团进行业务整训，聘请了汪传钤、华传洁、胡蓉蓉、唐荣牧、周小燕、黄贻钧、吕伯克等专家任教，坚持基本功训练和半天学习半天工作的制度。

3. 庆祝团庆反轰炸

1950年1月，“新旅”划归华东军政委员会文化部领导，继续进行业务整训。著名舞蹈家吴晓邦来“新旅”担任艺术指导，开办新团员训练班，扩招新团员40人。2月，“新旅”在上海参加全国第一次文代大会，庆祝解放区和国统区两支文艺大军胜利会师。面对蒋介石飞机的狂轰滥炸，“新旅”开展反轰炸宣传，排演了由吴晓邦编导、管荫琛作曲的舞剧《愤怒的火焰》。

3—4 月，“新旅”接受慰问苏联空军援华人员的任务，分赴各机场进行慰问演出。张拓去华东局文化部工作，由章力挥任代理团长、王丕争任教导员兼党支部书记。5—7 月，“新旅”排演由张拓改编、管荫琛作曲的新演出本《王贵与李香香》。

10 月 10 日，“新旅”隆重举行建团 15 周年纪念会。中共中央有关领导及宋庆龄、李济深发来贺电、贺信，华东军政委员会文教委员会主任、华东局宣传部长舒同代表华东局和华东军政委员会致贺词。“新旅”顾问汪达之出席讲话并建议将“新旅”改名为“华东‘新旅’歌舞剧团”。张拓为团长、章力挥为教导员兼党支部书记。在庆祝会期间，展览了“新旅”15 年来的工作成绩和有关文物资料，并在兰心大戏院演出歌舞剧《王贵与李香香》。会后不久，汪达之的建议获上级组织部门批准，从此，新安旅行团正式改名为：华东新旅歌舞剧团。

4. 迎来建国获新生

1952 年 5 月，全国文工团进行整编。按照华东局文化部的决定，“新旅”美术队并入杭州中央美术学院华东分院（现中国美术学院），“新旅”同其他三个文工团合并组成华东人民艺术剧院。

1953 年，华东人民艺术剧院建制撤销，以“新旅”为主组成的歌（舞）剧团，后又经几次调整、改编为华东实验歌剧院，即现在的上海歌剧院。

自此，新安旅行团艰难而光荣的历史使命，正式宣告完成。

汪达之是新安旅行团的“顾问”，也是“新旅”缔造者、实际上的“新旅”决策者、领导人、团长。“新旅”的光辉历程充分说明：没有汪达之，就不会有新安旅行团；没有中国共产党的领导，也不会有新安旅行团的发展壮大。“新旅”的光辉历程还充分说明：被“新旅”团员众口敬称为“汪爸爸”的汪达之，作为“‘新旅’之父”[36]，他是当之无愧的。历史还充分证明：“新安旅行团的光荣历程永远是全国儿童的典范”[37]；汪达之对于新安旅行团的诞生、发展、壮大，功不可没，将永远彪炳中国革命教育和中华民族优秀教育文化遗产的光辉史册。

【注释】

[1] [2] [3] [4] [5] [6] [8] [9] [10] [11] [12] [13] [14] [15] [16] [17] [18] [19] [20] [23] 张牧：《新安旅行团——我的一些回忆》，中国青年出版社编《红旗飘飘·29·纪念新安旅行团成立五十周年专辑》，北京：中国青年出版社，1985 年，第 88－124 页。

[7] 张泉、大朋（执笔）、德威、张渔：《战斗在贵阳的一年——新旅贵阳工作队办履三小学的回忆》，中国青年出版社编《红旗飘飘·29 纪念新安旅行团成立五十周年专辑》，北京：中国青年出版社，1985 年，第 224 页。

[21]［22］［25］［26］［27］［28］［29］［32］［34］［35］江苏省纪念新安旅行团建团50周年办公室编:《新安旅行团大事记》，1985年，第25－39页。

[24] 崔士臣主编：《新安旅行团在苏北》，北京：二十一世纪出版社，1998年。

[30]［33］陈静主编:《“小好汉”永远年轻》，南京：江苏少年儿童出版社，2005年。

[31]《生活教育社十五周年，苏北社友举行纪念》，1942年3月21日《盐阜报》，中国革命博物馆编《民族小号手——新安旅行团史料选》，北京：春秋出版社，1989年，第291页。

[36] 新安旅行团编委会编《新安旅行团通讯特刊·怀念新旅之父汪达之》，《上海新旅通信》第四期（特刊），2018年2月8日。

[37] 1985年10月，胡乔木为纪念新安旅行团建团50周年题词，中国革命博物馆编《民族小号手——新安旅行团史料选》，北京：春秋出版社，1989年。

第五章

敌后办学辟新途

（1942—1945）

……

“新旅”（新安旅行团的简称）是我党领导的一个革命团体，但能和国民党做这样长久艰苦的斗争，还是你（指汪达之）的功劳啊！你虽然没有加入我们的党，但你不愧为我们（党的）一位党外的布尔什维克！希望你领导他们把根据地的少年儿童工作做得更好！

刘少奇：1942 年 1 月 9 日在阜宁县汪朱集接见汪达之、张牧、戴伯韬等人时的谈话；江苏省纪念新安旅行团建团 50 周年办公室编，《新安旅行团大事记》，1985 年，第 26－27 页。

第一节　两次加入共产党

申请入党获准时，与敌周旋良机坠。
要问这是为什么？只缘理解有差异。
新安复校再申请，如愿以偿真心醉。
拨云见日扫阴霾，乐献终生树壮志。

从桂林到盐阜：拨云见日扫阴霾，乐献终生树壮志

1. 与敌周旋失良机

抗战时期在涟水长浦河恢复新安学校时的汪达之

汪达之加入中国共产党，是在1944年1月。这已是“新旅”从抗日大后方的广西桂林秘密转移到苏北抗日民主根据地盐阜区的第二个年头。当时汪达之已奉命在涟东县长浦河村复办新安学校。其实，汪达之在进入苏北解放区盐阜根据地后，就积极争取加入中国共产党。

1942年他写了入党申请报告，年底由区党委批准入党。时值日寇开始“大扫荡”，汪达之和部分“新旅”小团员陈伟等被组织上安排到东海边在“打埋伏”中与敌周旋。不久，“反扫荡”胜利了，在一次靠近海边召开的党的会议上，盐阜区党委书记刘彬在讲到入党问题时便以汪达之为例说：“我的意见，象（像）邹韬奋那样不参加党，工作要方便些。”[1]这是参加这个会议的纪宇（嵇钰）回来后，向汪达之传达的。

2. 只缘理解有差异

当时，汪达之以为党的意图是要安排他出去工作，就没有参加党的组织生活。1943年，新安学校在涟东县长浦河村复校后，他又一次申请入党，1944年1月被批准，参加了新安学校中共党的组织生活。入党介绍人是白桃（戴伯韬，时任盐阜区行署文教处长）和刘彬（时任盐阜区行署党委书记）。

其实，汪达之早已接受了中国共产党的领导，早就投身到致力于中华民族解放的运动中去了。但他为什么这么晚（时年43岁）才加入共产党呢？据“新旅”老团员、曾担任过中共“新旅”党支部（秘密）书记兼团务委会主任委员，新中国成立后曾任中央国家机关党委宣传部长的张牧（张敬茂）回忆，这是来自于“客观”和“主观”[2]两个方面的原因。

从阜宁到涟东：原因时势主客观，如愿以偿真入党

1. 客观原因时势造

从客观方面讲，由当时“新旅”所处的客观历史条件造成的。“新旅”在国民党统治区里开展宣传抗日救国活动，在一切公开的场合，它都是以一个无党无派的、民间的、少年儿童的教育团体的面貌出现的。

“新旅”在国统区的抗日救国宣传工作，在官方场合下，也是以宣传孙中山先生“唤起民众”的遗教方式做掩护的。因此，“新旅”才能在国统区“抗日有罪”的历史条件下，不但生存下来，而且长期坚持了革命工作。国民党从它的中央到县党部，虽然不断对“新旅”施行种种限制、刁难，甚至用皮带环打破了汪达之的头，可是这一切都被“新旅”战胜了。“新旅”在大半个中国开展了抗日救国运动，取得了其他革命组织难以取得的卓著工作成效。

共产党为了巩固“新旅”的这种社会地位，使它在国民党统治区更好地工作下去，上级党组织一直认为，不吸收汪达之入党，对工作更有利。

2. 主观因素也不少

从主观方面讲，汪达之对党也有一个从认识到再认识的过程。汪达之与中共党的接触是很早的。据他自己的回忆，早在他进入晓庄师范之前，他有个同学姚左元就是共产党员，大革命失败后，姚左元还曾从南京到安庆的汪达之家中“避过风”。不过，这时的党员身份是秘密的、不公开的，当时的汪达之和他的接触应该是心中有数的，不过只是心照不宣罢了。知道汪达之很早就和中共党组织有过较多接触的还有张牧，他在《关于汪达之同志的几件事》一文中回忆：

达之同志和我们党的接触是很早的。他的晓庄同学中，有许多共产党员，其中许多人，在白色恐怖中，已经英勇牺牲在雨花台下，也有不少是和他共事多年的。例如在新小（新安小学）一同工作的李友梅。他和刘季平同志（当时晓庄师范学校的中共地下党支部书记）、上海左翼教师联合会地下中共党支部负责人丁华（帅昌书）同志、王洞若同志等，往来也都十分密切。他对于这些同志当时的政治面目，心中不是完全无数的。那时候，在每年的寒暑假时，上海左翼教师联合会的中共党支部，都要邀请各地的进步教师和生活教育运动的同志们举行‘座谈会’‘进修班’之类的活动，达之同志是每次必到的。抗战开始以后，各地八路军办事处的主要负责同志，都亲自关怀和具体指导过他的工作。可是，直到一九四二年以前，他从没有提出过入党的要求。

一九四二年春天，我（张牧）被调离“新旅”。遵照刘彬同志的指示，我正式告诉达之同志说，“新旅”已在一九三八年春天正式建立了党的支部。同时也征求他是否入党的意见。他沉思很久以后说：“我的条件还不够！我需要把《党

章》和《联共党史简明教程》再读一遍，好好想想我的一生。到时候，会叫你们满意的。”

“也是（一九）四二年春我们个别交谈的那一次。他说：‘党可是有铁的纪律的呀！作为党员，那就要无条件地服从了。我入党以后，党如果要决定取消‘新旅’，那我将怎么办呢？’这就是他没有早日主动争取入党的主要思想障碍。”[3]

3．如愿以偿真入党

由此可见，汪达之入党较迟，也可说明两个方面的问题。

一是，汪达之是视“新旅”为他的“新安”事业的继续和发展，并为之呕尽了心血的。可是，他在党的事业和“新安”事业的关系上却久久未能得到正确的解决。正因为这个缘故，他一方面无条件尊重党对“新旅”的领导，使之得以生存发展。而另一方面他也希望保留他对党的某种程度上的独立性。他是怕党的纪律使他失掉这样的独立性。

二是，汪达之是以更高的思想觉悟和更加深刻的政治实践来到党的队伍中来的。早在 1942 年初，时任新四军政委、华中局书记的刘少奇，就曾赞誉过他。

汪达之入党前的政治实践已经充分地证明，他是无愧于这种赞誉的。

【注释】

[1] 汪达之：《自传的一个轮廓》（汪如一、陆梅提供的汪达之手迹复印件），刘友开编《汪达之教育文集》，南京：江苏教育出版社，1995 年，第 267 - 297 页。

[2] [3] 张牧：《关于汪达之同志的几件事》，江苏省纪念新安旅行团建团 50 周年筹备办公室编印《足迹五万里》，1985 年。

[4] 张牧：《刘少奇同志一九四二年一月同汪达之、张牧谈话要点》，江苏省纪念新安旅行团建团 50 周年筹备办公室编印《我党领导同志及各方人士给新安旅行团的书信、谈话摘录和题词》，1985 年。刘友开：《一群小好汉群英谱——纪念中国人民抗日战争暨世界反法西斯战争胜利 70 周年和新安旅行团建团 80 周年》，北京：团结出版社，2015 年。

第二节　敌后办学谱新篇

苏北革命根据地，日寇扫荡频空前。
盐阜军民战犹酣，苏皖夹缝烈火煎。
烽烟连天挑重担，敌后办学谱新篇。
为应急需育人才，复校新安梦遂圆。

从阜宁到滨海1：烽烟连天挑重担，敌后办学谱新篇

1. 根据地里获新生

1942年2月中旬，“新旅”在阜宁县东岔头的驻地，举行到达敌后苏北抗日民主根据地盐阜区后第一次全体团员大会。大会总结了6年来的工作，通过了新的团章，组成了新的党支部和团委会，张牧任团委会主任兼党支部书记。“新旅”是盐阜区党委的直属单位，党内和区党委、行署是一个总支部。工作上，受盐阜区行署和区党委宣传部双重领导。这时的汪达之仍任“新旅”顾问，盐阜区行署还任命他为盐阜区行署文教处督学，主要致力于敌后苏北抗日民主根据地盐阜区教育建设和改革事业。

1946年5月新安旅行团苏北分团在淮安合影

敌后苏北抗日民主根据地盐阜区成立于1941年9月1日。因行政公署设立在江苏省盐城地区阜宁县陈集，所以取其“阜”字，称为“盐阜区”。“盐阜”一词由此而来。盐阜地区包括涟水东南部、响水南部、滨海、阜宁、射阳、建湖、盐都、亭湖及大丰北部。

盐阜区是苏北抗日民主根据地的重要组成部分之一。该区曾是中共中央华中局和新四军军部及三师师部所在地，是刘少奇、陈毅、黄克诚和张爱萍等国家领导人长期从事抗日斗争工作过的地方。盐阜区抗日根据地的新民主主义教育，就是在中共中央领导下由这些老一辈无产阶级革命家直接领导下开辟和发展起来的。他们根据马克思主义的理论和党中央的路线、方针、政策，结合盐阜区抗日斗争的区情和民情特点，依靠广大干部和人民群众的力量，建立了一套新的教育和教学制度，创造了许多切实可行的新鲜的教育教学经验，从而有效地提高了人民群众的民族意识、民主精神和科学文化智能，培养和造就了一大批优秀的干部和人才，为夺取抗日战争的胜利做出了卓著的贡献。

到了苏北抗日民主根据地盐阜区，新的工作怎样开展？汪达之先生多么想尽早地知道党的指示！一天，在汪朱集一地主家的堂屋里，新四军政委刘少奇同志极其热情地接待了汪达之先生和“新旅”干事会的领导骨干。当汪达之先生汇报完关于“新旅”6年多来的历程后，少奇同志指着汪达之先生亲切地对在场的人说：

你们和国民党作了那么多反复艰苦的斗争，为全国抗日战争做了那么多工作，你是有很大功劳的啊！你虽然还没有加入我们的党，但你不愧为我们党外的

一位布尔什维克。今后，你们到根据地就是到家了，一切都会比过去好，希望你继续领导他们，把我们根据地的青少年和儿童工作做得更好！[1]

少奇同志在回答时任“新旅”团长张牧关于像“新旅”这样的团体在根据地还有无继续存在的必要的问题时指出：

为什么不必要了？“新旅”要保留下来，并且还要大大发展！你们是个革命团体嘛！是有光荣历史的团体嘛！在全国闻名，在海外不是也有很大影响吗？国民党限制你们，压迫你们，赶你们走。那好，我们共产党就是要保护你们，发展你们，好让全国人民看一看，比一比谁个是爱护青年的，谁个是摧残青年的！根据地的青少年工作，还等着你们去做呀！就是和国民党做斗争，你们也要保留下来，发展壮大起来[2]。

少奇同志的一席话说得汪达之先生和张牧等异常兴奋。汪达之先生当场对少奇同志表态说：“我们一定把您的话告诉大家，要大家不辜负您的期望，把工作做好！”接着，他还向少奇同志提出要他批给一张驴皮来发展皮影戏的请求，少奇同志也愉快地答应了。

在看望新四军代军长陈毅时，陈毅同志说：“你们不但要做苏北的青少年和儿童工作，整个华中地区的青少年和儿童工作，要通通请你们去做！”他热情地鼓励“新旅”小朋友要做好文艺宣传工作，不但要对儿童宣传，还要对群众、对军队宣传，并交给“新旅”在三年内组织起苏北根据地10万儿童的光荣任务！

回到“新旅”驻地，汪达之先生把刘少奇政委和陈毅代军长的话传达后，大家都受到极大的鼓舞，并纷纷表示一定要把党交给的这一光荣任务做好。汪达之先生更为高兴，“新旅”这个由他一手筹建和领导的团体，终于走过了坎坷不平的征途，步入了康庄大道！

2. 深夜长谈见真情

然而，顾问汪达之先生又是怎样从一个“党外布尔什维克”，以“更加纯正的思想来到我们党内”，成为一个“真共产党员”的呢？这事还得从时任“新旅”党支部书记、团委会主任的张牧在调离“新旅”时，他与汪达之先生在深夜话别说起。

那是1942年3月的一天夜晚，在“新旅”驻地——阜宁县小陈集附近边胥董村的打麦场，即将离团赴盐阜区党委新组建的青年救国总会任宣传部长的张牧，和汪达之先生话别时，单独进行了一次的彻夜长谈[3]：

张牧：“我们都是在您的带领下长大的啊！我想过，要是没有您，像我这样的苦孩子，今天会在哪里，又会是一个什么样子的人呢？”

汪达之：“是这样！不过，没有共产党指引的路，我也不会把你们带出来的！”

张牧：“要不是有您那艰苦卓绝的奋斗精神，我们的团体也可能早被重重的困难压垮了！像一九三五年冬天在南京那样，谁敢坚持走下去哇！”

汪达之：“要是没有你们大家的决心，我也不敢这么做呀！”

张牧：“汪先生，我有件事很对不起您！”“我该向您检讨。您知道我已经入党了吗……您还记得一九三七年冬天派徐之光秘密去庆阳的事吗？自那以后，我们就成立党支部了……先生，您是我的老师，今后还是我的老师啊！我们入了党，正是您一贯同情党、支持党，是您多年来对我们辛勤培育的结果呀！但是，我们过去一直对您隐瞒了这件事，那是因为党处在国民党的白色恐怖环境中，党就不能不处于绝对秘密的状态下，这是党的地下工作的原则和纪律！对于您，不论是我们党支部，还是各地八路军办事处的领导同志，都把您当成我们党的同志……这些重要时刻，关系到团体生存发展的大事，都是您带上徐之光，有时带上我们更多的人，一起在办事处商定的呀！……可是，到抗日根据地，我却忘了把这件事告诉您了！我错了，您原谅吧！”

汪达之：“是这样的！我理解你们，不怪你们……我们是同志啊！”

张牧：“少奇同志不是早对您说过，您是我们党外的一位布尔什维克吗？您一向就是我们党的同志啊！”“我们支委会研究过一次，最近打算再发展几个同志，那‘新旅’支部就有十多个党员了。”

汪达之：“还打算发展谁呢？”

张牧：“支部正式讨论之前，还想听听您对这些同志的意见哩！您自己是不是也有这样的考虑呢？”

汪达之：“我还不够党员条件！”“我还要认真地把《联共党史》和《党章》看看！”

张牧：“您是够条件的！早在支部成立不久，我们就想过您也入党的事……（《联共党史》和《党章》），您不是早就读过了吗？”

汪达之：“是的。我还要仔细地想想我的一生。然后，再考虑你提的问题。”“到时候，我一定会给你们一个满意的答复！”

第二天，张牧立刻向时任盐阜区党委书记的刘彬做了汇报。刘彬同志说：“说明白了，很好嘛！可是在他自己入党的问题上，切不可勉强，他在党外，也是我们的好同志呀！”

两年之后，汪达之先生终于向他的老战友戴伯韬同志（时任盐阜区行署文教处处长）提出了加入共产党的要求。从此，他在组织上也成为一名党员了。若干年后，张牧在他的回忆录《新安旅行团，我的一些回忆》中，还饱含深情地写道："他（汪达之）是一位虔诚的爱国主义者，他全心全意地为人民的事业而献身，他认为，加入共产党，是一件十分严肃的事。他是带着更加纯正的思想来到我们党内的一名战士，还是淮安河下莲花街（新安小学原址）上老年人送他的那句话：'他可是一个真共产党啊'！"

从阜宁到滨海2：和敌伪顽争儿童，反扫荡中显身手

1. 和敌伪顽争儿童

遵照新四军政委刘少奇和代军长陈毅关于努力做好苏北根据地儿童工作的指示精神，1942年3月，盐阜区行署文教处立即派出"新旅"团员分组到各县小学校帮助调整和建立儿童团，举办儿童干部训练班。4月1—9日，"新旅"还派出郭华、韩枫率领由各县儿童团代表组成的盐阜区儿童慰问团一行17人，携带儿童们所献的子弹壳、废钢铁、鸡蛋等礼物去慰问新四军首长，受到代军长陈毅的亲切接见。

4月6日，为纪念"四·四"儿童节，"新旅"顾问兼盐阜区行署文教处督学的汪达之先生在《盐阜报》发表《我们怎样教育子孙》一文。他在文章中指出：

今天的儿童已不只是家庭的子孙，而且还是国家的小主人、民族的幼芽、民族的生命。我们教育他，不仅要站在家庭立场而且还要站在国家民族的立场，要用极大的可能和力量，来保护他们应享的民主权利，教养他们成为贤良儿孙，成为优秀的国民。

我们要用新的观点来认识儿童，我们要反对过去对于儿童的漠视和轻蔑。抗战中儿童已在自发地贡献他们的力量，这是很小的一部分力量。但要经过有计划的领导，使他们组织起来，团结起来，便是不可战胜的伟大力量。这种伟大的力量，好好地保护他，发展他，便是创造新的世界的力量。我们这样相信而且可以保证。

我们怎样教育子孙这个问题，一定要得以解决。这是抗日民主政治的一种积极的任务。我们希望抗日民主政府的广大抗日人民，都要起来注视这个问题，合理的解决这个问题，那么今年（1942年）的儿童节便有它新的意义了。

我们要和敌伪争儿童，也要和顽固派争儿童，"儿童是我们的"。五年、十年后便是一个崭新的世界，他将缩短社会进化的过程，将保证革命的胜利[4]。

2. 反扫荡中打埋伏

新安旅行团到达苏北抗日民主根据地不久，正当汪达之和"新旅"团员们在党的领导下即将大显身手、大展宏图的时候，日伪对根据地的“大扫荡”“大围剿”“大清乡”也接踵而至。1942 年的冬天，日寇集中了 3 万兵力，狂妄地叫嚣着要“消灭新四军在黄海之滨!”敌人在南北不足百里、东西百余里、其中还密布着据点的盐阜地区，实行了所谓的梳篦战术向海边压过来，加上空中还有敌机在不断地侦察。

根据地军民奋起“反扫荡”“反围剿”“反清乡”的战情，显得异常严峻。根据盐阜区党委和行署的指示，汪达之仍随“新旅”行动，他与“新旅”干事会的负责同志，将团员 46 人分成 3 个小队，带上 5 支步枪、3 支手枪和 20 多颗手榴弹，分散到海边“打游击”。

抗日战争时期，苏北和苏中是两个毗邻的根据地。苏北盐阜区是由新四军三师创建的，苏中区抗日根地是由新四军一师创建的。苏北和苏中所有的县城和大城镇都被日伪军所占领，构成了一条条、一道道严密的封锁线。“新旅”的团员们正是在这样的险境中从桂林先到香港、接着从香港到上海、然后再从上海到达苏中和苏北的。在秘密进行的长途转移中，他们按年龄大小进行适当搭配，3 人或 5 人一组，化装成兄弟姐妹或亲戚，每组都有一名党员或年龄大些的同志带领，在沿途党和军队的地下秘密交通站人员的护送下，分期分批地汇合于苏北抗日民主根据地盐阜区的。

苏北敌后抗日根据地盐阜区，如同插在敌占区心脏的一把尖刀。因此穷凶极恶的日伪军不停地集中优势兵力，对盐阜区实行疯狂的“大扫荡”“大清剿”“大清乡”。在这艰险残酷的斗争逆境中，决定汪达之和“新旅”这群孩子兵坚持下去的关键是“密切地和群众在一起”“学会打游击”。

有一次，汪达之带领着不足 10 岁的女团员陈伟等人的小分队在群众的掩护下，躲在海边的一个村庄里“打埋伏”，从一里多路外正向这里奔来的一大队敌军人马，已清晰可见。机智勇敢的他们只用了两分钟就做好了应战准备：背包藏进了草堆里、手榴弹弦套上了手指、步枪的子弹上了膛，两位小团员飞跑去通知 2 里外的两个小分队，然后分散到海边的草堆丛中隐蔽起来，见机行事。

不多时，汪达之所带领的这个小分队和“新旅”的另两个小分队 40 多人都立即隐蔽到海边草滩上不足两尺高的一个个小草堆里。小团员陈伟的心像打鼓似地跳个不停。她想到了自己在团员大会上说过的话：“鬼子捉到我，杀就杀，什么都不讲，这誓言恐怕要用到了。《苏联文艺》上那些苏联少女英勇为国牺牲的故事，也出现在脑海里。”[5]后来，已是 80 高龄的女高音歌唱家陈伟在回忆这段往事的回忆录中写道：“我和汪爸爸（汪达之先生）隐蔽在草堆边，他紧搂着我颤抖的身体，用有力的声音说：‘小伟啊！不要怕，有我在，就有你在。’汪爸爸的话使我顿时坚强起来。今天汪爸爸虽然已长眠在陵墓，但他的声音至今仍在我耳边回响。”[6]

那天的天黑时分，村里的民兵送来了情报，那1000多鬼子住在4里路外村庄上，还带10多只军犬，扬言还要搜索这一带的草滩。“新旅”的40多人便火速集中起来，靠着北斗星的指引，一夜急行60多里，终于安全地跳出了这个搜索圈，来到了南边的海边。

还有一次，因病藏在农户家里的12岁小团员郝杰和17岁的女团员王云飞，远远望到一队鬼子兵突然朝这边来了，王云飞就和这家女主人立刻将庄子外围小沟上的独木桥拆掉了，在门缝里观察着敌情：鬼子们在伪军的带领下围着村庄的房子在沟外不停地跑着打枪，并号叫着威胁房里人出来搭桥。这时已有战斗经验的新四军女战士王云飞，她顾不得自己有病，拿出手榴弹对还是新四军中“红小鬼”的郝杰说：“不要怕，炸死他两个就够本了！”[32]鬼子们见到四面的水沟，对沟内的房子也毫无办法。正在这时，不远处的地方又响起急促的枪声，鬼子们闻声又急忙集合而去了。

在盐阜区，“新旅”的小战士们经历过敌人无数次的“大扫荡”“大围剿”“大清乡”，他们越锻炼也越有经验了。16岁的女团员黄明还赤手空拳地抓到了一个带枪的汉奸。还有一次，两个十七八岁的“新旅”团员去侦察敌情，遇到一小队身着便衣的鬼子尖兵。他俩虽然遭鬼子追击了一里多路，但最终机灵地摆脱了敌人。

虽然隐蔽和行军及生活上都很艰难困苦，除了在敌人第一次“大扫荡”中，张平、张杰两位团长不幸英勇牺牲外，其他的团员们都已锻炼成为很有经验的小游击战士了。在最紧张的时候，他们每昼夜都要在荒凉的海滩上转移两三次，藏在草堆里夜宿，经常是一整天只能吃一顿用整小麦粒子煮成的稀粥，有时竟不得不用盐蒿子草来充饥。

不久，新四军主力在外线打了胜仗，把日伪主力吸引到外线之后，又回师根据地中心来各个击破逐个拔除敌人的据点。“新旅”的小战士们就又和各地的民兵及担架队一起，投入了“支前”队伍的行列。

从滨海到涟东：两次复校盐阜区，复办新安兴教育

1. 长浦河村办学校

1943年夏秋季节，随着新四军主力从外线回师苏北敌后抗日根据地对日伪据点的逐渐拔除，“反扫荡”胜利结束，苏北抗日根据地扩大了，位于废黄河两岸盐阜区的涟东和阜宁两县接壤地区根据地的形势已趋于平稳，为适应部队和地方对人才的急需和发展根据地教育事业创造了可能，作为盐阜区行署文教处督学兼“新旅”顾问的汪达之，不失时机地向组织上提出了恢复新安学校的建议。不久便获得盐阜区党委和区行署的批准，并奉命担任在苏北解放区三次复校后的新安学校三任校长。

新安学校在苏北解放区第一次复校的地点，是在盐阜区涟东县的长浦河村。长浦河村距涟东县东北约50华里，位于废黄河西岸的长浦河畔。过了废黄河，东面是阜宁县的马集区、南面是淮安县，是个比较偏僻的农村。由于距离日寇占领的涟水县城、阜宁县城、淮安县城较远，自然成了苏北抗日民主根据地里比较稳定的地带。所以，盐阜区行署文教处便决定将新安学校在苏北解放区第一次复校的地点，首选在长浦河村。

汪达之，奉命出任第一次在苏北解放区涟东县长浦河村恢复的新安学校校长。随后，汪达之便以校长的身份，在1943年8月21日的苏北《盐阜大众》报，刊发了《新安学校复校启事》[7]：

新安学校复校启事

本校原设在淮安，有部分同学组织“新旅”，旅行全国。抗战后原校沦陷停办，曾由“新旅”同学在桂林复校。又因环境恶劣停办。“新旅”即转来苏北，现承军政首长和各界赞助，又将在阜宁（阜宁与涟东交界的长浦河村）复校，先办小学部。报名者可至阜宁文教科或板湖区行署接洽……

校长　汪达之

新安旅行团部分团员在苏北抗日根据地留影

新安学校的本部设在长浦河村的袁庄。教职员工和外地来的学员，都分别借住在以袁庄为中心的于庄、徐庄等前后3个庄子的群众家里。生活指导部主任（后为李楠）纪宇，教职员工由“新旅”团员、盐阜区党委和涟东县政府从党政军中抽调的人和临时聘用的“艺友”三部分组成，共40多人。从校长到教师一律不拿薪酬，都是供给制。学校开办之初，由地方民主政府支持、师生自己动手盖了十几间大草房，作为食堂和会场。

学校开办时，共有13个班级。其中，6年级班1个、5年级班2个、儿童干部班2个，学生计630多名。后来，为适应抗日战争的需要，又增办了干部文化班、成人识字班、秧歌舞培训班，学员多时已达千人左右。学生来源大部分是本地的农民子弟，其余的有原“新旅”小团员、盐阜区党政军干部子弟，还有各地派来参加各种培训班的干部和积极分子。

学校的学制是根据抗日战争形势发展的需要而确定。其中，有6年制的小学教育，有一两个月到半年的干部文化补习班，有几天到十几天的短期集训班，还有冬闲农民识字班。因此，“天天招生，日日毕业”的生动活泼的景象，便时常在学校出现。因为这时的新安学校既是根据地里的一所实验小学，又是培训干部的初级干校，所以人们都统称它为“长浦新安学校”。

学校的办学方针是紧紧围绕“打败日本侵略者”为明确的政治方向，为培养当时革命斗争所需要的人才服务，把参加抗日宣传和阶级斗争及生产劳动等都列入学校的教育教学计划。在教学方面，都是根据当时当地的革命斗争环境和形势及设备条件，采用灵活多样的教学形式。

当时，缺乏纸张又没有印刷设备，教材都是由任课教师根据学校教学计划自编自印。课程也因教学对象的不同而因人而异。小学教育主要有语文、数学、常识（包括历史、地理），干部班主要学《论持久战》、抗日民族统一战线、根据地建设等理论，并结合文化课学习。农民识字班主要教学当时革命斗争生活中的常用字词。由于没有固定教室、没有学桌，住地又分散，上课时就发动学生自带一条小板凳和可以放在腿上当学桌的一小块方木板，热天就在树荫下、冷天就找背风处上课，雨天就按自然村庄分点上课。

在教学方法上，新安学校十分注重学以致用、学用结合。如小学语文和数学课都选取根据地军民杀敌、除奸、支援前线等方面的典型事例做教材，启发学生结合本地实际或口述或自主阅读写作或自编算术题演算。成年人班则主要以专题讨论或自我总结和参加实践活动等方法进行教学。为了丰富教学内容以及提高教学质量，各班还通过办学习快报、黑板报等交流学习体会，解答学习疑难问题。同时各班都组织开展教唱革命歌曲、跳秧歌舞、自编自演各种小戏剧等丰富学生的学习生活。

在生活管理上，新安学校十分重视培养学生自主管理的能力。为根据各类不同类型的年级实行有针对性的教育，在小学部的每一个班级都配备一名辅导员老师，帮助他们学习洗衣服、打草鞋、搞清洁卫生和参加力所能及的生产劳动。对其他类型班级的学生，由学生自己组织起来管理学习和生活的事务。如为住户挑水和扫地以及农忙时帮助有困难的农户收割耕种等。

根据学校规定，各类型的班级，在每周五下午都分组召开民主生活会。会上先由学生每人自己总结检查一周来的学习和工作及生活等方面的优缺点，然后再由大家本着“与人为善、治病救人，知无不言、言无不尽”的诚恳态度，进行表扬鼓励或批评帮助。对表现突出的由学校在全校会上进行表扬，会后利用黑板报和快报，开展个人与个人、小组与小组、班级与班级的挑战和应战的竞赛活动。

对犯有严重错误的须在全班甚至在全校进行批评帮助的，都要经过集体研究、报给校长批准后才能进行。当时在校任教的袁峰、朱杏生后来回忆说：“由于平素思想教育工作抓得紧，学员思想觉悟比较高……几年来没有人被全校性批评过，就是全班性的批评帮助活动也是很少的。”[8]这也是“新安学校发扬了抗大‘团结、紧张、严肃、活泼’的校风，为根据地各类学校做出了榜样。”[9]

在全校师生中推广讲普通话，是长浦新安学校的又一大特色。根据教职员工和学生来自四面八方、语音各异，给学习和工作带来很大困难的实际情况，从复校的第一天起，学校就规定使用统一语言——标准语，使全体师生学“国音”，讲普通话，取得了显著的教学效果。

新安学校对苏北抗日根据地的文化教育建设和向部队及地方输送人才等方面做出的贡献是多方面的，其最直接的显性贡献主要体现有三方面：

一是，帮助农民识字，积极开展和普及成人教育。

新安学校汪达之校长把教农民识字明理、提高农民文化水平和思想觉悟、开展和普及成人教育，当着学校的一项重要任务。学校的师生几乎全部参加。朱杏生老师就是被分配专抓农民识字明理的辅导员之一。

他们的做法主要有：首先是在学校周围几个村庄对农民进行“学文化，当主人”的宣传发动；其次是配合农教会、妇救会等地方组织，把不识字的男女青壮年按自然村庄组织起来，学校分派教师去各村庄上课；再次是把学生发动起来，开展对父母、哥嫂、姐妹等进行包教活动。

此外，还在村头路口挂起识字牌，由站岗放哨的儿童团员负责教行人识字。每到冬闲季节的夜晚，各个村庄都是灯火闪烁，男女老少都汇聚到一起，有的在学习、有的在讨论、有的在唱歌跳舞……虽然当时的条件还很差、生活也很艰苦，但是到处都是一片热火朝天、生机勃勃的喜人景象。

二是，培养儿童骨干，配合地方政权组织儿童团。

汪达之校长是“新旅”的顾问、学校的教干和辅导员也有不少人是“新旅”的骨干，学生中也有部分是“新旅”的小团员。他们通过自己的成功实践，加强对儿童骨干进行教育培养。因此，新安学校在复办不久，就以“新旅”小团员为核心，又从有关班级的党政军的干部子弟中挑选一批同学做“小先生”，接收外地选送来的儿童团骨干，办了两个儿童干部培训班，为根据地培养组织儿童团的骨干。

儿童干部培训班除了学习时事政治常识和文化知识外，还要学习群众和儿童工作方法等。学校经常有目的地组织他们参加诸如宣传抗日和减租减息及搞社会调查等社会活动，借以培养他们的独立工作能力。

1943 年春，当学校接到上级关于配合地方政权组织儿童团的任务时，就立即组织起儿干班的师生纷纷分赴各地，进行宣传发动，按村成立儿童团组织。同年夏，盐阜区少年儿童总团部就在距学校不远的废黄河对岸的阜宁县境内成立了，具体指导各地的儿童团工作。到会的 9 县 1 市的代表共 400 余人，代表 135500 个盐阜全区有组织的儿童和少年，苏中区也有两名儿童团长通过敌人封锁线赶来参加大会。

从此，儿童团成了根据地里非常活跃的一支队伍。平时，儿童团员们除认真学习文化、帮农民识字、为军烈属义务劳动外，还配合动员和欢送亲人参军和配合民兵站岗放哨。战时，儿童团员们还为部队带路送信、慰劳服侍伤病员等。在伟大的抗日战争中，根据地的儿童团发挥了很大的作用，还涌现出了不少像小英雄王元甲那样远近闻名的可歌可泣的英雄少年。

三是，教学跳秧歌舞，丰富根据地军民文化生活。

能歌善舞，用歌舞等文艺形式宣传抗日救国，动员民众团结抗战，既是“新旅”的光荣传统，又是“新旅”的成功经验。复办后的长浦新安学校，继承和发扬了“新旅”的这一优良传统，充分利用歌舞的艺术形式来建设和发展根据地的教育事业。

新安学校在复办不久，曾举行过一次规模较大的与当地干群的文艺联欢会。长浦村的男女老少、南集乡的干部群众都来参加了。连涟东县县长万金培、涟东县政府文教科长孙兰、涟东县第一区区长赵静尘、教导员叶芳等也都应邀前来参加。联欢会上，新安学校师生演出了反映敌后抗日根据地军民鱼水情深的现代戏《一把锁》和几个秧歌舞。根据当事人的后来回忆：

观众们不仅被剧情所深深打动，更为精湛的表演和委婉、动听的秧歌舞曲调所吸引，会场上不时爆发雷鸣似的掌声，特别是秧歌舞是大家第一次看到，格外喜爱，一再要求加演。演出结束时，万金培县长代表出席联合会的地方干部，向新安学校师生表示祝贺和感谢，并殷切地希望“新旅”同志能把秧歌舞在全县推广、普及。自此以后，学校就派出学员到周围群众中去教学、排练秧歌舞节目。由于秧歌舞容易学，曲调欢乐优美，歌词可以根据需要随时更换，所以不仅青少年学习积极高，就是成年人也非常喜爱学。几个月时间，秧歌舞普及到整个涟东第一区[10]。

为了适应形势的需要，汪达之校长等新安学校领导决定在校内增设秧歌舞培训班。参加培训的不仅有涟东县各区派来的，而且还有盐阜区的其他县，也有淮海区的涟水县等都派人来参加培训学习。秧歌舞这种为群众所喜闻乐见的艺术形式很快就在苏北根据地流传开来。实践证明，秧歌舞的普及，不仅丰富了苏北根据地军民的文化娱乐生活，而且对宣传民众、发动群众、教育人民、打击敌人，都起到了很大的积极作用。

新安学校之所以能在当时抗日根据地极其艰难困苦的恶劣环境下取得如此卓著的办学成就，这是与以汪达之为校长的新安人共同努力是分不开的。特别是与汪达之校长锐意创新、艰苦奋斗、无私奉献的精神是密不可分的。当年新安学校的教职员后来回忆：

特别是汪达之同志，对工作真正是极端负责，不管环境多么险恶，工作任务多么艰巨，生活多么艰苦，他总是乐观积极，说在前，干在前，处处以身作则，事事以人民利益为重；对同志真正是满腔热忱，把群众的疾苦当作自己的疾苦，把群众的欢乐当作自己的欢乐。在他的影响和带动下，同志们都以多做工作为荣，以能帮助别人克服困难为自己的最大快乐。因此，当地的干群说：“胡子校长（汪校长当时留有大胡子）真是共产党的好干部！”夸新安学校老师是他们的“贴心人”[11]。

新安学校出色的办学成就的取得，也凝聚着党和政府各级领导的重视和关怀。毛主席给“新旅”复信后，汪达之校长拿着信对大家说：“毛主席给我们来信啦！他老人家夸我们有成绩，要我们继续前进呢！”大家都高兴得跳起来。接着，他还用党中央和毛主席、周恩来、刘少奇等中央领导人关心“新旅”的故事来鼓舞师生们的革命斗志。新安学校复办后，新四军三师师长黄克诚、参谋长洪学智，盐阜区党委书记刘彬、行署主任曹狄秋等领导人也都先后来过长浦河袁庄，询问新安学校工作情况和了解存在的问题并尽可能地给予帮助解决。他们还对全体教职工讲话，勉励大家为打败日寇和建立新中国而努力奋斗。盐阜区行署文教处长崔载、白桃、涟东县长万金培等更是经常到学校帮助解决办学中的各种困难。

2. 马集区里兴村学

长浦河新安学校招收学生的对象，原来主要是农民子女和干部子女寄宿生及干部文化补习。1944 年底，学校改变性质，面向基层干部，校址迁移到距长浦河村不远的废黄河东岸的阜宁县马集区境内的明吴、钱王、杨码村一带。这里是老根据地，敌人疯狂进攻时，学校的老师就和地方干部、民兵分散在群众家里就地坚持斗争。平时除学校的重大问题需要研究外，成天都和乡村干部、民兵一起工作、一起学习、一起抬担架支援前线。

随着抗日战争的胜利和解放战争爆发的形势发展，马集区的新安学校在地方党政部门的热情关心和当地人民群众的大力支持下，得到了不断发展壮大。教师增加到 10 多人，设立了艺友制师范班和妇女干部文化补习班，并在明吴村附近的 5 个村庄开展了全面的村学工作。学校将师生按 5 个自然村庄，划分为 5 个工学组（工作和学习小组）。由每个工学组教师担任组长或辅导员，负责该村村学工作的开展。每个村还成立一个村学委员会，由地方干部和热心于教育事业的群众骨干参加，协助学校解决教室、教具问题以及动员学生入学。

因为学校同人民群众有着血肉相连的密切关系，所以地方干部和群众都十分支持学校工作。因此，时隔不久，5 个村的入学儿童就达到 285 名、校外儿童 46 名、小先生26名、妇女识字班110名。学校所有人员都同群众吃住在一起，成为群众家庭中的一员；而每一个群众家庭的成员则又是学校的学员，彼此都亲密无间。

艺友制师范班是以陶行知生活教育理论中的核心主张“生活即教育”“社会即学校”“教学做合一”为办学宗旨，强调在工作中边做边学边教。这些学员一面从事革命工作，一面坚持刻苦学习，通过不断总结、不断创新，丰富实践经验，进一步提高理论水平，在实践中增长才干。

如当时艺友制师范班的学员用自己编创的墙头诗等，拿去教育群众都收到很好的教育效果。有一首告诫还乡团不要作恶的墙头诗是这样写的：还乡团，还乡团！不要糊涂不要狂！蒋匪反共命不长。乌龟碉堡更难保，到时看你怎么了？还乡团，还乡团！作恶加罪逃不掉！人民对你不会饶。你想翻天休梦想，只有死路道一条。还乡团，还乡团！不要顽固不要凶！我军马上要反攻。趁早自新改前非，人民对你会宽恕。

新安学校的文化课一般都是根据革命形势的需要和学员的思想状况及行为表现自编课文，尽量使每个学员既能学到文化知识又能提高思想觉悟。如妇女识字班有“七言八语”等[12]：

七言八语

会讲会说字不识，写信读信要请人。
字字句句拦路虎，你想困难多不多。
识字班里好处多，识字明理能进步。
学习文化翻了身，遇到文字不求人。

思想政治宣传教育课，则是以革命战争的形势与任务为主要内容，结合当地人民群众中的各种思想反映的实际，进行有针对性的教育。除纳入课堂教学外，还利用各种大小不同的会议进行宣讲，使人民群众进一步不断提高思想认识，明确目标任务，树立人民革命战争必胜的信心信念。

在宣传形式上，还有演唱、漫画、诗歌等均为群众所喜闻乐见。教育的对象做到了从孩子到老人、从青年民兵到乡村两级干部及每个家庭的全覆盖，真正做到了家喻户晓、人人受教育，把“生活即教育”“社会即学校”“教学做合一”落到实处、见到实效。

报纸是新安学校开展思想政治教育的一个主要教育资源，老师们天天看选、天天编用。特别是关于刘邓大军挺进大别山和苏中“七战七捷”“孟良崮战役”等内容都及时地在人民群众中进行宣讲，有效地促进了广大民兵和群众主动配合部队打击伪保安队和还乡团，出色地完成公粮公草和担架支前等各项任务，为革命战争的胜利做出了积极的贡献。

【注释】

［1］［2］［3］［4］［5］张牧：《新安旅行团——我的一些回忆》，中国青年出版社编《红旗飘飘·29·纪念新安旅行团成立五十周年专辑》，北京：中国青年出版社，1985 年，第 142－151 页。

［6］汪达之：《我们怎样教育子孙》，原载中华民国三十一年四月六日《盐阜报》第 4 版。

［7］［8］左林：《新旅在解放区》，左林著，李春生、陈乐天、吴绳武编《闪光的青春——左林文集》，北京：人民体育出版社，1998 年，第 110 页。

［9］陈伟：《汪爸爸你永远活在我们心中》，新安旅行团编委会编上海新旅通信·特刊《怀念新旅之父汪达之》，2018 年 2 月 8 日。

［10］汪达之：《新安学校复校启事》，原载 1943 年 8 月 21 日苏北《盐阜大众》，中国革命博物馆编《民族小号手——新安旅行团史史料选》，北京：春秋出版社，1989 年，第 375 页。

［11］［12］袁峰、朱杏生口述，张衡南、秦崇林整理：《新旅在涟东长浦河》（《涟水文史资料》第二辑，涟水县政协文史资料研究委员会编印），刘友开编《汪达之教育文集》，北京：中国文联出版社，2003 年，第 352－355 页。

第三节　为应急需育人才

全国军民同心干，百废待兴人思安。
苏皖边区战犹酣，抗日胜利万众欢。
临时政府任督学，复校新安办三端。
喜迎建国给足力，投身教改道路宽。

从涟东到淮安：为应建国再给力，致力教改把路探

1. 苏皖边区任督学

抗日战争胜利后的 1945 年 9 月，为了更好地坚持、巩固、建设解放区，争取和平局面的实现，中共中央华中分局决定统一行政机构，于 1945 年 10 月 29 日在淮阴的清江城（今淮安市清江浦区）召开了苏皖豫各大解放区负责人、各行政区参议会负责人、各界代表的联席会议，经过充分的讨论协商，决定成立苏皖边区民主政府。苏皖边区民主政府内设厅、局、处等 16 个部门，划分了 8 个行政区，管辖 72 个县市，人口 2500 万，面积 10.5 万平方公里，区域界线为：东至黄海、南到长江、西及大别山、北至陇海铁路。

苏皖边区民主政府成立后，在以发展生产、改善民主为宗旨，迅速恢复和发展城市工业、乡镇农业和交通邮电的基础上，文化教育事业也得到了迅猛的发展，还创办了华中建设大学、华中新闻专科学校和9所中专学校。这一系列的工作，对领导华中人民保卫民主权利、从事和平建设、发展工农业生产、繁荣经济、解决战后灾民困难和为解放战争的胜利打下物质基础，做了重要准备，成了当时享誉全国的模范解放区。苏皖边区政府成立后，盐阜区行署督学、新安学校校长汪达之被选为边区参议会驻会委员，并出任苏皖边区政府教育厅督学，又努力投身于建设和发展苏皖边区的教育事业。

新四军三师副师长张爱萍在新安旅行团的驻地淮阴城为小团员们拍摄的活动照片

为了进一步加强党和政府对文化教育工作的领导，同时对抗战时期华中各解放区文化教育工作进行一次全面的总结，以广泛交流经验并提出新形势下文化教育工作的方向和任务，华中分局和苏皖边区政府于1946年3月18日至4月27日，在清江城南公园召开了华中宣教大会。到会代表及列席者共有881人，包括全华中解放区各县市以上宣教部门的负责人和宣教工作者代表。

会议共分三个阶段进行：第一个阶段为时事报告以及讨论今后的宣教方针和任务报告与讨论；第二阶段为根据形势和任务，由大会提出问题，分部门、分类别讨论，总结过去经验，拟定今后实施方案；第三个阶段为典型报告、大会发言与大会总结。

汪达之在大会上做了题为“为群众铺平这样一段路”的演讲，介绍他在盐阜区敌后抗日民主根据地和苏北解放区教育建设的几年中，把马克思主义、毛泽东思想和陶行知教育思想相结合的典型经验，创造性地用他的实践丰富和发展了“生活教育”理论，受到与会者的高度评价。

会议期间，汪达之还应聘为华中建设大学师范学院附属师范学校校长。后因另有他任而未到职。“建大师院”由苏皖教育学院和华中建设大学合并而成。

2. 新安复校莲花街

新安学校在苏北解放区的第三次复校是在新安旅行团的母校新安小学原址——淮安县河下镇莲花街。1945年，日寇投降后，汪达之被选为苏北解放区赴延安的代表，离开了坐落在涟东县长浦河村的新安学校。代表团行至中途，接中央电报，形势已有变化，代表仍暂回原地待命。这时，淮安和淮阴的两座城市（简称“两淮”）已经解放。“新旅”参加了解放淮安城和淮阴城的战斗。1945年12月，汪达之奉命在淮安河下镇莲花街上的新安小学原址恢复新安学校，并任校长。

在淮安县河下镇莲花街复办的新安学校，以烈军属和干部子弟为主要对象，设有儿童保育班和小学班以及当地群众的教育。烈军属和干部子弟入学，全是供给制。学校工作人员有21人，教师和保育员，爱护学生和幼儿都如同自己的孩子一样，使这些少年儿童们在革命摇篮里健康成长。学校还办有蒲草合作社和粉笔制造工场，发展地方经济，努力来为当地蒲农和穷苦孩子谋福利。

从涟东县长浦河村到阜宁县马集区，再到淮安县河下镇，新安学校在战火纷纷、环境动荡的四年中，于苏北偏僻的村庄和乡镇三次复校办学，为应抗战建国培养急需人才做出了卓著成绩，也创造了中国现代革命教育史上的奇迹。

3. 三次复校成绩大

在复办的新安学校中，校长汪达之总是能因时因地制宜、时时处处以身作则地带领着学校师生“努力工作，继续前进”[1]为“争取民主中国的胜利”[2]而奋斗。

新安学校设有生活服务部、学习指导部，还建立了儿童团，其中包括有小学部、幼儿班、艺友制师范班、工农干部文化学习班、成人识字班等。学校为实践陶行知生活教育思想，创造性地编写了一些校本乡土教材，创新教学方法，改变教师讲学生听的传统教法。

小学班每上一课，都是先组织学生自学提出问题、教师总结归纳，接着组织学生讨论，然后再由教师或学生作小结，再由“小先生”或“小主席”来互相帮助、互相辅导，做到教学相长。

艺友制师范班着重用陶行知生活教育思想来培养新型的教师，还请工人师傅和有一技之长的农民朋友及干部来校上课、指导。学校特别注重对学生进行生产劳动教育，指导学生自己动手建校舍、开荒、种粮种菜、纺纱织布、自制教具等生产劳动。

校长汪达之总是和师生们一起，带头参加生产劳动。他纺出的线又细又匀，是全校中最好的。在长浦河村时，他还带领师生在长浦河上建起了一座长浦河桥，以解决群众的过河困难。每年农忙季节，学校师生都主动地去帮助有困难的群众家庭插秧、收割。学校还帮助群众看病、送药，亲如一家。在长浦河村复校办学期间，有一次校本部袁庄上袁志香的爱人患了严重的慢性阑尾炎，在当地请了好多土医生都看过也不见好转，反而越来越重，一家人都心急如焚。汪达之校长知道后，主动地写了去新四军三师卫生部医院检查治疗的介绍信，后经卫生部医院张军医的检查治疗，免费为袁志香的爱人治好了病。当地群众都盛赞汪达之校长“是真共产党”。

汪达之校长等新安人处处为民造福，当地群众也时时为学校着想。每当发现有敌人出动时，当地群众总是先来向学校报告消息，让学校师生提前做安全转移或疏散。

从1942年至1946年，在苏北三次复校的新安学校，从学生和老师中为抗战建国先后培养和输送出了600多名优秀人才。

据当年长浦河新安学校的当地人张翼德在《‘新旅’育才在涟水》（《涟水日报》2021年5月25日第3版）一文中回忆：“在那战火纷飞的年代，命都难保了，哪里还谈得上青少年读书。未想到，‘新旅’却把学校办到我们村子里，实在是青少年读书难得的机遇。因而，我家亲友求学者纷至沓来。我家就有大哥张翼（后在北京某军为师级干部）、表哥贾桂林（后任镇江市财政局局长）、大哥同学石甫国（后任广州军区空军政治部主任）和石甫民（后任江西省人事厅厅长）都到新安小学来读书。还有我家三姑张鸿志（后任湖北省卫生厅副厅长）和庄邻周更生、周林（后任南京市市长）一起在新安小学读书，经常到附近村庄搞宣传、撒传单、贴标语，公开进行抗日宣传。周围群众都明白，在新安小学师生积极宣传鼓动下，所以，我们南集一带抗日形势高涨。组织民兵、动员参军、支前等活动，都得到广大群众拥护，每次扩军都完成任务，因而，新安小学的工作受到各级领导的认可。”

4．边区教育再给力

作为新安学校三次在三地（涟东县长浦河村、阜宁县马集区和淮安县河下镇）先后复校办学的三任校长和作为盐阜区行署文教处督学兼“新旅”顾问的汪达之，他为抗战建国，为敌后抗日根据地教育建设及培养人才的贡献都是显而易见的。但是，作为边区参议会驻会参议员和教育厅督学的汪达之，为苏皖边区教育的创建和发展所作出的突出贡献，却还不得不从边区教育所取得的巨大成就中，才能管窥其一斑。

由于苏皖边区党和军队及政府对教育的高度重视和大力支持及投入，边区的教育事业克服了师资不足、教材短缺和办学经费匮乏等诸多困难，取得了长足的进步和巨大的成就。以第六区（下辖宿迁、宿北、涟水、潼阳、淮阴、泗沭、沭阳、东海、灌云等九个县）为例，自1945年3月至1946年2月，在不到一年的时间里，学校就由1143所增加到2091所，在校学生数增长率达到了39%，教师数的增长率也达到了61%。

苏皖边区政府的教育实践，在战争年代极端困难的环境下取得巨大成就的同时，也在经过长期的摸索、试验和总结中积累了适合国情区情的丰富宝贵经验。根据研究归纳起来，至少有以下五个主要方面仍值得我们今天继承和弘扬。

第一，加强党的领导，是办好边区教育的重要保证。

苏皖边区的教育坚决贯彻执行民族的、民主的、科学的、大众的党的新民主主义教育方针，党政军领导干部都高度发挥教育工作对革命战争胜利与解放区建设的重要作用，十分重视和关心教育工作。这是当时教育事业兴旺发达的重要保证。

他们参与讨论、决定学校教育方针的确定、学校干部及教员的选聘调配、学校教育计划的制定、过问学校里带有原则性和倾向性问题的处理、经常轮流到学校做

1946 年 4 月新安旅行团在淮阴合影

形势报告或系统讲课或亲自兼任校长等领导职务。如华中建设大学及有关专业技术学校的校长由华中分局和边区政府领导人兼任、完全中学或高级中学由行政区专员兼任校长、县一级的中学由县长兼任校长、区长兼任该区督学、乡长兼任区属小学校长。

这种领导兼职的做法，既表明了领导亲自办教育、过问教育工作的管理，更重要的是能使党的教育方针、政策得到直接地贯彻执行，学校遇到的困难也能及时得到较快的解决。

第二，把坚持正确的育人方向放在首位，是办好边区教育的关键因素。

当时，苏皖边区各类学校的教学内容与课程设置除有语文、历史、地理、音乐、外语外，还有十分重要的政治课，着重于马列主义理论教育、形势教育、党的方针政策路线教育等，不仅使学员学到了丰富的知识技能，而且还转变了他们的思想观念，培养了他们崇高的革命理想和为人民服务的精神，帮助他们树立正确的世界观、人生观和价值观，掌握了建设解放区的本领。

学员中的很多人从放牛娃和庄稼汉逐步成长为懂得革命道理的坚强的革命战士；出身于剥削阶级家庭的“公子”“小姐”们，在马列主义真理的熏陶下，也逐步改变了人生观，走上了革命道路。因此，苏皖边区的各级各类学校和各种专业培训班，都成了我们党和政府培养革命干部队伍的重要基地。

1949 年 4 月，苏南刚解放，华中工委从边区各级机关学校就选拔了 7380 名干部，随军渡江接管苏州、松江、常州、镇江的四个行政区和无锡直属市及 27 个县。其中大部分人员在新中国建立后，成为专家、学者、教授、工程师及各条战线的主要骨干，有的还身居要职，肩负着党和人民的重托，为新民主主义革命和社会主义建设做出了很大的贡献。

第三，充分依靠群众办教育，是办好边区教育的根本遵循。

相信群众，走群众路线，动员和依靠广大群众，共同办好教育，是普及苏皖边区国民教育的根本之所在。

正如时任苏皖边区教育厅厅长刘季平在 1946 年召开的华中宣教大会上做的《论目前华中解放区教育工作》的报告中所总结的那样：八年抗战时期，在开展文化教育中最大的力量，并不是政府和教师，而是广大的群众。政府要负起责任来办教育，应以全部走向民办公助为目标，中等国民教育除私立外，可以公办民助为主要方向。

这一方针的提出，因为既符合当时苏皖边区的实际情况，也受到广大群众的拥护和支持，所以尽管战争环境恶劣、办学条件艰苦，边区却能培养出数以万计的德才兼备的革命干部和优秀人才。

第四，理论联系实际、教育与生产劳动相结合，是办好边区教育的重要举措。

苏皖边区政府努力结合实际，在各级各类学校大力开展学校生产运动，把教育与生产劳动相结合，坚持教学做合一的教学原则，既当成改造脱离群众的需要，也当成自力更生发展根据地教育事业的需要。

1946 年 7 月，苏皖边区政府发出《为开展生产运动给各专署、各县政府、各中学的指示信》，推动各地学校进一步开展生产运动。如华中建设大学附中除注重文化课程教学、加强基础教育外，还提倡与实践相结合。学校开办的“专工肥皂厂”，组织化工班的学生每周用一天时间参加工厂劳动，制造以日用品为主的化工用品。通过勤工俭学，不仅解决了学生的生活困难和学习费用问题，而且更重要的是通过生产实践，加强了对学生的劳动观念教育，培养了学生的科学精神和手脑并用的能力。

第五，致力于教育改革，加强师资队伍建设，是办好边区教育的重要条件。

致力于教育改革，始终贯穿着苏皖边区的教育实践。卓有成效地执行知识分子政策、加强师资队伍建设，是使苏皖边区的教师队伍形成向心力和凝聚力的重要条件。

在政治上，边区政府帮助教师提高思想政治觉悟，并在教师中培养先进分子，发展党组织。在生活上，边区政府对教师的生活加以体贴关怀，给予切实保障、改善和提高。在教育类型中，边区既有干部教育、群众教育，又有大、中、小学、幼儿园教育，而干部教育又包括高等教育和各种专业和职业性质的教育。如师范、财经、卫生、邮政、化工、纺织等等。到了抗日战争胜利后，苏皖边区政府又部署教育工作要解决分散游击等存在的问题、建立新的教学秩序、保证教学质量的提高，逐步向新型正规化的方向发展。

苏皖边区教育事业取得的巨大成就，既是党的英明领导的结果，也是边区各级干部和军民团结奋战的结晶。作为时任苏皖边区参议会驻会议员和边区政府教育厅督学的汪达之等陶行知的弟子和同事们（如曾任盐阜区文教处督学的汪达之、盐阜区文教处处长的戴伯韬、苏皖边区政府教育厅厅长刘季平等），努力将陶行知生活教育思想融入根据地新民主主义教育事业的实践之中，是密不可分的。特别是他们在致力于根据地教育事业发展的工作中自觉践行“生活即教育”“社会即学校”“教学做合一”的生活教育核心理念，并大力宣传“捧着一颗心来，不带半根草去”的无私奉献精神，加强根据地教师队伍建设。其实，陶行知的生活教育思想与中国共产党新民主主义理论也是一脉相承的。对边区教育事业的创建和发展做出贡献的人中，汪达之、戴伯韬（白桃）、刘季平等陶行知的弟子和同事们，应该是功不可没的。1946 年 7 月初，苏皖边区政府干部和有关后方机关约 2000 人组织黄河大队离淮北辙的危急时刻，汪达之又被组织上委以重任就是一个有力的佐证。黄河大队下设 10 个中队。其中，由华中、淮南、淮北 5 所学校急并组成的第三中队（华中干部子弟学校，后改为华东干部子弟学校）的队长，就是由汪达之担任的。

特别需要指出的是，苏皖边区教育成就的取得还与创造性地继承和发展陶行知生活教育思想有着密不可分的关系。因为陶行知生活教育思想的精髓和中国共产党人倡导的新民主主义理论是融会贯通的。其至少体现在以下几个方面：

首先，“生活即教育”是生活教育理论的本体论、“社会即学校”是生活教育理论的领域论、“教学做合一”是生活教育理论的方法论。这些教育理念在苏北解放区和盐阜区抗日民主根据地及苏皖边区发展教育事业的方针政策和法规措施及实践行动中都有继承性地创新。

如，1946 年 4 月 21 日《新华日报》（华中版）发表的《苏皖边区国民教育实施办法（草案）》中就做出明确规定：“国民教育之实施方针应力谋学用一致”，“ 教、学、做合一为其质量标准”，“办学规模应以工农之需求相适应”。

其次，“在劳力上劳心，以教人者教己”是生活教育理论的哲学基础、“千教万教教人求真，千学万学学做真人”是生活教育理论的办学主旨。这些宝贵的精神财富在苏北解放区和盐阜区抗日民主根据地及苏皖边区教育人的办学实践中，都有具体地体现。

如，时任苏皖边区政府教育厅厅长的刘季平、盐阜区行署文教处处长的戴伯韬、盐阜区行署文教处和苏皖边区政府教育厅督学的汪达之等，他们都曾是当时苏北解放区和盐阜区及苏皖边区政府教育部门的重要领导成员。他们过去既是陶行知的学生和同事，也是陶行知生活教育思想的践行者。他们在创办和发展党所领导的苏北解放区和盐阜区及苏皖边区教育事业的实践中，对借鉴陶行知生活教育理论的精髓和发扬陶行知人格品质中的奉献精神等，总是身体力行、率先垂范，并在不同场合通过多种方式进行宣传和倡导，使之在广大师生中产生深刻的影响。

再次，“捧着一颗心来，不带半根草去”既是“万世师表”陶行知的人格基质，也是人民教育家汪达之奉献精神的集中体现。

如，汪达之“不到抗战取得胜利，就不吃荤也不结婚”的无私奉献精神，一直都被苏北解放区和盐阜区抗日民主根据地及苏皖边区的军民广为传颂。时任新四军政委的刘少奇就曾称赞过汪达之是我们党的一位“党外布尔什维克”。

【注释】

[1][2] 毛泽东：《给新安旅行团复信》，中国革命博物馆编《民族小号手——新安旅行团史料选》扉页（影印件），北京：春秋出版社，1989 年。

第六章

烽火姻缘传佳话

（1945—1946）

……

我是有我的恋爱观的。我的恋爱观的基础，是建立在事业观上的。换句话，事业为经，恋爱为纬的。我又有三种步骤：一，是热烈的爱；二，是确定共同的事业观；三，有共同事业观就结婚，没有就放手。

汪达之：《我的恋爱观》（汪达之致陶行知信），汪达之《生活的书》，上海：上海儿童书局，1934 年。

穿越时空的隧道，翻开抗战的历史，拂去烽火的烟云，追寻尘封的往事。70年前的抗战硝烟虽已散去，但是，重温伟大的抗战精神，缅怀苏北抗日根据地军民如火如荼的抗战岁月，便可发现：这里，还发生过一桩迟到了的、鲜为人知的、充满传奇色彩的烽火姻缘——汪达之与杨南琛的爱情故事。

第一节　事业为经恋为纬

事业为经恋为纬，高尚爱情诚可贵。
出身迥异两重天，冲破封锁殊途归。
投身革命志趣同，年龄婚否不忌讳。
烽火征程觅知音，有情千里不足畏。

从苏南到苏中：出身迥异两重天，冲破封锁殊途归

1. 出身迥异两重天

汪达之比杨南琛大5岁，与杨南琛相遇时39岁，杨南琛当时34岁。1942年的春天，中国人民的抗日战争，正处在艰苦卓绝的相持阶段。他们俩在苏中和苏北抗日民主根据地相遇、相识、相知、相爱，充满了烽火传奇的浪漫色彩。

1930年春，27岁的青年学生汪达之受陶行知先生的委派，出任由陶行知亲自创办并担任此时建立还不到9个月的苏北淮安县新安小学校长。在贫困、饥饿、干扰等内忧外患的窘境中，教师中只剩下一个人的汪达之仍以难以想象的坚强毅力，坚持为穷苦子弟办学，创造性地实践着陶行知生活教育思想，努力探寻着中国教育改造的新路。

1935年，日本帝国主义加紧了对中国的侵略，蒋介石政府实行的是“攘外必先安内”的政策。国人的抗日意识亟待唤醒。中国共产党向全中国人民发出了团结抗战的伟大号召。

汪达之在中共上海左翼教师联合会地下党组织负责人的秘密支持和陶行知先生的大力帮助下，将新安小学的14名“基本学生”组成新安旅行团（自愿参加），自任顾问团员，率团于10月10日从淮安出发，奔赴全国，用旅行修学的方式，来宣传先总理孙中山的遗教和中国共产党团结抗日的主张，在社会的大学校里培养人才幼苗，实践陶行知的生活教育思想。

2. 冲破封锁殊途归

杨南琛，原名杨宝珍。1908年出生在一个富裕的上海银行家庭。父亲杨敦甫，江苏省南京晓庄人，出身贫寒，少年时到上海打工，做过邮局和轮船公司的职员，会英文。后来进入好友陈光甫开办的上海商业银行，出任副总经理，成了上海十里洋行的银行家之一。母亲喻慧君是个知书达理的女性。

杨家住的是上海法国租界的洋房，门房、司机、保姆、厨师等一应俱全。事业上成功的杨敦甫，把老家南京北郊劳山脚下的数十亩地赠给陶行知先生创办南京晓庄乡村试验师范学校，并多次为该校捐款。

20世纪30年代末，杨敦甫去世后，杨南琛的母亲喻慧君又将其丈夫杨敦甫的赙仪六万块大洋都捐给陶行知办学。杨喻夫妇育有五子，三女二男。杨宝珍是家中长女，自幼就在寄宿制的教会学校读书，良好的家庭和学校教育为杨南琛逐渐养成端庄又大方、沉稳又有主见的性格打下了良好的基础。

杨南琛到苏北之前，在上海曾经有过一段失败的婚姻。男方是江南名门望族富豪人家的纨绔子弟。这是一桩由双方家庭包办的门当户对的婚姻。婚后，他们俩一起东渡日本留学，未来的人生前景一片“光明”。在留学期间，杨宝珍怀孕了，生下一女后的她倍感生活的“幸福”。

然而，好景不长。有了“九·一八”：日本帝国主义完全暴露出其凶残的本质，强占了我国的东北三省，杀戮了我国千百万无辜同胞，更把逃不出东北的我三千万同胞当马牛一样残杀；长驱直入山海关；发动“一·二八”淞沪大战……妄图吞并中国。

面对“我们国遇了盗，我们的家破产了，到处是敌人的飞机和大炮”此时的中华民族已到了生死存亡的最危险时候，身处日本留学的热血青年杨宝珍警醒了。她并没有被“养尊处优”的个人生活所冲晕头脑，而是在心中燃起了爱国的怒火。她恨透了惨无人道的日本侵略者。

正在杨宝珍接受忧国忧民进步思想启蒙的当儿，婚姻的不幸也降临到了她的头上：她竟意外地发现了自己的丈夫有了一个日本女人的“外遇”。主张一夫一妻、夫妻间的感情应相互忠诚、妇女在家庭中的地位要平等独立、反对一夫多妻等，是杨宝珍的婚姻观。而男方却是不以为然，认为娶妻纳妾古来有之，是富贵男人身份的象征。杨宝珍怎么也拗不过……

国已破，家也乱。愤然回国后的杨宝珍积极参加上海妇女界的抗日活动，成为中国妇女反日救国大同盟和上海妇女界难民救治会的重要成员之一。宋庆龄、许广平等社会名流是这些组织的主要领导人。杨宝珍的家也成了“沙龙”式的聚会点。

常有志同道合的朋友来到这里为抗战募捐、传递情报、读书议事、鼓舞抗日士气。她们还一起外出，开展慰问伤兵、救济难民等宣传和支持团结抗战的救亡活动。杨宝珍还常用英语、日语写文章发到国际媒体，反映中国军民抵抗日寇侵略、揭露日本侵略者野蛮残杀中国人民的侵略罪行，呼吁世界爱好和平的人们支持中国人民的抗日战争、反对日本军国主义发动的法西斯暴行。

与此同时，回到上海后的杨宝珍也在努力地去挽回这桩婚姻。然而，落花有意而流水无情。杨宝珍虽花费了几年的工夫，但是男方终使这样形式上的婚姻走到了尽头。离婚时，女儿由男方抚养。为医治因离婚带来的情感上的创伤，杨宝珍径直来到了南京晓庄乡村试验师范学校，做起了临时代课教师。

杨宝珍离婚这件事，对杨家打击甚大。离婚消息的传出，成了当时上海工商银行界上流社会的“花边新闻”。杨宝珍的父亲杨敦甫曾命人将当日上海所有刊登此消息的报纸全都买下，也无济于事。杨家觉得丢不起这个面子，还想和男方家理论。就在律师事务所里，杨敦甫突然气急攻心、口吐鲜血，被送进了法国租界里德国医生办的医院去抢救。身体垮下来的杨敦甫从此一蹶不振，于1935年含恨闷郁而死。

婚姻的失败，父亲的病逝，直接导致杨宝珍家道中落。不久，杨宝珍的母亲喻慧君也病故了。一连串的沉重打击，如泰山压顶。但意志刚毅的杨宝珍没有被压垮。作为大姐姐的她毅然回到上海的家中，坚强地挑起了已经衰败了的家庭重担，和弟妹们一起安排父母亲的后事，继续撑持家务，并帮助幼弟妹们继续完成学业。

出于对日本侵略者的仇恨，对旧式婚姻的无奈，对社会事态炎凉的不满，杨宝珍“要革命”的思想更加坚定了。她曾经一口气读完了美国进步记者斯诺所写的关于苏区考察的纪实作品 Red Star Over China（中文译作《红星照耀中国》，又译为《西行漫记》），开始了解中国共产党的思想和主张，向往到圣地延安去开始新的革命生活。

随着太平洋战争的爆发，租界沦陷，上海已经没有了公开做抗日救亡工作的场所。杨宝珍毅然决定要到苏北抗日根据地的抗战第一线去打鬼子。周围亲友大力劝阻，也没能挡住。

去苏北根据地，途中要通过日伪军封锁森严的京浦路。杨宝珍与孙兰、郑炜等一批进步青年尝试了很多次都没能成功。又等了半年。最后，由于宋庆龄想法搞到一台根据地亟须用的X光机，新四军专门调集主力部队打通了京浦路的封锁线，才使得向苏北根据地投奔的一批人员得以趁机通过。

第二节　抗战情牵汇苏北

意中人不期而遇，坦诚相待释顾虑。
转战东海打埋伏，促膝长谈共相处。
根据地里喜相逢，男欢女爱开心絮。
近水楼台根基牢，向阳好花绿叶著。

从苏中到苏北：意中人不期而遇，根据地里喜结缘

1．意中人不期而遇

汪达之和杨南琛在苏北相遇的1942年初春时节，正值苏北抗日民主根据地的军民组织粉碎日伪军反复多次的“大扫荡”。到了1945年的夏秋之交，经历14

年抗战的中国人民终于迎来了抗日战争的伟大胜利。汪达之和杨南琛传奇爱情也在这苏北敌后抗战的硝烟烽火中发生。

此时的汪达之率领的新安旅行团在国统区宣传抗日救国，已历时8年，跑遍了半个中国，足迹遍及江苏、安徽、上海、浙江、北平、甘肃、内蒙古、湖北、湖南、广西等地。他们用放映抗日电影、教唱抗战歌曲、编演抗战戏剧、慰问抗日将士、卖书卖报、恢复新安学校等形式，自力更生地在旅行修学中宣传团结抗战和培养人才。“皖南事变”后，国民党反动当局加剧了对新安旅行团的疯狂迫害，周恩来力挽狂澜，指示中共南方局安排新安旅行团分期分批、秘密从桂林向苏北敌后抗日民主根据地的新四军军部所在地盐城，做战略转移。

1942年春，汪达之率领的最后一支小分队与先期到达的多个小分队先后在苏中和苏北汇合了。新安旅行团到达苏北后，开创了在新四军军部和盐阜区党委与行署直接领导下继续开展抗日救国斗争的新局面。这时的汪达之已是盐阜区军民心中的一位大名人了。他被委任为盐阜区行署文教处督学，参与领导抗日民主根据地的教育建设。

汪达之在新安小学和新安旅行团工作期间，从不拿一分钱的工资，并坚持不吃荤，还蓄须明志：不到抗战胜利决不结婚。最困难的时候新安小学的老师们（其中的李友梅是中共地下党员）还用典当衣物来维系学校的生存，被陶行知先生称赞为“捧着一颗心来，不带半根草去”。到了苏北抗日根据地后，新四军政委刘少奇在接见新安旅行团时，曾称赞汪达之是一位“党外布尔什维克”式的人民教育家。

早在新安小学时期，汪达之曾经遇到过一位来自北京师范的女学生，两人虽然很快坠入情网。但终因女方不能接受一个穷光蛋的乡村小学教师而分道扬镳。对此，汪达之在给陶行知先生的信中曾清楚地道出了其中的原委：“我是有我的恋爱观的。我的恋爱观的基础，是建立在事业观上的。换句话，事业为经，恋爱为纬的。我又有三种步骤：一是热烈的爱；二是确定共同的事业观；三是有共同事业观就结婚，没有就放手。”

杨宝珍到了根据地后，将名字改为杨南琛。不久，她就被分配到溧阳县（今溧阳市）担任政府教育督学，负责到各乡检查指导学校的教育教学工作。她虽然不是在一线上当战斗员，但危险也无处不在。一次，她到一个村庄上的学校去检查指导教学工作。刚一离开，一个老乡就跑来冲着她挥手说：“鬼子从村那头进来了，快跑！”幸亏她跑得快，选择的又是另一条小路，才没有落入日本鬼子的魔掌。

作为盐阜区行署文教处督学的汪达之，是杨南琛的直接领导。在一次会上，杨南琛的工作汇报，折射出的人格魄力和有胆有识的非凡气质，引起了汪达之的特别关注：她，30多岁，中等身材，端庄大方，气质非凡，白里透红的脸蛋散发出知识女性的成熟之美，根本没有一点刚从上海来的富家大小姐那般娇气。

而这时已是大名人又是上级领导的汪达之，也给杨南琛留下了深刻的印象：他，30 大几岁，身材偏高，面色微黑，一脸的胡须，人称“汪大胡子”，看上去就像一位五六十岁的老汉。

在工作中，汪达之对杨南琛循循善诱地指导，兄长般地爱护。有时也将自己的身世和宣传抗日救国、为民族生存而奋斗的故事讲给她听，试图开启她情感关闭的心扉。

可是，杨南琛总是把自己的顾虑深藏于心底：资产阶级的家庭出身，第一次失败的婚姻，再加上还生过一个孩子，自己的岁数也老大不小了。这样的女人怎么会被革命者的男人所接受？她对爱情根本不再有什么奢望，只是一门心思扑在工作上。

但是，汪达之为了抗战胜利而奋斗的卓著成就、坚强毅力、厚道人品，又不得不使杨南琛心生敬佩之情：他的外表虽不怎么帅气，可有着一身正气；他虽不浪漫，却让人觉得稳重可靠。于是，有时当她看到汪达之的衣服破了或是钮扣子掉了，杨南琛总是能给他补上、钉好。在工作和战斗的空儿，为调节大家的文化生活，有时汪达之也会讲一些新安旅行团的故事，杨南琛还会即兴唱唱京剧“苏三起戒”什么的，唱得还满有味儿，深受众人的好评。

在一次“反扫荡”的斗争中，杨南琛被组织上安排和汪达之一起到海边的老乡家里“打埋伏”。在鬼子兵退去的短暂间隙的一个夜晚，他们俩终于有了一次促膝长谈的机会。这时的杨南琛竟意外地发现汪达之的大胡子却不见了。眉清目秀，显得特别有精神！原来汪达之是有备而谈。汪达之除了和杨南琛谈工作，也谈到了内心深处……

“我出身不好”，杨南琛低着头回答，“父亲是资产阶级……”

“你的家庭出身虽是民族资产阶级，但也是我们共产党团结的对象。有成分，不唯成分论嘛！况且，你父母亲也做过不少对人民有益的事。你父亲是陶行知先生的挚友，他把自家在南京劳山脚下的一大片土地都赠给陶先生创办晓庄师范，后来又多次捐款，并和冯玉祥将军一道发起过为晓庄师范募捐。后来，你母亲还将你父亲丧葬赙仪上的六万块大洋全都捐给了陶先生办学。”汪达之如数家珍地说，“陶先生写了一首赞诗，还特意刻在一块大石头上，立在学校的门前。可惜后来被日本鬼子的飞机炸了。我在晓庄师范读书时，还亲眼见过”：

敦甫先生，威德不朽。观人之德，先观其友。世俗之交，惟肉与酒。你有丧事，彼福其口，人财两空，开步就走。先生之友，有为有守，赙仪助学，赠地数亩。树木树人，用脑用手。农夫农妇，小小朋友，统统成为，先生之友。公之夫人，治家有谋。公之儿女，后起之秀。急之大急，忧人之忧。愿成大志，天长地久[1]。

“我结过婚”，杨南琛又腼腆地说，“还生过一个女儿，现在……”

“我还比你大5岁呢！虽未结过婚，但也有一段失败的恋爱。爱情是建筑在同一目的的事业的基础上的，关键是要志同道合、白头偕老。等抗战胜利了，我和你一起抚养这孩子！”汪达之看到杨南琛情感的闸门已被徐徐开启，便鼓起勇气投出了他的“丘比特”之箭……

2. 根据地里喜结缘

自古英雄情义重。汪达之的一颗真心，一片真情，一腔爱意，终于把笼罩在杨南琛心头爱情的阴霾给驱散了。汪达之不仅和她有着抗日救国的共同革命理想，而且恋爱观、婚姻观也与她相同。这样的男人革命斗争经验丰富，政治上很可靠，婚姻上也更有安全感……杨南琛暗自思量了许久，“他不正是我心目中最理想的‘白马王子’吗?”经过慎重的考虑，杨南琛对于自己的终身大事终于逐渐明朗起来：她要用最真挚的爱去接纳他，珍惜他，一生一世。

这次“反扫荡”的斗争又取得了胜利，虽然汪达之与杨南琛他们俩又各自忙自己的工作去了。但相印的两颗爱心却真正地结在了一起。有一次，杨南琛发现汪达之的身体不好，便特地买了一只“九斤黄”的老母鸡，老远地赶到汪达之的住地。这只鸡真大呀！它一伸脖子就能将桌上的饭粒啄到嘴里。汪达之喝到了杨南琛为他煲的鸡汤很感动，好像身体也立刻硬朗了许多。

原来，汪达之长期不吃荤的生活习惯，还是杨南琛的善言相劝而改变的。长期不吃荤必然会营养不良，营养不良必然会影响身体健康。没有一个好的身体当然不利于干好革命工作。最终，汪达之被杨南琛说服了。

随着抗日战争的节节胜利，苏北抗日民主根据地形势逐步好转起来，杨南琛也被组织上从异地调到了汪达之的身边工作了。就在抗日战争胜利后的第二年，汪达之与杨南琛终于结束了长达4年的爱情长跑，于1946年5月11日在苏北淮安县新安小学举行了简朴而热烈的婚礼！

驻扎在淮阴城的新安旅行团派出的代表队，跑了15公里路特地赶来与新安小学师生举行联欢晚会，庆贺他们的“汪爸爸”和“杨妈妈”结婚之喜！先前汪达之曾在涟水县长浦河村恢复新安学校时住过的“老房东”们也赶来了，加上当地河下镇上的村民们，大家欢聚一堂，恭喜着汪达之与杨南琛喜结良缘！

第三节　志同道合结硕果

恋爱之旅三步骤，循序渐进荡悠悠。
确定共同事业观，热烈爱上见好收。
先忧后乐家国情，破浪乘风雨同舟。
大写人生铸辉煌，与时俱进更上楼。

从盐阜到苏皖：凤凰涅槃浴火生，大写人生铸辉煌

1. 凤凰涅槃浴火生

汪达之与杨南琛这样迟到了的人到中年颇富传奇色彩的烽火姻缘的消息不胫而走，被苏北抗日民主根据地的军民传为美谈。远在上海创办社会大学和致力于民主解放运动的陶行知先生获悉后，更是喜不自禁。他即刻挥毫写来了热情洋溢的结婚贺诗。贺诗写道[2]：

天也欢喜，地也欢喜，人也欢喜。欢喜他和你，如鸟比翼，如枝连理，共造新家庭。相敬相爱相扶持，在学习上同心，在工作上协力。把这力光大，化为民主团结力，安居乐业造新邦。欢乐更无比，再进一步，创造新人类。多福多寿多儿子，儿子又生孙，孙又生儿子。子子孙孙，生到无穷期。一半儿像他，一半儿像你。

达之南琛同志 结婚志喜
黄山陶行知祝

解放战争时期的汪达之、杨南琛夫妇与长子汪如一合影（汪如一于 1948 年 6 月 9 日生于北上途中的河北故城农村前响沟村，当时汪达之 45 岁、杨南琛 40 岁，此照系汪如一 1 岁时摄于南下途中的江苏淮安）

这是陶行知先生个人为汪达之和杨南琛写的唯一墨宝。在这幅墨宝中，陶先生一连用了四个“欢喜”来表达他对这桩婚事的莫大欣喜和高度评价。这幅书法墨宝历经多年的战火硝烟被保存了下来。它见证了汪达之与杨南琛传奇的烽火姻缘，实在是弥足珍贵。后经装裱，至今还悬挂在汪达之与杨南琛的次子汪心一北京家中。

抗日战争胜利后，蒋介石不顾全国人民的反对，为抢夺人民的胜利果实，悍然挑起内战，调集重兵侵犯我华中、苏北、淮北、淮海等解放区。在毛主席和党中央的英明领导下，我解放区四方面主力部队奉命作紧急战略转移，北辙华北。

1946 年 9 月，身为苏皖边区政府教育厅督学兼淮安新安学校校长的汪达之奉苏皖边区政府的命令，出任华中干部子弟学校（曾先后被改为雪峰干部子弟学校和华东干部子弟学校）校长，率该校百多名师生（从开始的一二百人不断增至后来的三四百人）随野战部队北辙。华中干部子弟学校由淮南干部子弟学校、华中建设大学附师实小、新安儿童保育院、淮南中学、华中建设大学附中等 5 所学校合并而成。杨南琛随之同行，担任教员和学校管理工作。

华中干部子弟学校和新安旅行团及新四军与苏皖边区政府的后方机关，被编入“黄河大队”。学校经过5次大行军，迂回曲折地走过了5000里的长途行程：1946年9—11月，由淮阴、淮安北撤到山东沂水；1947年2—4月，由沂水北辙到冀南故城；1948年10月，由故城南进到山东临淄；1949年3月，由临淄南下到淮阴，5月，淮安新安干部子弟学校的大部分师生并入，当地学生继续留校学习，移交给淮安县政府管理；1949年10月，由淮阴南下进驻南京城。

1947年，重病初愈的杨南琛怀上了孩子，当时正值激烈的内战。1948年，挺着大肚子的杨南琛，就在战火纷飞中北辙到河北省一个叫响沟村的山沟里，于6月9日生下了长子汪如一（美国纽约市立大学电脑学硕士，曾在几家投资银行任IT工程师。当下任环球理工学院教授，又兼纽约理工大学和纽约州立大学古西堡分校两所大学客座教授）。当时的杨南琛已经40岁。在此后的行军途中，为给汪达之分忧解难，杨南琛总是挑着个担子，一头的箩筐里是孩子，另一头是行李卷。3年后，她又生下了次子汪心一。

2. 大写人生铸辉煌

新中国成立后的1950年，汪达之奉命恢复南京晓庄师范学校，并任校长，为新中国培养了一大批师资人才。1951年秋，经南京市委批准，汪达之考取了中国人民大学教育学研究生。1953年，学业期满，被调任教育部师范教育司专员。在教育部工作期间，他曾就我国综合技术教育问题，向教育部党组“一而再再而三”地提出建议，并大声疾呼“综合技术教育应提到我们的工作日程上来”，并强调这是“事关党与国家教育事业带根本性质的问题”[3]。

1955年，教育部和中国语言文字改革委员会合办全国普通话语言研究班，调汪达之任该班副主任（班主任由教育部副部长叶圣陶兼任）。1960年，“文改委”撤销全国普通话语言研究班。汪达之曾先后写信给周恩来总理、陈毅副总理和毛主席、党中央，反复建议不要撤销全国普通话语言研究班，恳请“有重新考虑的必要”[4]。

1960年，广东省委到教育部要民族教育干部，57岁的汪达之自愿到坐落在条件最艰苦的海南通什荒岛上的广东民族学院工作，被任命为广东民族学院党委书记兼副院长。在广东民族学院工作期间，汪达之曾以一个国际共产主义者的名义，每年按月向我国驻外使馆捐款50元，支援越南人民的抗敌斗争。1966年“文化大革命”开始，汪达之被造反派打成“反党反社会主义反毛泽东思想的顽固不化走资派”[5]，被停职，遭批斗，劳动改造，终被虐迫致残。

1967年10月21日，晚饭后上厕所的汪达之险些摔倒。他想起尚有要临时交代的两件事：一是，几年来支援越南2500多元，另外节存现款2000多元，请党组织不必转给我的爱人和孩子，由党组织负责处理。二是，遗体交给科学研究部门做解剖用，用后化成肥料投到生产地里去。“先以此代我的遗嘱。”[6]

1971年，汪达之因身心长期遭残酷迫害，久病不愈又加患脑溢血，住进海南自治州医院，经抢救40多天才苏醒过来，但已不能讲话，右半身严重瘫痪。夫人杨南琛闻讯从北京赶来精心护理了一年后，把他接到北京继续疗养。

1980年，3月27日，77岁的汪达之在北京友谊医院因医治无效而病逝。4月8日，汪达之追悼大会在北京八宝山革命公墓礼堂隆重举行。坐在轮椅上的杨南琛强撑病体，坚持到追悼会现场，向汪达之的遗体告别，为她志同道合的革命战友和白头偕老的人生伴侣送上最后一程。拳拳之心，感人肺腑；殷殷之情，令人动容。党和人民高度评价汪达之是“中国共产党的优秀党员”和著名的“人民教育家”[7]。他的一生“是革命的一生，全心全意为人民服务的一生。他的不幸逝世，是我们党的教育事业的一大损失”[8]。

同年6月6日，在新安小学建校52周年之际，根据汪达之“魂归新安”的遗愿，淮阴市（今淮安市）和淮安市（今淮安区）两级人民政府在淮安市新安小学原址——河下镇莲花街旁的萧湖之滨举行了隆重的“汪达之先生骨灰安葬仪式”。新安小学全体师生为他建墓立碑。墓碑正面镌刻着“人民教育家汪达之同志之墓”镏金大字，墓碑的背面镌刻着由张牧、左林（都曾先后担任过新安旅行团团长）撰写的简介他生平事迹的碑文。

在淮安参加完父亲汪达之骨灰安葬仪式回到北京家中的两个儿子——汪如一、汪心一，将其照片拿给母亲杨南琛看时，她激动地表示了自己死后骨灰与汪达之墓埋在一起的意愿。

3. 风雨同舟与时进

杨南琛，1945年加入中国共产党。1946年，调到雪峰干部子弟学校（后并入华东干部子弟学校）工作，随解放大军北撤山东、河北，南下淮阴，进驻南京，参加南京晓庄师范的复校工作。后调到南京二女中任党支部书记兼校长。

1952年，杨南琛作为调干生，到北京师范大学学习。1953年，学习结束后被分配到教育部工作，任苏联专家办公室主任。1957年，调任全国妇联国际部对外宣传科科长。

“文化大革命”中，杨南琛因保护老干部，被诬为假党员，遭冲击，受批斗，后致残。1983年，因病在北京逝世，终年78岁。全国妇联在北京八宝山革命公墓礼堂为她举行了追悼会，对她革命的一生做了高度的评价。她是在抗日战争和解放战争烽火中从进步青年锻炼成长为坚强的革命战士、中国共产党的优秀党员、坚定的共产党人、革命的知识女性的杰出代表。她为争取抗日战争和民主中国的胜利，以及社会主义革命和建设事业奉献了毕生的智慧，并做出了自己独特的贡献。

汪达之与杨南琛：他们“要把中国来改造”“为民族生存奋斗”的爱国主义

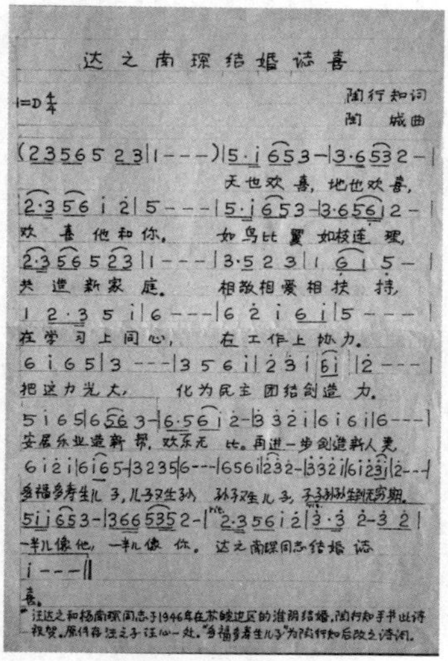

陶城谱曲陶行知作词赠给汪达之杨南琛的结婚贺诗

精神，将永远值得人们去学习；他们“不怕苦、不怕难、不怕敌人凶残”的大无畏英雄气概，将永远值得人们去景仰；他们“给旧教育唱葬歌，给新教育唱进行曲”的改革创新品质，将永远值得人们去借鉴；他们“千教万教教人求真、千学万学学做真人”的人生价值观，将永远值得人们去赏识；他们“捧着一颗心来，不带半根草去”的无私奉献精神，将永远值得人们去弘扬；他们为中国革命和建设事业做出的特殊贡献，将永远值得人们去缅怀；他们以“事业为经、恋爱为纬”的婚恋观和“爱情是生活的动力、事业是生活的路线”的爱情观，将永远值得人们去品评。

【注释】

［1］汪如一、陆梅（汪达之长子、长媳）口述，刘友开记录整理。

［2］汪心一（汪达之次子）提供影印件，原件存在北京汪心一的家中。

［3］汪达之：《论综合技术教育和学校管理》，刘友开编《汪达之教育文集》，南京：江苏教育出版社，1995 年，第 64 页。

［4］汪达之：《论学习和推广普通话》，刘友开编《汪达之教育文集》，江苏教育出版社，1995 年，第 73 页。

［5］刘友开编：《汪达之教育文集》，南京：江苏教育出版社，1995 年，第 53 页。

［6］汪达之：《尚有要临时交代的事两件》，刘友开编《汪达之教育文集》，南京：江苏教育出版社，1995 年，第 298 页。

［7］［8］《汪达之同志追悼会悼词》（韩枫提供、原件存刘友开处），刘友开编《汪达之教育文集》，北京：中国文联出版社，2003 年，第 595－597 页。

第七章

北上统领华干校

（1946—1950）

……

大时代早已来到，我们除了特修科要继续探讨外，应该要加强几样大的学问，以应大时代之需要。第一，在战时，每一个学校应该不止是一个学问的组织，而且是一个战斗体。第二，在平时，尤其在战时，每一个学校应该不止是一个消费的组织，而且是一个生产体。第三，学习科学，帮助创造科学的新中国。现在的世界是一个科学的世界。第四，学习民主，帮助创造民主的新中国。

陶行知：《从五周年看五十周年》，《行知教育论著百篇》，北京：中国和平出版社，2005年，第384－385页。

第一节　五校急并随军转

解放战场炮声隆，美蒋勾结大进攻。
抢夺抗战胜利果，军民奋起战华东。
五校急并随军转，北上南下过江冲。
火线办学创新高，战地黄花竞艳红。

从苏皖到山东：解放战场炮声隆，美蒋勾结大进攻

解放战争时期的新安旅行团顾问汪达之

抗日战争胜利后，蒋介石国民政府逆和平建国的历史潮流而动，推行蒋家王朝的独裁统治，不顾全国人民的坚决反对，挑起全面内战。1946 年 6 月，蒋介石调集几十万军队，向我苏皖边区大举进攻。为保卫人民抗日战争的胜利成果，苏皖边区军民在中国共产党的领导下，奋起自卫，争取自卫战争的胜利。

1．五校急并随军转

为适应战时需要，淮南解放区的半塔军政干部子弟学校、淮南中学的部分师生，编为淮南干部大队九中队，紧急撤退到苏北解放区，并与华中建设大学附中、建设大学附师实验小学、淮安新安小学的部分师生合并，组成华中干部子弟学校。与此同时，淮北解放区的雪枫学校，改编为文工团性质的雪枫战地服务团，也战胜重重困难撤退到苏北解放区。后来，两校分别编为黄河大队三中队和四中队。

1946 年 7 月初，苏皖边区政府干部和有关后方机关单位约 2000 人，奉命组成黄河大队随人民军队北撤山东、河北等地。黄河大队由计雨亭（苏皖边区政府建设厅厅长）任大队长、徐平羽任副大队长、刘季平（苏皖边区政府教育厅厅长）任政治委员、刘丹（苏皖边区政府民政厅副厅长）任副政治委员。下设 10 个中队：第一中队是边区政府参议员等，郑曰仁任中队长；第二中队是干部，人数较多，职务参差不齐，楚玉琳任中队长；第三中队是淮北雪枫干部子弟学校，校长汪达之任中队长；第五中队由张奇任中队长；第九中队是医院的病员；第十中队是新安旅行团，左林任中队长；还有一个中队是财政经济干部学校。

1947 年 6 月，经黄河大队决定，华中干部子弟学校与淮北解放区雪枫学校（战地服务团）两校合并，改名为雪枫干部子弟学校，校长为汪达之，番号统一为黄河大队三中队。1950 年，经华东军政委员会决定，定名为华东干部子弟学校，校长仍为汪达之。

2. 五次行军领娃兵

解放战争初期，在敌强我弱的态势下，人民军队在大踏步前进和大踏步后退的运动战中，寻机歼灭敌军的有生力量，战线推移瞬息万变，华东干部子弟学校随着战争发展形势而转移，常常处于险恶的环境之中，先后经历了北撤、西突、东进、南下的5次急行军，突破了敌人设置的4条封锁线，行程5000里，被人们誉为“五千里小长征”。

第一次行军：1946年9月至11月，从江苏的阜宁县到山东的沂水县。9月13日，新组建的华中干部子弟学校在阜宁县金韩庄完成组建任务，当天立即向北撤退。在雪枫战地服务团撤退到苏北地区时，淮阴情况已十分紧急，接应的防御部队要求他们当晚必须冲过淮阴境内的重镇清江城，否则就可能被敌军切断去路。雪枫战地服务团在当天夜里冲过清江城后，随即撤向山东，途经江苏的阜宁、涟水、灌南、沭阳和山东的郯城、临沂、沂水等7个县，突破了敌人设置的陇海铁路封锁线，历时两个多月，于11月23日到达沂水县休整。

第二次行军：1947年2月至4月底前后，从山东的沂水到武城。1947年1月开始，侵占陇海铁路东段一线的蒋介石国民党军对山东进行重点进攻。华中干部子弟学校与雪枫战地服务团奉命于2月12日，从沂水大匡庄和柳泉村出发，向西突围，途经沂水、蒙阴、新泰、泰安、平阴、聊城、临清、夏津、武城等8个县，突破了敌军设置的临芜公路、津浦铁路、黄河等三条封锁线，历时两个多月，到达晋鲁豫解放区的故城休整。

第三次行军：1948年10初至11月底，从晋鲁豫解放区的故城到达江苏的淮阴。1948年9月24日，我人民解放军解放济南城。10月初，华中干部子弟学校与雪枫战地服务团奉命去山东临淄集中，途经枣强、临邑、南河、惠民、合浦、博兴、临淄等7个县，历时一个多月，于11月底进驻山东临淄的张家庄休整。

第四次和第五次行军，是我人民解放军取得辽沈、平津、淮海三大战役胜利之后，向全国进军夺取全国胜利之时进行的。1949年3月，学校奉命乘火车南下，途经济南、徐州、宿迁到达江苏的淮阴休整，10月，再乘船渡江，打着腰鼓、高唱凯歌进驻南京城。

第二节　行军途中教学做

三年跋涉鏖战急，五次行军情更急。
北上西撤和东进，南下高歌从头把。
共克时艰战困苦，丰衣足食忙自给。
团结奋斗勇向前，排除险难抗敌袭。

从山东到河北：三年跋涉鏖战急，战胜困苦克时艰

1. 三年跋涉鏖战急

行军中的华东干部子弟学校的使命，是要把在战时培养干部作为“历史任务”，“为战争”“为建国”培养和储备人才。华东干部子弟学校是由若干个学校急并而成。其中的有些学校曾经就是干部培训班，有的学校是具有文工团性质的宣传单位。

如，淮南半塔军政干部子弟学校早在1943年就开始举办干部培训班，又称半塔军政干部学校，主要招收新四军二师中文化较低的年轻基层干部和战士及到后方休养需要提高政治文化水平的伤病员，还有从津浦路北和浙江四明山区转来的青年干部和小游击队员。从1946年北撤开始到1947年到达河北省故城时，华东干部子弟学校的学生中，仍有一批淮南干部培训班的年轻干部和战士。由雪枫学校改编而成的雪枫战地服务团（为纪念彭雪枫师长而命名），就是按照战时文工团的要求，进行了建制调整和人员配备，学员享受战士待遇。

为了落实“为战争”和“为建国”培养人才的办学任务，华东干部子弟学校在校长汪达之的领导下，根据作战行军时的学校特点，努力把学校办成既是学习队，又是宣传队，还是工作队。火线行军中的艰险和困难，对于成年人来说也是可想而知的，而对于大多数是娃娃兵组成的华东干部子弟学校200多名师生来说则更是不言而喻的。就拿五次行军的前两次行军来说，五次行军中的前两次最为艰险。因为第一、二次行军是在我军处于战略防御与敌军鏖战的危险逆境中进行的急行军。其突出的特点主要有：

在学校成立后北撤的第一次急行军时，正是我华中野战军取得苏中“七战七捷”胜利后尚未来得及重新调整部署到位之时，敌军于1946年9月12日对苏皖边区首府清江城发起猛烈进攻。19日，淮阴清江城沦陷。20日，离清江只有15公里的淮安城又沦落敌手。

当时，苏北的战情十分险恶。华中干部子弟学校与雪枫战地服务团直到敌军入侵“两淮”前夕，才分别由淮阴、淮安地区向山东撤退。前有敌人设置的陇海路封锁线，后有敌人大军追逼。枪炮声整日不断，空中还有敌机侦察、骚扰、轰炸。学校师生的队伍在经过沭阳县和涟水县高沟镇准备过六塘河时，两架敌机对渡口轮番轰炸扫射，阻挡渡河约一个多小时。由于汪达之校长等的正确指挥和全体师生的协同努力，才幸免于难。

第二次急行军是1947年2月12日，从山东沂水的大匡庄、柳泉村出发，向西突围。当时国民党调集30多万军队对山东进行重点进攻，实行南北夹击。南有国民党王牌军张灵甫等8个整编师20个旅向北侵犯到临沂一线，北有李仙洲率领的3个军9个师，由胶济铁路沿线南下，侵占莱芜、蒙阴、新泰一线。山东东临

大海，敌军从南、北、西三面合围，企图将我军歼灭于沂蒙山区。

当学校“西突”通过临芜公路上的青驼寺镇时，我军主力正从临沂大踏步地向北推进，准备实施莱芜战役，聚歼北路敌军。南线只留有部分部队做出与敌决战姿态，阻击从临沂的来犯之敌。青驼寺镇与临沂还不到50公里，如果防线被敌军突破，敌人凭借其机动能力，两三个小时内就可能发生不测的后果。过了青驼寺镇后还要向西通过津浦铁路和黄河两道封锁线。

为了避免与敌人遭遇，包括学校在内的黄河大队2000余人的队伍浩浩荡荡地日夜兼程向西推进。敌人还以为是“共军”主力在向西突围，一边加大南北夹击封锁的速度（敌军南北相距最近时只有几公里），一边强化空中打击，不断地用飞机跟踪扫射，阻击我“西突”的队伍，迫使黄河大队“西突”的队伍不得不改为昼伏夜行。为了抢渡黄河，最多时，一夜急行军就达130多华里。

这样的险境和行军速度，对于一群青少年儿童，尤其对最小的只有七八岁的娃娃兵来说，该是多么的艰难和危险，带队的汪达之等老师们的责任多么重大和工作又是多么的艰巨。

2. 战胜困苦克时艰

第一次和第二次行军，历时两个多月，由于战情紧、时间急、路途远，有时从早到晚不停地走，有时昼伏夜行地走，中途很少得到休整，许多人的脚上都磨起了水泡，前一天晚上用针挑破，把泡子里面的水放掉，用热水洗净，第二天再接着赶路。

行军的时间一长，脚的小泡就变成了大泡、水泡就变成了血泡，水泡、血泡又渐渐地从点到面、连成了一片一片。每到晚上脱鞋洗脚时，血与水粘着鞋袜，拽开时疼痛得撕心裂肺。由于怕疼和疲劳，有些娃娃兵们干脆穿着鞋袜而睡。为了给他们减少痛苦和疲劳，学校就组织老师和大一些的学生在这些娃娃兵们睡着后，帮他们慢慢地一个一个地处理水泡和血泡。

这两次行军，虽然是处在秋、冬季节，但每天行军途中却常常出汗，内衣时湿时干，加上风尘满身、无条件洗澡和换洗衣服，感冒、斑疹、伤寒、疥疮、肠胃炎等疾病及乘虚而入的虱子，也在师生中传染。其中的第二次行军，正值农历春节之后的天寒地冻时节，不少师生的脸上和手上都生了冻疮，有的还感染溃烂、流脓淌血、疼痛难忍，给行军带来极大不便。

山东是革命老区，早在抗日战争时期，各地的人力、物力资源就遭到日寇的毁灭性破坏。抗战胜利后紧接着是国内解放战争的开始，新四军和根据地军民所开创的各解放区的党政机关及两广纵队的官兵，都相继先后撤到了山东。

为了保证解放战争的急需，山东的生活物资首先是供应给前线，后方机关和随营学校等起初还能吃到小米、煎饼等，后来，只能吃当地的胡萝卜、南瓜干、山芋、黑豆等各种粗食杂粮。长期吃这些杂粮，对吃惯了白面和大米的南方人来说，不仅是吃不惯，而且会肠胃不适，常常会引发多种疾病。

还有学校师生中的娃娃兵们脚上穿的鞋子，都是从部队后勤部门领取的成年人的军鞋。娃娃兵们穿着都嫌大、不跟脚，只能用绳子捆绑在脚上走路。娃娃兵们穿着这样的鞋子行军走路，还要在沂蒙山区踏雪踩冰、跋山涉水，不仅行动艰难，而且还会磕破脚趾。

由于长途行军的劳累和生活的艰苦及营养的短缺，加之缺医少药，生病也得不到及时有效地救治，有位名叫孙立枢的教师因病得不到治疗，就不得不截去了双腿，终身残疾。在教师员工中，还先后有王贯才、朱义富、何毓霖等人不幸病逝；在学生中也有李金平、车萍、邵长凤等人病逝。

虽然火线行军不仅面临限险和困难，但是华东干部子弟学校的革命师生在校长汪达之的领导下，总能千方百计地创造出许多切实可行的教育教学方法来进行火线办学中的流动教育，真是“生活即教育”“社会即学校”“教学做合一”。

第三节　火线办学育雏鹰

见缝插针教学做，凤凰涅槃上新课。
险恶环境何足畏，想方设法封锁过。
战地办学援前线，流动学校难关破。
为应急需育人才，雏鹰高飞多称贺。

从青州到故城：见缝插针教学做，因地制宜求发展

1. 险恶环境大课堂

针对战争的险恶环境和艰辛的生活，华东干部子弟学校乐把行军当作火线教育的生动大课堂。在教职员工和学生中不失时机地以学习上级文件和传达上级会议精神及个别谈心等方式，着重进行“战争性质”“我军战略方针”“战后国家建设”等，便是随机性的火线教育内容。通过教育，使大家认识到：当前的战争是革命力量与反革命力量的大决战，拼搏战斗的胜负事关中华民族的兴盛衰亡和中国人民的前途命运；在敌强我弱的逆境中，执行我党和军队“打运动战”来消灭敌人的有生力量的战略决策，是完全正确的。因为当前的撤退、转移，正是为了今后的胜利。

根据行军中的某些认识问题和行军知识和要求，学校还经常组织师生用编写歌谣、快板诗和出墙报、写标语口号、讲故事、表扬好人好事等喜闻乐见的形式，有的还做流动教材，对师生进行生动活泼的火线教育。

校长汪达之在行军途中，亲自带头因地制宜地撰写了不少脍炙人口的诗歌来鼓舞大家的战斗士气，都起到了很好的教育效果。如，《前进歌》[1]：“前进，前进，我们向胜利前进，浩浩荡荡，年少力壮，我们是新生一代的生力军。共产党

领导我们，革命干部子弟，一条心，一条心向前进。走过津浦黄河，走过城市乡村，调查访问，处处要虚心。学习文化，学习理论，有疑必问，多动脑筋。生活即教育，社会即学校，把我们的队伍，当作革命的大家庭。前进，前进，我们向胜利前进，把我们整个的心，献给人民，献给人民。"

又如，《教职会联谊歌》[2]："我们是革命同志，大家团结在一起。不分你，不分我，师生工友如一体。我们是革命同志，大家工作在一起。真愉快，担负起，培养干部好子弟。我们是革命同志，大家学习在一起。学文化，学政治，提高能力求真理。我们是革命同志，大家研究在一起。你帮我，我帮你，创造办法真欢喜。我们是革命同志，大家教学在一起。新的花，胜利花，开遍中国真美丽。"

在校长汪达之的带领和组织下，学校师生纷纷响应，也都写出了许多的歌谣。如，副校长严纯写的《行军纪律歌》和《爬山头》等歌谣都成为学校行军教育的教材：

《行军纪律歌》："轰轰轰，少年的先锋。在长途的行军中，师生员工，要亲密团结发扬阶级友爱作风。轰轰轰，少年的先锋。健壮活泼跳跳蹦蹦，我们能背自己的背包，谁说我们少年不中用。轰轰轰，少年的先锋。集体生活，民主要集中，接受委员班长的领导，行军纪律我们要服从。轰轰轰，少年的先锋。住下宿营，不要乱哄哄，进出宣传，依靠群众，风俗习惯我们要尊重。轰轰轰，少年的先锋。白天行军，要注意防空，不喝冷水，不吃零食，各人身体要保重。轰轰轰，少年的先锋。住房借物，要通过群众，损坏东西照价赔偿，这是革命队伍好作风。轰轰轰，少年的先锋。注意联络，情况要搞通，厨房宿舍，车辆武器，闲杂人员不准靠拢。轰轰轰，少年的先锋。调查访问，一点不放松。完成任务，紧张学习，看看谁是行军的小英雄。"[3]

《爬山头》："到了仓郎沟，大家不用愁。肚子走饿了，吃个山芋头。肚子吃饱了，再去爬山头。爬过了山头，捡了块石头，打破蒋光头，打破蒋光头！"[4]

在校长和老师们的启发和影响下，许多学员在行军中也写出了不少童谣。如有个同学的童谣《路儿弯弯路儿长》就很生动形象："路儿弯弯路儿长，打败了东洋打老蒋。走完江苏到山东，山东本是好地方。我们脚上磨起泡，我们的背上起了疮。好好学习好好劳动，要把仇恨记心上。"[5]

由于这些教育活动的广泛开展，在整个行军过程中，全校师生始终保持了"一路行军一路歌"的昂扬斗志和乐观主义精神。

2. 火线办学教学做

在火线行军中，面对各种艰难困苦，华东干部子弟学校的革命师生，在校长汪达之的领导下，经全体师生的共同努力，总是能创造性地走出一条适合战时火线办学的流动教育经验之路。他们的育人经验至少可以概括为"一个为主"和"三个结合"。

“一个为主”即学校开设的课程以政治思想教育为主，在开展各种教育活动中，把政治思想教育放在首位。因为要培养“为战争”和“为建国”而工作和服务的人才的根本要求，就是使受教育者必须具有坚定正确的政治方向和爱憎分明的阶级立场及灵活辩证的工作技能。在恶劣的战争环境中，要达到这样的教育目标，就必须以思想政治教育为主，以科学文化教育为辅。

思想政治教育主要以学校中年龄大一点的文化程度高一点的学员为主，主要讲授《中国革命和中国共产党》《新民主主义论》《社会发展史》等著作和文章的基本精神及主要内容。

学校的思想政治教育的进行方式主要有这样的三种：一是思想政治理论的课堂教学；二是包涵思想认识问题的针对性辅导；三是组织学员参加各种思想政治教育活动。这三个方面虽然相对独立，但是所起到的育人作用却是相辅相成、相得益彰的。

“三个结合”即思想政治教育与科学文化教育、生产劳动教育及社会实践教育相结合。

思想政治教育与科学文化教育相结合的基本方法主要有三种：

一是，教师在讲授科学文化课时尽可能地增加思想政治内容。如教师在讲授中国近百年史的历史课教学中，增加讲授蒋家王朝的腐败政治和反动统治，以此来激发学生反对帝国主义、封建主义、官僚资本主义的爱国斗志，逐步树立学生的革命人生观。

二是，学生在物质条件极端困难的行军中，也一直坚持做宣传群众和自我学习。行军途中一停下来休息，小学员们就从饭包里、口袋里掏出铅笔和小本子学习写字。有时没有笔和本子，就用手指或树枝在地上学习写字。由于刻苦努力，学员们的思想觉悟和文化水平的进步都很快。年长失学的学员在一个月内就认识了300多字，并且能写能用。有60%以上的学员读一两年书，就达到四、五年级的文化程度。

三是，学校在驻扎休整时，有计划地组织师生针对当时当地党的中心任务和战争状况及校内外群众的思想实际，创作顺口溜、墙头诗、快板诗、宣传小报、活报剧等文艺作品，大部分是师生自编自演自唱，其中的优秀作品再选为对外演出。这样就既把学文化和学政治结合起来，又把学习和工作及宣传群众结合起来。

思想政治教育与生产劳动教育，就是在行军途中和驻地休整期间因时因地因人制宜地对学员进行生产劳动教育，并将思想政治教育寓生产劳动之中，把思想政治教育与生产劳动教育有机地结合起来。

通过思想政治教育与生产劳动教育的紧密结合，师生们至少取得了以下三方面的重要收获：一是，通过生产劳动的社会实践，师生在思想上克服了“劳心者治人，劳力者治于人”“万般皆下品，唯有读书高”“好逸恶劳”“养尊处优”

“不劳而获”等封建传统观念和剥削阶级的残余陈腐观点。二是，通过生产劳动的社会实践，使一些年龄较大的学员更进一步理解到生产劳动与分配、无偿占有与无私奉献等观念的真正内涵和其中存在的兴利除弊等种种关系。三是，通过生产劳动的社会实践，师生们增长了与生产劳动有关的科学文化知识掌握了一些生产技能，培养了热爱劳动的良好习惯，同时也既减轻了部队和人民的经济负担，又改善了学校师生自己的生活。

思想政治教育与社会实践教育，就是学校切实抓好对学员的思想政治教育和科学文化教育的同时，根据党的中心任务和战争环境的需要，经常不断地组织师生参加社会工作，向群众学习，在社会实践中增长能力和才干。

学校除重视在突破敌人 4 道封锁线进行 5 次行军、参加组织地方干群进行土地改革等重大社会实践活动外，还十分重视在日常生活中支援前线、为争取战争胜利服务的实践中，提高师生的思想政治觉悟。仅在敌我鏖战、物资供应最困难时期的 1946 年，学校师生员工缝制冬衣就节约费用 859700 元，其中拨出支援前线的就达 297700 元。1947 年，学校在河北故城驻扎休整的一年半时间里，又节约生活费用 150 余万元支援前线，受到了前线指挥部的表扬。（以上货币数值均为在解放区根据地内部发行的纸币的币值）

3．*流动学校大家庭*

由于校长汪达之的领导指挥有方和学校全体师生的共同努力，由 200 多师生组成的流动学校，不仅把长途火线行军办成了一个大课堂，还是一个团结紧张、严肃活泼、友爱互助的大家庭。

在教育学生正确认识战争性质、认识社会风土人情、认识自我、认识祖国大好河山，培养革命精神和锻炼战斗意志，把火线行军办成一个大课堂的同时，还努力注重把学校建设成一个温馨的革命大家庭。

在长期的行军征途中，陆续传来的一场场战役胜利捷报和一次次作战中层出不穷的战斗英雄事迹及师生们行军中不断涌现的好人好事，都成了学校对学生进行团结友爱教育，把流动的火线学校建成温馨的革命大家庭的生动教材。学习英雄事迹、发扬前方官兵轻伤不下火线的大无畏革命精神，师生之间和同学之间的团结友爱、互帮互助蔚然成风。当时，学校有两个 8 岁的娃娃兵小学员，坚持自己随队行军，主动让出民工的车子给病号和其他更小、体弱的同学乘坐。学校领导多次在行军队伍中进行表扬鼓励，在学员中产生了积极的影响。

在敌机俯冲扫射的时候，师生们想到的都不是自己而是别人：老师以身体掩护学员，年龄较大的学员以身体掩护小学员；当病号和小学员走不动的时候，大家都抢着帮助他们背背包或搀扶前进；当有人生病的时候，师生都千方百计地给予照顾和安慰。如此等等，不胜枚举。因此，在艰苦的长途行军中，师生们都自觉地形成了同生死共患难的师生情谊和同学情谊。据当时任华东干部子弟学校生活指导部副主任郑惠枫的回忆："也正因为如此，学校充满着一种家庭式的亲情和温暖，学校内部的称谓也反映着这种特点，同学们称汪达之校长为'汪爸爸'：小同学称大同学为'哥哥''姐姐'。"[6]

4. 自己动手丰衣食

华东干部子弟学校在河北故城县曾经有一年半的驻扎休整时间，学校不失时机地因时因地制宜，努力使火线办学的流动教育在难得的相对稳定时期，能够不断地发展。

为减轻部队和人民的负担，又能使师生安全过冬，学校动员全校师生人人动手缝制棉衣。

1946 年 11 月，学校转移到山东后，因 9 月从苏皖边区紧急北撤时未来得及备棉衣，时下已寒气袭人，亟须添置冬衣。为减轻部队和人民的负担，又能使师生安全过冬，学校动员全校师生人人动手缝制棉衣。其做法有二：一是在师生中和农村妇女中选拔"土先生"和"小先生"，组织部分师生学裁剪、学缝制，然后再组织广大师生在做中学。据不完全统计，先后 4 次组织剪裁缝制的棉衣 393 套、单衣 271 件、单裤 405 条、棉被心 64 件。在组织缝制棉衣的同时，发动师生打草鞋、缝制棉鞋、单布鞋、纺棉线、纺羊毛线、打手套、织毛衣等。其中，校长汪达之纺出的毛线和捻出的棉线总是又细又匀，总能得到大家的交口称赞，同时也为师生树立了学习的好榜样。

1947 年 4 月，学校到达冀鲁豫边区的故城县。由于连年的战争和敌军的封锁及解放区物资的极其匮乏，学校及时组织师生向群众学习种蔬菜、做豆腐、磨面粉、舂小米、制盐巴、生豆芽等手艺。在努力做到师生生活基本自给的同时，学校还组织师生员工分别深入农户，了解军烈属和贫困户的家庭困难情况，帮助他们解决夏收和秋收秋种中劳力不足的困难，每个季度收割庄稼和耕种农田约 550 亩、砍柴 1000 余斤、挑水播种 1800 余担。

5. 支援前线广宣传

学校把协助地方政府发动群众为解放战争服务，作为自己的一项重要的经常性工作来抓紧抓好。

1947 年 6 月至 1948 年 6 月，学校师生还帮助地方群众夏收秋收 544 亩、挑水种庄稼 1800 担、拾柴 770 斤，动员组织小先生 73 人到 12 个村庄进行工作，组织基本儿童 150 多人、受宣传影响的村庄 26 个、儿童 1000 多名；到街头宣传 7 次、演剧 12 次，出大众黑板报 47 期，在墙壁上写刷大幅标语 55 条、墙头诗 12 首、《土地法大纲》全文 1 幅。这样，既教育了干部群众，又锻炼了师生的工作能力。

学校还把协助地方政府发动群众为解放战争服务，作为自己的一项重要的经常性工作来抓紧抓好。有的师生配合政府整顿地方治安、入户动员参军、安抚军烈属等；也有的师生组织歌咏、舞蹈、戏剧晚会等文艺宣传活动。其中广受军民欢迎和在当地解放区影响颇大的剧目就有《翻身大联唱》《军民一家亲》《豫北大捷》《白毛女（片断）》《送郎参军》《张德宝归队》等等。

6. 挥师南下过大江

1947 年 6 月，黄河大队考虑到华中干部子弟学校和雪枫干部子弟学校（战地服务团）性质和任务完全相同，决定进行合并定名为雪枫干部子弟学校，由原华中干部子弟学校校长汪达之任合并后的雪枫干部子弟学校校长。全校师生员工近 400 人编为 10 个分队，一面休整学习，一面组织工作队、文工团，积极协助当地政府搞土改和扩军及宣传教育工作。为了支援前线打胜仗，1948 年年底前后，雪枫干部子弟学校又分批由两位副校长带队，率领数十名师生和中学生参加华东野战军渡黄河南下中原。

革命战争时期的新安旅行团英雄集体

1948 年 10 月，随着山东济南的解放，雪枫干部子弟学校奉命由晋冀鲁豫转回到华东局所在地山东临淄县。1949 年 2 月，学校又由临淄出发，经山东济南和江苏徐州到达苏北的中心城市淮阴（今淮安市）。同年 10 月，学校又由淮阴出发继续南下，打着胜利的腰鼓和高唱着凯旋的战歌跨过长江，进驻南京市。

1950 年 3 月，由华东军政委员会决定，雪枫干部子弟学校又改名为华东干部子弟学校。校长仍由汪达之担任。1952 年夏，鉴于学校已完成了战争特定条件下的历史任务，上级决定华东干部子弟学校胜利结束。教师分别调入大学和中学工作；中学部学生分配工作或转入大、中专学校继续深造；小学部迁到无锡市，与无锡干部子弟学校、苏南干部子女班合并成无锡市五爱小学，仍是公费寄宿制学校。

1956 年秋，无锡市五爱小学开始招收当地小学生入学，学校性质逐渐有所变化，而对学生进行爱祖国、爱人民、爱劳动、爱科学、爱社会主义的革命传统教育，又在新的历史时期继续发扬光大。

7. 急需人才不断送

在 3 年解放战争时期和新中国成立初期，华东干部子弟学校支援战争和参加新政权建设的师生，先后有 5 批，计 200 余人。

1946 年 10 月，北撤到山东沂水时，学校根据前线需要抽调陆惠江等师生十余人，参加新武器新装备使用的培训工作。1947 年 7 月，为适应我军开拓新区的需要，学校抽调江北然等师生 40 余人，参加新解放区的政权建设工作。1948 年 1 月，为响应党中央关于解放全中国的号召，学校抽调金畅如等师生 30 余人，参加新区的开拓和巩固工作。1948 年 10 月，为响应党中央关于向全国进军、夺取全国胜利的号召，学校抽调郑惠枫等十余人，随军渡江作战并接管新区城市。

新中国成立后的1951年，各级党政机关急需干部，学校抽调100余人，参加华东地区各级地方政权的组建和巩固。至1952年，除调出直接进入工作岗位的师生外，学校约有200多名初中文化程度的学生，先后转入团校和同济高等工科学校，经一段时间学习后，进入工作岗位工作。

在历时三年多的华东干部子弟学校为战争、为建国培养和输送的一批批优秀人才中，有的已成为党和国家的高、中级领导干部，也有的成为军队的军、师、团级指挥员，还有的成为经济部门的企业家、工程师和文化教育部门的专家、教授、作家、导演、乐队指挥及卫生部门的医院院长、主任等。

身为华东干部子弟学校校长的汪达之，也奉命恢复曾被蒋介石国民政府强行封闭的南京晓庄师范学校，并出任复校后的第一任校长。

华东干部子弟学校火线办学的流动教育经历了5次大的急行军。

到了1952年夏，华东干部子弟学校与江苏省其他干部子弟学校合并，组成无锡市五爱小学止，历时6年，途经江苏、山东、河北三省28个市、县，史称五千里“小长征”。

华东干部子弟学校历时6年的火线办学和流动教育的战斗历程，先后为解放战争的胜利和新中国的建设，培养和输送了200多名优秀干部和专业人才以及培养了数百名“战火中的雏鹰”，积累了极其宝贵的教育教学丰富经验，创造了中国革命战争史上长期从事火线办学的伟大奇迹和长途进行流动教育的辉煌成就。

华东干部子弟学校的成功实践，是汪达之继率领以宣传抗日救国为首要任务的新安旅行团之后，在党的领导下，在中国人民解放战争时期的革命教育史和青少年儿童革命运动史上，谱写出的又一曲惊天恸地的英雄战歌和气吞山河的壮美画卷。它将永远载入中国人民革命教育和教育革命的光辉史册。

【注释】

［1］［2］［3］［4］［5］［6］鲁勤智主编:《战火中的雏鹰》，北京：中国档案出版社，2003年，第17－501页。

第八章

恢复南京晓师范

（1950—1951）

……

教学做合一是本校（南京晓庄试验乡村师范学校）的校训，我们学校的基础就是立在这五个字上，再也没有一件事比明了这五个字还重要了……事怎样做就怎样学，怎样学就怎样教；教的法子要根据学的法子，学的法子要根据做的法子……教学做是一件事，不是三件事。我们要在做上教，在做上学。在做上教的是先生，在做上学的是学生。从先生对学生的关系说：做便是教；从学生对先生的关系说：做便是学。先生拿做来教，乃是真教，学生拿做来学，方是实学。不在做上用功夫，教固不成为教，学也不成为学。

陶行知：《教学做合一》，姚文蔚主编《行知教育论著百篇》，北京：中国和平出版社，2005年，第161－162页。

第一节　任重道远细运筹

复办晓师任校长，白手起家知难上。
先建工作筹备处，再将计划细商量。
深挖潜力人为本，巧用夜校为民创。
负重奋进苦经营，行知精神高山仰。

从鲁冀到南京：复办晓师任校长，白手起家知难上

1．白手起家知难上

随着百万雄师的人民解放军成功横渡长江。1949 年 4 月 23 日，欢天喜地的南京人民迎来了南京城的解放，同时也迎来了在中国共产党和人民政府的领导下，为接管、改造旧南京和建设、发展新南京的火热战斗生活。

时任华东干部子弟学校（随解放大军北上、南下的番号为：黄河大队第三中队）校长的汪达之和他所率领的战地师生两三百人的队伍也随解放大军一起渡江，进驻到了南京城。在参与党和政府恢复南京的文化教育事业时，汪达之首先想到的是建议恢复母校——晓庄师范。

华东干部子弟学校在南京城内，原晓庄师范旧址坐落在南京城的北郊，相距也不太远。尽管晓庄师范的校舍都毁于战火，校址已是一片废墟，但有时候节假日，汪达之会到母校的原址上去看看。漫步在毁于战火中的母校——晓庄师范的废墟上，汪达之良多的感慨可想而知。

昔日的晓庄师范学校是陶行知先生于 1927 年创办起来的一所真正意义上的乡村师范学校，但是仅开办了三年的时间就被蒋介石反动政府强行封杀，许多革命师生横遭捕杀，陶行知先生也遭通缉被迫流亡国外。如今，中国共产党领导全国人民推翻了国民党反动统治，建立了人民当家做主的政权，已经具备了晓庄师范复校的条件，如果陶先生在天有灵的话，那他也必定会向新生的人民政府提出复校的建议。

党和政府对汪达之提出恢复南京晓庄师范的建议十分重视。当时南京市政府负责的同志就曾在百忙中专程到晓庄师范的原校址（校舍早已毁于战火）和晓庄小学进行了实地考察，并就如何恢复晓庄学校的事宜听取时任晓庄小学校长胡同炳（原晓庄师范学校的老校友）的意见。晓庄师范是汪达之的母校，陶行知又是汪达之的恩师，汪达之在长期革命斗争的教育实践中又有继承和发展陶行知生活教育思想的丰富实践经验，并已成长为一位颇负盛名的革命干部（解放战争爆发之前，汪达之就曾任苏皖边区政府教育厅督学）。因此，负责晓庄师范学校复校工作的“大任”，就这样落到了汪达之的肩上。

于是，在 1949 年 7 月，汪达之又来到了晓庄，主持晓庄师范学校的复校工作，并任新中国建国初期南京晓庄师范学校复校后的第一任校长。

2. 深挖潜力人为本

汪达之是陶行知先生的高足，能够到母校晓庄师范负责复校“大任”并任新中国成立初期复校后的第一任校长，这不仅是汪达之个人的一份荣誉和职责，而且也是新中国党和政府对他的高度信任，同时也是他继承和弘扬恩师陶行知的事业与精神的多年夙愿。南京解放之初，百废待兴，经济十分困难，党和政府一下子也拿不出多少钱来。因此，晓庄师范的复校筹备工作无疑是十分艰难的。汪达之来到晓庄后，知难而进。他首先着手组建了“南京市晓庄学校筹备处”，并一心为复校工作殚精竭虑地奔波忙碌着。

参加复校筹备工作的还有晓庄师范学校的老校友王林、胡同炳，晓庄师范学校原指导员邵仲香等人。复校筹备工作得到了陶行知先生的夫人吴树琴和晓庄师范学校的其他校友及生活教育社同志的密切配合与社会各界的热烈响应。同时也得到了汪达之的妻子——杨南琛的大力支持。

自从这对经过抗日战火考验而结成为志同道合的革命伴侣之后，杨南琛除了做好组织上分配给她的本职工作外，便又多了两个重要的角色——汪达之在工作上的得力助手和在生活上的能干帮手。

特别值得一提的是：杨南琛与陶行知先生及晓庄师范还有着一段不为众人知晓的渊源。据汪达之和杨南琛夫妇的长子汪如一和次子汪心一在《回忆与思考——再忆父亲汪达之》一文中介绍：

我们外祖父母的祖坟就在离晓庄不远的山上。外祖父名叫杨敦甫，20年代是上海商业银行的副总经理，银行家，也是晓庄本地人士。外祖父是陶行知的故交，他把晓庄的地捐给陶行知办学，还多次捐款给陶行知。1935年，外祖父病逝后，外祖母将赙仪也就是亲友送的丧葬费6万（块银）元一分不留全部捐给了陶行知。陶行知先生特地题词：“敦甫先生，威德不朽。观人之德，先观其友。世俗之见，惟肉与酒。你有丧事，彼福其口；人财两空，开步就走。先生之友，有为有守；赙仪助学，赠地数亩。树木树人，用脑用手……”并且刻在一块大石头上，放在晓庄师范的门口。日军侵华时被日机炸毁。[1]

第二节　招生开学闯新路

千斤重担肩上扛，寻找校舍地址访。
八方求助募物资，因陋就简土法上。
办学计划获批准，顶层设计定方向。
招生开学闯新路，晓庄从此变模样。

从南京到北京：白手起家知难上，办学计划获批准

1. 落实校舍募物资

复校的地点原准备在劳山之前的晓庄村旧址，但原晓庄师范学校的校舍早已毁于战火而荡然无存。由于又缺乏资金支持，为解决校舍问题，在汪达之的协调下，南京市教育部门经请示市军管会，决定将地处吉祥庵的原国民党中央通讯社第一发报台所占用的房屋拨交给晓庄学校。

南京晓庄师范复校时期校长汪达之的工作证等

这样，房子虽然有了，但办学设备短缺。汪达之向社会各界求援。由于陶行知先生的社会影响力大，社会各界人士纷纷响应。有的单位调拨课桌椅，也有的单位赠送教学仪器，还有的捐献图书……

鉴于陶行知先生当年创办晓庄师范时是由沪宁铁路局赠送的铁轨当钟敲的，汪达之便致函沪宁铁路局，请予惠赐废铁轨二尺，以当课钟之用。当时，上海铁路局南京办事处接函后，立即热情地“赠约一公尺废铁轨壹根”，以示对晓庄学校复校工作的支持。

特别值得提及的是，在筹备复校期间，汪达之还不失时机地克服各种困难，挤出一定的时间和人力物力，开办了群众夜校，为农民“烧心香”。首届群众夜校于 1949 年 12 月开学，有学生 42 人，他们大多是附近的农民朋友，由复校筹备组的同志在晚间授课两小时，所开设的课程有国语、政治、常识、珠算、音乐、文娱活动等。这一为农民服务的举措，很受当地农民朋友的欢迎。[2]

2. 办学计划获批准

要办一所什么样的学校是晓庄学校恢复工作的重点工作。为此，汪达之在组成南京晓庄学校复校筹备处之后，便立即把主要精力投入到办学计划的拟定和报批之中。

1950 年 7 月，汪达之专程到首都北京向中央人民政府教育部汇报南京晓庄学校的复校工作和办学计划草案，并建议组织上抽调当时在安徽省工作的操震球等熟悉晓庄历史、对陶行知先生生活教育理论有丰富实践经验的原晓庄学校的老校友来校参加复校工作。

汪达之的提议立即得到了教育部的高度重视，也得到了中央人民政府政务院总理周恩来的充分肯定，甚至还受到了毛泽东主席的亲切关怀。

听了汪达之对于南京晓庄学校筹备工作的汇报后，教育部立即电邀时任南京

市教育局局长的孙叔平赴京磋商。他们共同研制了关于恢复南京晓庄学校问题的四点意见，呈报政务院。

8月12日，周恩来总理审阅后，亲笔批示同意。

9月2日，教育部部长马叙伦，副部长钱俊瑞、韦悫联名签署中央人民政府教育部致华东教育部公函【厅秘字第1637号】《关于恢复南京晓庄学校问题提出四点意见，希斟酌办理由》：

一、关于恢复南京晓庄学校问题，曾由汪达之同志来京将筹备经过情况做了报告。嗣经本部邀南京市人民政府教育局孙局长叔平来京磋商结果，对恢复该校问题提出四点意见，希斟办理。

二、恢复该校必须配备适当的干部建立领导核心，据达之同志谈，操震球同志熟悉晓庄历史，有二十多年的实际经验，很需要此人参加复校工作。希与皖北行署洽商将他调去工作。

以上问题详情，由汪达之同志面陈，希指示进行办法为要[3]。

关于恢复南京晓庄学校问题的《四点意见》，见之于操震球在1980年7月23日上午从《陶行知先生四周年祭》中抄录的给汪达之及“陶行知先生纪念馆诸同志”的信：

关于恢复南京晓庄学校问题的意见[4]

一、陶行知先生是人民大众的教育家。他艰苦卓绝，奋斗一生，对人民教育有着巨大的贡献。但陶先生的事业，在反动统治下，受尽了压迫摧残，不能得到发展与提高。为了纪念陶先生，为了根据新民主主义教育方针与国家建设的需要，继续研究整理陶先生的学说，加以发扬与提高，决定着手恢复南京晓庄学校。

二、晓庄学校暂设师范部、小学部、幼儿部，而以师范部为中心，从事培养小学师资及工作人员。然后视需要与可能，逐步扩大其业务范围。

三、晓庄学校，应选派对新民主主义教育方针有正确了解，对陶先生教育学说较有研究的干部主持校政，并配备较强的师资。编制、设备、经费开支的标准应高于普通学校，以便从事研究工作，将学校建设成模范学校。

四、晓庄学校，归南京市教育局直接领导，经费由华东军政委员会教育部负责拨付。

11月8日，华东军政委员会教育部普教处刘芳处长专函致信给南京市教育局孙叔平局长并转汪达之，对南京晓庄学校的复校工作作了进一步落实：

晓庄复校计划及叔平同志信均收到，我们很同意晓庄从实际出发从小到大、从巩固中求发展的原则。在对复校计划的复文中我们曾提出了两点意见，即是在工作内容也希望中心明确，首先把师范部分搞好。至于农民业余教育可当作学生课外活动或寒暑假的社会活动去进行，其他如农民业余教育师训班、函授师范教育班等可在师范巩固之后作为推广和发展的某些具体计划提出；在晓庄恢复之始如果提出恐易失却中心而与推广群众教育的事业混淆起来。另外在经费问题上，我们考虑，如使晓庄学校更好更正常地发展，其经费开支标准宜与一般师范相同，使晓庄师生与其他学校师生可在同一基础上进行比较与竞赛，我们如此考虑并不能抹杀对晓庄某些特点的照顾，也可以说应给晓庄某些照顾使之更好地创造某些新特点，因此在晓庄人员编制上，图书仪器的添置上应予适当照顾，但仍又不能与工农速成中学标准相同，因工农速成中学系专为培养优秀的工农干部的学校。以上意见提出供参考，并希提出意见[5]。

就在北京为南京晓庄学校的恢复工作而操办的当儿，汪达之还曾在一次会议上见过毛泽东主席，毛主席对晓庄复校也表示了关注。汪达之还以写信的方式向南京晓庄学校筹备处的人员报告这一喜讯，来鼓舞大家对复校工作的斗志和干劲。

3. 招生开学闯新路

经华东军政委员会教育部批准后，汪达之立即根据教育部和中央领导的指示精神制定了晓庄学校恢复计划及实施办法，并拟定了南京晓庄师范学校 1951 年春季招生简章，决定招收一年级新生两个班计 100 名。报名参考的条件是："凡思想纯洁，体格健全，愿为人民教育事业服务，年龄在 16 岁到 25 岁，并具有初中毕业或高中肄业水平，或具有同等学力者，不分性别，均可报名参考。"[6]

招生通告发出后，报名应考人数为 153 名。1951 年 2 月 1—2 日，进行了首届招生考试，录取了 100 名。

复校后，汪达之坚决贯彻新民主主义教育方针，并努力实践和运用陶行知生活教育思想，为新中国培养师范教育人才。

在立德树人方面，汪达之特别注重对师生进行爱国主义和国际主义教育及革命传统教育。在抗美援朝运动中，他带领师生自觉捐钱捐物，支援前线。他还利用校庆日举行一年一度的校庆活动和晓庄革命烈士纪念碑揭幕仪式及创建陶行知纪念馆暨开馆仪式等对师生进行革命传统教育。

在教育教学方面，学校实行每周"46 小时学习制"。即每天文化课 6 小时，课外活动 1 小时，早自习 50 分钟。晚上开展班队活动、文娱活动或学生自由活动。同时，学校还提倡改进教育教学方法，要求教师在课内必须留出一定时间，让学生预习、复习。教学过程中鼓励学生提问、讨论，着重让学生自己理解消化。这样的教法既很有实效又颇受学生欢迎。

在勤俭办学方面，为解决学生增加（1951 年暑假进行第二次招生，招收学生 200 名）、校舍紧缺和经费困难，汪达之带领师生勤工俭学，劳动建校。他们盖起了几座茅草棚，作为学生的宿舍和饭厅；又自己打井，解决饮水问题；自己种菜、养猪，改善伙食；还自己铺路栽树，美化校园。

在陶行知生活教育思想研究方面，为培养适应改造乡村需要的合格的小学教师，汪达之组织教师对陶行知教育学说进行研究，并根据生活教育理论和原则来规划和改进学校教育工作。他们采取的措施主要有三：一是对晓庄小学进行整顿，增加教学设备，调整班级，开展“小先生”活动，为师范生提供实习条件。二是试办农民业余教育，把科学知识的普及列为经常性的农民业余学校的重要教学内容。三是经营小规模农场园艺，使学生有学农基地，并在农业科学技术方面帮助附近农民生产持家，发展经济。

据史料记载，在为附近农民服务方面，他们做的事主要有五件：一、向附近农民供给在学校自种五六亩果园中培育出来的果苗。二、向附近农民介绍精选的优良稻、麦品种。三、向附近农民推广试用过的新式改良农具。四、向附近农民介绍经学校优选并繁殖的优良猪种。五、培养花卉园艺，布置学校环境，也为附近农民服务。

第三节　成绩卓著创典范

喜迎校庆建陶馆，生活教育必修课。
揭幕奠基况空前，继承行知教学做。
参观展览演节目，举办比赛人称和。
手脑双辉旗高举，首创典范谱新作。

从北京到南京：喜迎校庆建陶馆，成绩卓著创典范

1. 喜迎校庆建陶馆

汪达之在负责晓庄学校复校工作的同时，也十分重视举办校庆活动和创建陶行知纪念馆等，对师生进行弘扬晓庄学校优秀文化传统教育。

早在恢复晓庄学校筹备期间的 1951 年 3 月 15 日（陶行知创办的晓庄学校 23 周年校庆纪念日），为用行知思想和晓庄精神来推动复校工作的深入开展，汪达之带领筹备处的人员进行了精心准备，在劳山脚下的晓庄学校原址举行了隆重而热烈的校庆纪念活动。南京市委、市政府的有关领导、南京和上海有关大中小学校的师生及附近农友代表 500 余人应邀参加校庆大会。

校庆大会在与会人员拜谒陶行知墓后开始。担任大会主席的汪达之在会上发表了热情洋溢的讲话。他在讲话中强调指出，复校的宗旨是纪念陶行知（逝世于1946年）校长，发扬晓庄的优良传统，为当前的革命需要服务，并表示要尽快复校招生，办好晓庄学校，不辜负领导和大众的期望。他在讲话中说："二十三年前，这里原是一荒凉的坟场，陶先生为了实现改造中国乡村的理想，在这里创办了我国第一所真正的乡村师范。可是三年以后却被国民党反动派封闭了。但晓庄精神并没有被扼杀，不少同志参加到革命的队伍中去，陶先生开创的生活教育运动也并没有因此停止，而是继续发展壮大。"[7]中共南京市委宣传部部长陈其五、南京市教育局局长徐平羽、陶行知夫人吴树琴及有关学校代表也在大会上发表祝贺讲话。会后，还举行了"行知纪念馆"奠基仪式。汪达之和来宾们都手拿铁锹为基石填土。接着还举行了传统的耕牛比赛和"锄头歌舞"等节目表演。

新中国成立初期，恢复南京晓庄师范学校时的汪达之

此后，对于一年一度的晓庄学校校庆纪念日活动，汪达之都十分重视并热心筹办。1951年3月15日是晓庄学校建校24周年纪念日。3月8日，汪达之还特地致信晓庄学校校友、教育部初等教育司副司长方与严。

汪达之在致方与严的信中说：24周年校庆将至，为了更好地教育青年学生，将举行有意义的纪念活动，"望方老能代表大家前来，如有纪念品，请方老带来"。信中还请方老将搜集到的陶行知先生著作的一部分带来"好充实展览的内容"，并请方老向许广平先生致意，希望她"能捐赠鲁迅先生全集一部或两部，这是光荣的礼品"等语。[8]

由于准备充分，晓庄学校建校24周年的校庆活动也十分成功。这天还隆重举行了晓庄学校革命烈士纪念碑的揭幕仪式。汪达之向全校师生介绍了烈士们的英雄事迹，号召大家接过革命先烈的英雄旗帜，踏着革命先烈的闪光足迹，为建设社会主义的新中国，最终实现共产主义理想而继续努力奋斗。校庆大会之后，师生们还参观了刚刚筹办起来的"陶行知生平事迹展览"。

1951年7月25日，是陶行知先生逝世5周年的纪念日。这天，新中国成立后的第一个陶行知纪念馆在晓庄学校落成并举行了揭幕开馆仪式。事先，汪达之经多方努力并征得陶行知先生的夫人吴树琴的同意，将保存在上海陶行知基金会的5箱子陶行知遗物、遗著、遗墨等，由上海移交晓庄学校，大大地充实了陶行知纪念馆的展品。汪达之当年征集到的陶行知先生的这些珍贵文物至今一直仍在南京晓庄学院的陶行知纪念馆作为重要文物展出。

2. 成绩卓著创典范

汪达之担任复校后新生的南京市晓庄师范学校的第一任校长，虽然只有短短的两年时间，但他对陶行知教育思想的继承、创新与发展，对探索新中国师范教育的办学方式和方法，对新中国成立初期国家基础教育师资队伍的培养和建设等诸方面，都做出了可贵的探索并积累了有益的经验。正如时任中央人民政府教育部基础教育司副司长方与严在《敬赠汪达之同志负责恢复晓庄大任》[9]中所言：

韧性战斗，达之所长。接近群众，不厌求详。时局大变，应转作风。轻重缓急，有紧有松。百废俱举，不得要领！静坐思考，计划井井。提纲挈领，简炼精要。主要抓紧，次要慢架。师众之长，主张拿稳。学以益智，日必猛省。高瞻远瞩，虚心博访。成竹在胸，瞭如指掌。深信干部，付以专责。干部有权，干得出色。全校一心，达到预料。稳步前进，妙妙妙妙！

汪达之无愧于这一赠言中所赋予他的殊荣，他用在恢复晓庄师范学校那虽短暂但却丰富多彩的教育实践，为南京市晓庄师范学校乃至新生的中国师范教育奏出了一曲美妙的时代新乐章。复校后的南京晓庄师范学校继承和发展了陶行知先生“生活即教育、社会即学校、教学做合一”的生活教育思想，很快就成为全国中等师范学校的一个典范。

生活教育一线牵，复校前后两重天。行知达之师教在，继往开来创空前。汪达之从南京晓庄师范学校初创时期的第四届“试做生”到复校后的第一任“校长”，虽然时隔仅20年，但留给我们的启示应该是多方面的。那么其中最为显而易见的启示是什么呢？那就是陶行知和他创办的晓庄师范与生活教育理论，让汪达之实现了教育人生的“华丽转身”——从“试做生”到“校长”！

【注释】

[1] 汪如一、汪心一：《回忆与思考——再忆父亲汪达之》，新安旅行团编委会编《新安旅行团通讯特刊·怀念新旅之父汪达之》，2018年2月，第30页。

[2][6][7][8] 辛国俊：《晓庄复校时期的汪达之——纪念汪达之校长诞辰100周年》，余滔主编（淮安市新安小学、新安旅行团历史陈列馆编）《萧湖之畔的丰碑——纪念汪达之同志诞辰100周年》，南京：河海大学出版社，2003年，第69－289页。

[3][4][5] 刘友开编：《汪达之教育文集》，北京：中国文联出版社，2003年，第503－506页。

[9] 方与严：《敬赠汪达之同志负责恢复晓庄大任》，刘友开编《汪达之教育文集》，南京：江苏教育出版社，1995年，第327－328页。

第九章

变换岗位到北京

（1951—1961）

……

我们都是为国家管理普通教育的领导机构，因而和实施综合技术教育的关系，就更加密切。我们党领导着建设的人民国家，对实施综合技术教育也就是党的历史任务。我们部相当长期没有提出综合技术教育的任务，使我们的教育实施，在理论上残缺了这样一个重要部分，在实际效果上也就要遭到不可计算的损失……如果认为问题涉及面大，不能轻做决定，就要求你们将原建议直接反映到党中央文教负责部门考虑，务期得到结果。事关党与国家教育事业带根本性质的问题。故不惜一而再，再而三的建议。

汪达之：《为教育部党组建议》，刘友开编《汪达之教育文集》，南京：江苏教育出版社，1995 年，第 64 页。

第一节　考研进修北师大

人民大学教研室，应招考研把校入。
继而随转北师大，战胜病魔勤学习。
整风学习常反省，思想回炉真理立。
百炼成钢再作为，服从需要不拘级。

从南京晓庄师范到北京师范大学：应招考研把校入，服从需要不拘级

1．思想回炉敢说不

1951 年，中国人民大学教育学教研室招收研究生。身为南京晓庄师范学校校长的汪达之深知新中国刚成立，百废待兴，今后的教育工作势必会任重而道远。因此，他向组织上提出了“要求学习”的意向。经南京市委批准，汪达之于 1951 年秋考取了中国人民大学教育学教研室研究生，从南京来到北京学习深造。

1971 年，汪达之生前最后一次登黄山

1952 年 1 月，“三反运动”开始，上级决定中国人民大学教育学教研室划给北京师范大学。汪达之随同教育学教研室转入北京师范大学继续学习。

“三反运动”是指新中国成立初期，在中国共产党和国家机关内部开展的“反贪污、反浪费、反官僚主义”的运动。

新中国成立后，由于有关制度的不完善，在党政军机关、人民团体和经济部门中滋长着贪污、浪费、官僚主义的严重现象。这不仅给经济建设事业造成了重大损失，还严重地从政治上和思想上腐蚀了不少的干部，同时也败坏了党和政府的形象。

1951 年 11 月 30 日，中共中央根据同年秋季全国工农业战线开展的爱国增产运动中揭发出来的大量贪污、浪费现象和官僚主义的问题，向全党指出：必须严重地注意干部的贪污行为，注意发现、揭发和惩处。

12 月 1 日，中共中央做出《关于实行精兵简政、增产节约、反对贪污、反对浪费和反对官僚主义的决定》，把反贪污、反浪费和反官僚主义作为贯彻精兵简政、增产节约这一中心任务的重大举措，要求普遍地检查贪污、浪费和官僚主义问题。12 月 8 日，中共中央又发出《关于反贪污斗争必须大张旗鼓地去进行的指示》。此后，一个大规模的“三反运动”便在全国普遍地开展起来。

1952 年 1 月 4 日，中共中央又发出了《关于立即限期发动群众开展“三反”斗争的指示》，要求各单位立即按限期发动群众开展斗争。很快，“三反运动”在全国出现了一个群众性的检查和揭发的高潮。

为加强党对“三反运动”的领导，中共中央设立了以薄一波为主任的中央增产节约检查委员会，并在党政军三个系统成立了各级增产节约检查委员会。在“三反运动”中，各地揭露了一批严重的贪污盗窃案件，并先后召开了坦白检举大会或公审大会，对于严重犯罪分子依法严惩。1952 年 10 月 25 日，中共中央批准了关于结束“三反”的报告。自此，“三反运动”宣告结束。

随着“三反运动”而来的就是整风学习。在整风学习的过程中，一向自律的汪达之便主动反思，深刻检讨自己在南京工作后期以来工作中的不足之处，进行思想上的“自我革命”。正如他后来在《自传的一个轮廓》中所说：“1953 年参加整风运动，解决了南京工作后期以来产生的情绪不正常问题。”[1]

2. 服从需要不拘级

随同教育学教研室转入北京师范大学，进行继续学习的汪达之，因积劳成疾，时隔不久便生重病，住院开刀，未能听课学习。因为治疗及时，加之汪达之的积极配合和夫人杨南琛的悉心照料，经过一段时间，汪达之便康复出院了。

1952 年 9 月，完成学习的汪达之被重新分配到教育部工作，任师范教育司专员。

1953 年，从 12 月开始，全国举行慰问人民解放军的工作。汪达之被临时调出参加西北分团，工作重点是慰问对新疆驻军，半年才结束。据汪达之后来回忆说：“亲身生活在毛主席亲手缔造和领导的中国人民解放军的伟大人民军队。这对我的一生是有极大的意义和帮助的半年。”[2]

1955 年春，汪达之又被暂时调到国务院直属的中国文字改革委员会工作，任“文改委”办公室主任。

中国文字改革委员会是新中国成立后成立不久的一个新的机构，为国务院的直属单位。当时，“文改委”的级别很高，主任是部长级，由吴玉章担任、胡愈之是副主任之一。委员会下辖一个办公室和两个研究室。办公室主任由汪达之担任。第一个研究室是拼音化研究室，主任是周有光；第二个研究室是汉字简化研究室，主任是曹伯韩。据汪达之后来回忆：文字改革“这是当时中央人事局的中心工作，领导□□这半年给我锻炼很大，为后来单独领导一个单位的工作，打下了基础。”[3]

第二节　教育部里任专员

主动作为提议早，先报党组部领导。
务求尽快有答复，若难决定再上报。

因为决策有缺漏，所以补课要做到。
综合技术事重大，培育人才须搞好。

从北京师范大学到国家教育部：综合技术事重大，主动作为提议早

1. 主动作为提议早

1953年9月，在北京师范大学教育学研究室学业期满的汪达之，奉调到教育部任师范教育司专员。到教育部工作后，经过一段时期的调查研究和反复论证，有一个“事关党与国家教育事业带根本性质的问题”——关于综合技术教育的问题，引起了汪达之的高度重视，他反复向教育部党组提出自己的建议，并“不惜一而再，再而三的建议”。

汪达之在《为教育部党组建议》中，强调指出：

一、关于综合技术教育应提到我们的工作日程上来，使我们教育思想成为完全的共产主义教育思想所指导的，把过去教育实施上不提综合技术教育任务，使我们的技术教育在理论上长期残缺的情况改正过来。

二、认真清理一下长期对综合技术教育的不够重视的原因，并正确做出对实施切合当前需要的综合技术教育的决定。

三、如果认为问题涉及面大，不能轻做决定，就要求你们将原建议直接反映到党中央文教负责部门考虑，务期得到结果。事关党与国家教育事业带根本性质的问题。故不惜一而再，再而三的建议。

四、我们都是为国家管理普通教育的领导机构，因而和实施综合技术教育的关系就更加密切。我们党领导着建设的人民国家，对实施综合技术教育也就是党的历史任务。我们部相当长期的没有提出综合技术教育的任务，使我们的教育实施，在理论上残缺了这样一个重要部分，在实际效果上也就要遭到不可计算的损失。[4]

2. 综合技术事重大

由于种种原因，上述建议并未被采纳。尽管如此，但汪达之却仍以一个共产党员的高度责任感来尽一己之力，对综合技术教育进行奔走呼号。

即使是在1953年12月的除夕之夜，汪达之在给范信的信中就有自己的思考，还在与其交流研讨：“我们党和政府号召学习马列主义，这一点已引起了我们不少干部同志们的注意了，但对教育工作马列主义的认识水平，特别是反映在综合技术教育问题上，却成为非马列主义的，我反复考虑为何如此呢？尚难得出正确解答。”[5]

同年，在一次给某师范学校学生的讲话中，汪达之对综合技术教育的重要性就有一个深刻的理解，并还鼓励这些未来的人民教师要用综合技术教育把自己武装起来。他语重心长地说：

综合技术教育是□□主义教育必须实行的一部分，我们的国家的青年，都要投到一个生产部门里去，做生产建设的主人。就需要有丰富的综合技术教育，这是历史任务，任何人也不能阻挡的。我们为实现综合教育而斗争，不再是明天的事而是今天的事了。

诸位同学都是即将为人民服务的未来人民教师，我请你们首先检查一下，是否把（用）综合技术把自己武装起来？为了祖国的工业化，胜利地从新民主主义社会过渡到社会主义社会，进而到共产主义社会光辉的远景，我们就要学习先进经验。我们就要以综合技术教育来武装我们自己亲手培养的年轻一代，参加到我们祖国的伟大建设工作和保卫工作里去[6]。

第三节　创办普语研究班

反复建议不拆庙，重新考虑有必要。
逐级上书至中央，服从大局开心窍。
语言研究普通话，实际负责创新调。
连办四期初见效，老树难舍花枝俏。

从教育部到文改委：语言研究普通话，实际负责创新高

1. 专员改做班主任（副）

1955年冬，教育部和文改委合办国家普通话语言研究班，由教育部领导。班主任由教育部副部长叶圣陶兼任。汪达之奉调担任实际负责班级工作的副班主任。普通话语言研究班连续办了4期，每期半年，办班目标是为全国□□□学校培养推广普通话的骨干，也就是为中国文字改革打好基础。据汪达之在后来回忆：

毛主席早就指出，文字要走拼音化道路。后在工作方法60条中指出“一切干部都要学会普通话”。周总理对推广普通话工作抓得很紧。因此，领导机关也很重视，工作进展较快[7]。

1959年，普通话语言研究班的领导关系转给中国文字改革委员会，汪达之也随班转到文改委，一直到1961年普通话语言研究班的工作结束。

2. 反复上书“不拆庙”

普通话语言研究班虽然只办了4期，每期也只有半年的时间，但由于国家领导人的重视和各有关部门的支持，特别是在汪达之的得力组织和领导下，尽管实

际办班只有两年的较短时间，但对全国推广普通话的工作还是起到了积极的推动和奠基作用。

因为，这些从许多部门和学校抽调上来，参加普通话研究班学习和研训后，学业期满的学员，回到原单位再组织二级培训，由二级培训再到三级培训，这样滚雪球似的培训和影响力，其作用还是十分可观的。“语言不通事难办，语言一通便百通。”对此，汪达之不仅从中积累了不少可资借鉴的经验，而且也对办好普通话语言研究更加充满了信心。因为这对国家建设和人民生活都很有利。

因此，当他在读到中央于1961年8月26日发出的关于限期停办中央一级机关所属的各种干部学校和干部训练班的通知后，认为文改委对停办普通话语言研究班的“拆庙”决定，有重新考虑的必要。于是，他便先后给周恩来总理和陈毅副总理写信以及给毛主席和党中央写报告，一再提出不要撤销普通话语言研究班。

汪达之在《给周总理、陈毅副总理的信》中十分坦诚地写道：“……我们组织上坚决执行拆庙方案，但在思想上不通。除将情况越级汇报党组外，特请两位总理审阅批示。”[8]

汪达之在《给毛主席、党中央的报告》中写道：“读中央（1961年）8月26日关于限期停办中央一级机关所属的各种干部学校和干部训练班的通知后，认为文改委对普通话语言研究班拆庙的决定，有重新考虑的必要，做这方面实验工作的我，也有责任把情况反映给党组，在最后关头，有必要反映给中央和毛主席审查，这不是小题大做，而是实事求是，有利于社会主义建设……”[9]

为进一步引起党中央和毛主席等中央领导人对在全国推广普通话工作的高度重视，1961年9月，汪达之还给党中央和毛主席写了《给党中央、毛主席报告的补充情况和意见》，委婉地提出：“文改委如何透过业务来体现政治是新的课题……”

尽管普通话语言研究班最终还是被“大趋势”的影响而被撤销停办，但是，汪达之对推广普通话的继续研究和宣传发动却一直也没有停止过，其中也包括他后来从文改委调出，来到海南广东民族学院任党委书记兼副院长期间。他的做法主要有三：

一是，用日记记下自己学习研究的心得体会。

1957年5月27日，他在日记中写道：“苏联学校对青少年十分重视语言工作。孔子教育四科就有语言不学诗不以言。”[10]

1959年2月4日，他又在日记中写道：“汽车售票员不说普通话，群众听不懂把路走错了，感到学普通话重要，不会说普通话，就不会搞好生产。”[11]

1959年，他在题为《欢庆建国十年伟大成就》的日记中又写道：“普通话是加速社会主义建设的新武器，是共产主义必需的内容之一。”[12]

二是，通过书信向有关部门、单位和个人进行宣传。

1958 年，他在给张平的信中写道："全国教师一定要先学会普通话。"[13]

1959 年，他在给淮安县人委的信中写道："此外，就是推广普通话了，也必须要求在小学里，甚至从托儿所幼儿园就应开始，小学一定要用普通话教学，这是我们国家的新任务，统一全国语言。广东、福建都在大力推广普通话，他们说学好普通话，走遍全国都不怕。"[14]

1960 年，他在给普研班的信中写道："必须会说普通话，才能听懂课听懂报告，才能讲好课和做好报告。"[15]

1961 年，他在给平里的信中写道："我们说话，彼此之间还有些听不懂的地方，这使我感到，将是我工作上一项很大困难。学院本身要求学生学普通话，因为不学普通话无法教学，这是有利的一面，但目前无好教师，我准备到海南后，进一步了解一下情况，提出方案，要求会里（指文改委）支援半年，派专人来。"[16]

同年，他又在给纪宇、江真的信中写道："听上海教育局工作同志说，上海第四师范几年来这方面的工作做得好，他们两年级比一年级的普通话说得好，可惜这次时间太短，不能去参观一下，假如真是这样，那就很正常，是所有师范学校的方向。"[17]

1962 年，他在给平生的信中写道："对于普通话，不是某些人所理解的可有可无，而是少了它就像吃饭少了筷子一样不方便……这些问题在北京很难想象到。"[18]

1962 年 5 月 20 日，他在给敏学的信中写道："国家对语文教师，应要求能说比较好的普通话。"[19]

1962 年 7 月，他在给民委的信中写道："为了解决创造共同语言，便于教学、工作，争取一年内，在学校内部学习普通话，成为共同的语言。"[20]

1963 年 7 月 16 日，他在给胡同炳的信中写道："社会主义的事业向前进，我要求有统一的语言，这是客观规律，还不能引起某些领导同志的注意，并不奇怪，因为他们还不熟悉这方面的问题。"[21]

三是，利用会议宣传推广普通话的重要意义。

1963 年 4 月 18 日，汪达之在广东民族学院党委会上明确提出："党委应以最大的力量支持办好这个普通话班，为全州（指通什州）全岛（指海南岛）统一语言，贡献力量。"[22]

1964 年，他在广东民族学院的春节团拜会上的讲话中指出："我们不但要办好普通话班，还继续要求全体教职工和同学们也要认真学好普通话，越来越感到不会说普通话是最吃亏的事。"[23]

汪达之在教育部和中国文字改革委员会工作的时间虽不长，但所做的大事却不少。就拿重视综合技术教育和着力推广普通话来看，这两件事都是事关全国性的重大教育问题和涉及社会主义建设与发展的国计民生的大事。他不仅仅是身体力行、坚持不懈地在做，而且还不顾个人得失和名誉地位，一而再再而三地“上书进谏”，其见识之卓著、品德之高尚、责任之担当，绝不是一般的教育家和共产党人都能做得到的。

【注释】

[1] [2] [3] [4] 汪达之：《自传的一个轮廓》（汪达之长子汪如一、长媳陆梅提供的汪达之手迹复印件），刘友开编《汪达之教育文集》，北京：中国文联出版社，2003 年，第 511 – 585 页。

[5 – 23] 汪达之：《自传的一个轮廓》（汪达之长子汪如一、长媳陆梅提供的汪达之手迹复印件），刘友开编《汪达之教育文集》，南京：江苏教育出版社，1995 年，第 65 – 293 页。

第十章
广东民院拓荒牛
（1961—1980）

……

少数民族工作的问题是党要用特别办法进行工作的问题。广东民族学院是为广东兄弟民族培养共产主义干部的政治学校，是为培养青年技术人员和知识分子的学校。我们学院的任务，是要培养有共产主义觉悟的兄弟民族干部，为帮助兄弟民族，社会主义建设工作更能继续前进，就需要有大量的有这样政治思想高度觉悟的干部，才能做好这样的工作。要争取时间把第二次检查提纲写好，把党的政策不是唯成分论，从理论到实践都要多想一想，写成书面材料发言，要坚持真理，保护党的利益。挨骂、挨打、撤职、开除党籍，甚至杀头，都不可怕，决不能屈服和妥协……这也是一个锻炼，封建王朝尚有一个海瑞，难道今天社会主义历史时期，连个坚持真理的都没有了吗？

汪达之：《汇报广东民族学院情况》《给民委罗、陈两主任信》《1964年9月19日·日记》（汪达之长子汪如一、长媳陆梅提供的复印件，存本书作者刘友开处），刘友开编《汪达之教育文集》，南京：江苏教育出版社，1995年，第56－69页。

第一节 民族学院奠基人

广东民院需要人，花甲披挂再上阵。
不愿在京享清福，出征海南挺直身。
摸清情况搞调研，班子建设威力振。
发展规划细研制，渐入正轨局势顺。

从北京到海南：不愿在京享清福，挺身而出海南征

1. 花甲披挂再上阵

1961 年，国家普通话语言研究班停办后，仍回中国文字改革委员会机关工作的汪达之“不愿做机关工作”。说来也巧，这期间，中央民委代广东省民委为广东民族学院向国务院文教办公室要领导干部。国务院文教办公室通过“文改委”向年已 58 岁的汪达之征求意见。根据汪达之后来回忆，他是这样从北京的国家机关“文改委”，来到海南的广东民族学院的：

我经过考虑，想到毛主席的“越是困难的地方越是要去”的教导，海南地处国防前线，学院所在地，又是兄弟民族地区，任务是为兄弟民族培养有共产主义觉悟的民族干部和民族青年知识分子，任务是艰巨的，但我表示同意前来。即在北京参观了中央民族学院及其他准备工作。有人忠告我，年纪大了，地区艰苦，应考虑到。我说，不比抗日战争时期敌后抗日民主根据地艰苦。年纪大了，干三五年还可以。就于 1961 年 11 月到广州，参加了当时正在广州召开的省民族工作会议的后一半，了解到民族地区的一些实际情况。因等省委的批示，省民委又介绍我到武汉参加了中南民族学院十周年纪念大会的活动。回广州后，还要继续等批示。我要求提前让我来民族学院好了解情况，便开始了我在民族学院的工作[1]。

汪达之到了学院后，一直在考虑工作应该怎样开展。在上级党政部门的大力支持、学院领导班子和教职员工的共同努力下，汪达之对广东民族学院的重建和发展采取了一系列大刀阔斧的切实举措。其主要做法有：从调查研究入手，完善领导班子建设，以及研制发展十年规划等。

2. 摸清情况搞调研

当时，广东民族学院刚从广州迁来海南通什。学院共有 9 个教学班，在校学生总数 378 名，教师总数 54 名。其中，政治教研组 18 人、语文教研组 12 人、史地教研组 6 人、数学教研组 10 人、理化教研组 6 人、会计专业教师 1 人、体育教师 1 人。在校学生中有预科 3 个班学生 137 人。其中，新生 78 人，已于 9 月 15

日开始上课。原自治州干校文化班的学生下乡参加整风社教运动，于11月初陆续返校，经调整后分3个班计109人，于12月6日正式上课。政治班新生82人、会计班新生46人。

1961—1962学年度，学院共开设政治班（第3期、会计班第1期）、预科班和干部文化补习班计4个班次。所规定的全年教学时数为40周、生产劳动时数为6周（42天）。其中，分散安排于课程表上的有3周、集中劳动时数为3周。除此之外，不得随意抽调学生进行额外的生产劳动。

因学院迁到新址后的第一学期还尚未到寒假，情况是很复杂的。教职员工中不愿在学院工作，党员干部中也有这样的人。他们来了，又借故走了，就不想再回来了，思想是很混乱的。物质条件差，住得挤，吃的供应比较紧张，用水要专人到远处下河去挑。从广州运来的物资，不少散乱在露天地里。外来的教职员工中能说普通话，本地的教职员工却是说海南话，语言不通，造成隔阂很多，影响对情况的了解和政治思想工作的进展。

到了1962年春季，全院学生将近400人，有民族干部政训班、预科班（后改为高中班）、初级会计班和原干校合并前留下的文化班。省委指示两年内不考虑发展问题，以民族干部政治轮训为主，并为兄弟民族培养有共产主义觉悟的青年知识分子。高中毕业，能升学的升学，不能升学的回乡参加生产劳动。初级会计班是应民族地区会计人员的需要开办的，后改为中级会计班，这些任务都是上级决定的。

教职员工总数110余人，原编制为1∶4。1962春实行精减改为1∶5，要精减几十人，才能合编制，3个月内要解决，3个月后，即停发工资。因此，这项工作便成了上半年的重点工作之一。

3. 班子建设力量增

汪达之到广东民族学院工作不久，便被任命为副院长。1962年3月5日，广东省委组织部下发了批字第51号文《通知》：“省委同意：汪达之任学院党委书记；刘渠、钟怀琼、范文山、黎德振任党委委员。”[2]同年10月11日，广东省委组织部以干批字第631号下文，再次以文件形式确认汪达之为副院长。

学院领导班子重组后，参照《中华人民共和国直属高等学校暂行工作条例（草案）》第51条的有关规定，学院决定成立广东民族学院院务委员会，同时提出组成人员名单上报省民委，并于1962年11月27日得到省民委粤族业字760号文的函复同意。同年12月21日，省民委以粤族业字第258号文，对刚刚成立的广东民族学院院务委员会组成人员的调整进行批复，同意增加王旭林、钟怀琼为副主任。至此，新成立的广东民族学院院务委员会成员如下：罗明任主任委员，汪达之、刘渠、王旭林、钟怀琼任副主任委员，范文山、黎德振、姚炳琪、杨家桦、蔡树帮、陈先恩为委员。

院务委员会在学院党委领导下履行职责，负责审议学院的办学理念、办学方针、发展规划、年度工作计划和招生计划，审议学院的基础建设项目、设备购置、师资队伍、制度建设及其他重大事项。

4. 发展规划细研制

由于学院新迁海南通什，办学条件极其艰苦。学院接收原自治州干部文化补习学校的校舍大多破败不堪。学院的抽水和照明设施缺乏，教工和学生的饮用水、照明等都存在一定困难，供水困难的时候，师生们都要到几百米外的水源处去肩挑手拎。在1961年秋季学期开学后的很长一段时间里，部分教工和学生仍住在茅草屋里，雨季来临，房屋渗水、漏水的现象时有发生。

面对这样极艰苦的条件，在汪达之为代表的领导班子的坚强领导下，学院的各项工作仍旧得到顺利开展，教学秩序井然，并在此基础上先后组织研制出台了《1961—1962学年度广东民族学院教育计划》和《1961—1972学年度任务、专业、规模、编制的方案》等近期和中期的“顶层设计”。

《1961—1962学年度广东民族学院教育计划》指出，学院继续开设政治训练班、预科班和文化补习班外，并增设会计班，仍然采取短期培训和长期培养相结合的两条腿走路的方针，为民族地区培养当前迫切需要的各类建设人才。各类班级的人才培养目标、教学要求和课程设置如下：

政治班。继续培养民族地区大队以上、县级以下的民族干部，训练时间为8个月。根据第一、二期的办班经验，大部分学生的文化程度较低，不能很好领会教学内容，在学习上存在一定困难。为提高教学效果，政治班以政治学习为主，同时适当安排文化学习。文化学习课时占总学时的三分之一（包括普通话学习）。开设的主要课程有：普通话、语文、阶级与阶级斗争学说、社会主义经济建设三面红旗、人民公社工作条例、民族政策、工作作风与工作方法、体育、劳动等，每学年授课553学时。

会计班。会计班主要招收对象是民族地区具有高小毕业和初中程度的青年学生及现职会计人员，学习时间为8个月。在校期间除加强会计业务知识和技能的训练外，还需学习人民公社工作条例和民族政策、人民公社性质、根本制度和经验管理方法及党在民族问题方面的基本政策等。通过学习，提高他们的政策水平和会计业务能力。开设的主要课程有：政治、珠算、算术、会计专业、经营管理、应用文、时事教育、体育、劳动等，每学期授课557学时。

预科。预科主要招收民族地区具有初中毕业的少数民族学生，用2年或3年的时间提高到高中毕业的水平，为本院科、系提供生源，设有两年制预科理科、三年制预科理科和三年制预科文科三个班次。为了适应民族地区对于中等教育师资的迫切需要和民族学生的特点，预科按文、理分科教学。理科侧重加强数理化基础知识学习，同时也不放松语文的教学。文科侧重语文和历史知识的教学与写作训练，同时也教学自然科学的基础知识。开设的主要课程有：政治、语文、外语、数学、物理、化学、生物、地理、历史、体育、劳动等。

干部文化补习班。原有的干部文化补习班是抽调海南民族地区的基层干部，用若干年的时间进行文化补习，把他们的文化程度提高到相当于初中毕业的程度。经过调整，按不同文化水平分班，要求在 2—4 年的学习时间内，分别在语文、算术方面达到相当于初中毕业的文化水平。

为提高教育教学质量，《1961—1962 学年度教育计划》强调要加强教研组的工作，从制订教学计划、教师备课、检查听课、总结和交流经验都要狠抓起来，各教研组必须重视课堂教学这一基本环节，加强辅导工作，落实课堂讨论或小组讨论。文科学生要加强阅读、写作的训练；理科和会计班的学生要加强运算和基本操作的训练；预科和文化班要严格考试、考查和升留级制度。

《1961—1962 学年度教育计划》还强调教师要重视开展科学研究工作。为此，要求科学研究必须结合教学进行，要通过编写教材讲稿、教材中发现的问题，将经验总结上升到理论阐述。同时，关于民族地区社会经济、文化教育和民族关系的调查，都可以作为科研题目进行研究。在学术问题上必须坚持“百花齐放，百家争鸣”的方针，把政治问题和学术问题及招生问题分开，决不采取简单粗暴的态度和方法。

为更多更好地为少数民族地区培养急需的人才，汪达之常常亲自带队跋山涉水、披荆斩棘到五指山深处的少数民族村寨去招收新生，把身上穿着树皮衣、脸上刻着图腾、文化程度很低的青年招收入学，把他们培养成少数民族干部。像这样的育人故事，历经数年，仍在当地久传不衰。有专家听了这些生动传神的真实故事后认为：汪达之的民族教育思想、举措和方法比起哈佛和耶鲁这类世界顶尖的名牌大学，还要高明得多。因为这些顶尖的名牌大学都是挑选最优秀的学生来培养的，而汪达之当年竟能团结和带领广东民族学院的干部和教职员工在如此苦不堪言的艰难条件下，把偏僻落后的贫困农村穷孩子和战乱时期的难民子女及海南深山老林里缺少文化的少数民族青年，培养成国家建设的有用人才。

一年来，此项计划在省委、省人委和上级有关部门的大力支持下，经学院党政和各部门的通力合作及全院师生的共同努力，广东民族学院搬迁海南后的各项工作迅速步入正轨，教育教学质量也得到稳步提高。截止 1962 年上半年共轮训和培养少数民族干部、教师 330 人，为广东少数民族地区的社会主义建设和民族团结稳定等，都发挥了重要的人才支持和智力支撑作用。

《1961—1972 学年度任务、专业、规模、编制的方案》是结合实际提出学院未来十年的发展愿景，除前二年的重要事项得到部分推进和落实外，其他的事项都因受到接踵而来的“三反五反”和“四清”运动的极大影响及“文化大革命”的浩劫而被迫中止实施。

第二节　捧心奉献铸校魂

民族学院奠基人，捧心奉献校魂萌。
领导力上强管理，政治方向把握精。
围绕中心抓教学，因地制宜适调更。
不拘一格育人才，旧貌改变新颜生。

从校内到校外：民族学院奠基人，捧心奉献铸校魂

1．政治方向把握准

1938 年，在党的六届六中全会上，毛泽东同志明确指出："政治路线确定之后，干部就是决定的因素"[2]，并提出"德才兼备"的干部标准和"任人唯贤"的干部路线。政治路线决定组织路线，组织路线服务政治路线。作为主政广东民族学院工作的汪达之，在重视调查研究、摸清情况和完善民院党政领导班子及做好学院稳步发展等"顶层设计"的同时，采取了把准办学的政治方向等一系列重要举措。在把准办学的政治方向上，主要是加强对师生进行思想政治教育和加强对民院基层党组织的建设。

（1）加强对师生进行思想政治教育

自 1962 年 3 月起，接任广东民族学院党委书记的汪达之，根据党中央在全党开展一个新的学习运动，重新教育干部的指示精神和中共广东省委直属机关党委宣传部关于"社会主义建设几个问题"的学习提要，学院党委决定在全体教职工中开展"社会主义建设几个问题"的学习活动。

学习的目的在于提高干部的思想政治水平，提高自觉性，改进工作作风，进一步认识和掌握社会主义建设的客观规律，克服某些片面认识和实际工作中右的或左的错误，做好工作。学习的内容按照中央编印的《社会主义建设几个问题》一书分 5 个问题展开学习：1．什么是社会主义；2．生产关系要适应生产力的发展；3．以农业为基础，有计划按比例高速度发展；4．按劳分配，反对平均主义，巩固工农联盟；5．加强学习，克服主观主义。学习的时间从 1962 年 5 月到 1963 年 1 月底止。

为保障学习活动的顺利进行，学院党委制订了《广东民族学院 1962 年教职员开展"社会主义建设几个问题"学习计划》，明确学习目的，提出学习计划和学习要点。学院党委通过做大报告等多种形式，进一步加强和改进师生政治思想教育，学习活动的开展也包括"三反"运动检查等。

根据中央和省人委的指示，1963 年 4 月下旬起，结合"反修""防修"的学习，学院开展反对浪费、厉行节约的教育运动，通过大会动员报告、漫谈讨论，发动群众对院浪费现象进行全面检查，开展批评和自我批评。学院举办反对浪费、厉行节约展览会，展出的浪费物资包括图书、教学仪器、体育器械、水电器材、家具炊具农具、被服、基建材料等，全院400多名师生员工亲眼看见浪费现象，深受触动和教育，活动提高了全院师生员工对勤俭办学重大意义的认识。政治教研组和政治班参加了20多天的社会主义教育试点工作，会计班结合实习为红旗公社番茅大队各小队进行了“四清”，得到当地干部群众的好评。

1963年3月1日，中共中央发出关于厉行增产节约和反对贪污盗窃、反对投机倒把、反对铺张浪费、反对分散主义、反对官僚主义的指示，“五反”运动陆续在全国正式开展起来。根据中央、中南局和省委、省人委的要求，学院于1964年7月25日制订并颁布了《广东民族学院“五反”运动计划》和《“五反”动员中做好整党工作的计划》，成立“‘五反’工作组”领导运动开展，学院“五反”运动自7月18日开始，分6个阶段进行，持续一年。学院开展厉行节约和“五反”运动一直持续到1966年初。通过“五反”运动，发动群众揭露学院干部工作作风和管理中的一些存在问题，在很大程度上解决了学院干部的思想作风问题，恢复和发扬党的优良传统。

根据汪达之后来在《自传的一个轮廓》中回忆：

回忆我来民院两年，在党和毛主席领导下，团结全体教工和同学共同努力，做了一些工作，取得一定成绩。但主要的缺点和错误，是院党委这个领导班子的工作没有做好。没有按主席的教导“党委书记要善于当班长，副书记如果不注意向自己的一班人做宣传工作和组织工作，不善于处理和委员之间的关系，不去研究把会议开好，就很难把这一班人指挥好。”当时体会不够，抓得不紧，这与“掌握思想教育，是团结全党进行伟大政治斗争的中心环节。如果这个任务不解决，党的一切政治任务是不能完成的。”（对照）毛主席的这一光辉思想，没有及时得到改正，没有多做自我批评，□□对党对人民的责任感，而是某些缺点和错误，自己知道了，注意改了就算了。因此，也在群众中产生不少误会。直到现在没有得到改正[3]。

（2）加强对民院基层党组织的建设

在党建方面，截止1962年上半年，广东民族学院的6个党支部计有教工和学生党员134名。其中，教工党员26名，全院基层党组织发展不平衡：理科二班没有一个学生党员，会计班和文科一班分别只有两名学生党员，教师党员也不多，未能在教学工作中发挥战斗堡垒作用。同时，学生党员大多数来自农村，入党时间不长，缺乏持续党的教育，党组织观念比较薄弱等不足的问题较多。

针对这一现实情况，学院党委于1962年1月29日编制下发了《1962年组织工作计划》，就健全党支部生活、发展新党员、开设党课教育党员、建立各级汇报制度等提出实施要点，要求各班党支部以教学为中心，积极开展党内思想检查，端正学习态度。根据党员对党组织的认识水平，结合干部学习的“党的生活的几个问题”来安排党课内容，学院有针对性地开展了政治思想教育，并由学院党委书记和部分学院党委委员讲课，收到了预期的教育效果。

通过开展一系列的学习教育活动，学院各级党组织发挥了战斗堡垒作用，凝聚力不断加强，充分发挥了核心和引领作用。截至 1964 年 12 月，学院共有 1 个基层委员会，3 个教工支部，105 名教职工和学生党员。

这一时期，学院还通过评比“四好”团支部活动、创建“红旗”班的活动，开展学习刘少奇《论共产党员的修养》、学习雷锋、学习王杰等英雄人物的活动，组织青年教师和学生团员学习先进典型。学院的共青团工作也开展得有声有色，教风、学风、校风建设也显得卓有成效。

2. 领导力上强管理

在学院行政管理上加强领导班子的执行力，也是作为党委书记汪达之的职责所系。根据目前仅有的资料，仍然可以看到他敢于担当、有所作为的举措。其主要表现在如下的几个方面：

一是，明确校务委员会的工作职责。他强调指出：校务委员在校长的主持下，讨论和决定学校中的重大问题。1. 学校的教学工作；2. 生产劳动；3. 科学研究；4. 物资设备；5. 生活管理和思想政治工作；6. 招生计划；7. 师资培养；8. 教师职务提升；9. 制定和修改全校性的规章制度；10. 审查学校的预算决定；11. 其他重大问题。

二是，采取措施保障各项任务的完成。他强调指出：“我们学院的任务，是要培养有共产主义觉悟的兄弟民族干部，为帮助兄弟民族（的）社会主义建设工作更能继续跃进，就需要大量的有这样政治思想觉悟高的干部，以便做好这样的工作。我们要保证实现我们的任务，就一定要创造条件，保证做好工作，就一定要增产节约，要想学习、工作好，必须保证大家生活好。要想生活好就一定要生产，‘自己动手，丰衣足食’这是二十年前毛主席的教导，今天对我们，特别在三年自然灾害以后还有现实意义。我们要种植杂粮、木茨、油料（花生）、蔬菜、果蔗、木瓜、香蕉，养殖生猪，保证大家吃得饱、吃得好，更有充足干劲来学习、工作。把我们学习工作环境美化得更好更美。要想生活好，一定要加强节约，大量的节约电力，节约汽油，爱护公共财产，把无用变为有用，把消极变为积极，才能做到这一点。必须加强团结，加强批评和自我批评。要保证做好工作必须有一定措施：（1）把油库修好；（2）厨房工作场地扩大一些；（3）把食堂打扫整理得更清洁一些。”[4]

三是，努力抓好生活、生产和基建。他强调指出：“新的党委成立后，即决定主要抓教学，为了保证教学工作做好的同时，也要抓生活、生产和基建。”“特别是总务方面，更表现在食堂工作方面，最近一周多，抓了两个干部一起下食堂，从分析情况看来，食堂领导骨干工作不调整，工作很难做好。目前突出的问题，是如何办好食堂，做好总务工作，这方面的干部，主要是这方面的领导干部太弱了，挑不起这个担子。”“我们提出党政工团一起动手办好食堂。……食堂是大家的事，这是群众性的工作，……办好食堂，保证大家吃好，完成学习任务。”[5]

3．围绕中心抓教学

教学工作是学院一切工作的中心，如何做好教学工作，始终是作为党委书记汪达之手中紧抓不放的要务。在这方面，他的重要举措主要有：

一是，确立教学在学院工作大局中的中心地位。他反复强调指出：“学院工作是以教学为中心，一切工作都要围绕教学，保证教学任务的完成是我们全体工作同志的任务。”[6]

二是建立领导干部听课制度。他在身体力行中反复指出：“领导干部都要争取时间听课，以便熟悉教师讲课情况，更要组织教师经验交流，提高教学质量，有计划地培养青年教师，发挥老教师的积极作用，尊重老师。”[7]

三是，内培外调加强师资队伍建设。为加强教师队伍建设，汪达之除积极向上级争取调入一部分骨干教师充实师资力量外，更侧重对学院青年教师的培养。1962 年，他在给省民委党组的信中就指出：“如何以教学为中心，搞好教学也要召开一系列的会议研究……如何提高教学质量也是一个比较复杂、细致的问题，决定教学质量的是教师质量，我们这里老教师很少，新教师缺乏经验，也缺乏专业知识分子的素养，如何培养教师，也成了我们工作中心的一项负担，要办好这座学院，也需要继续吸收一些教学经验丰富和专业知识高些的老教师。”[8]

4．办学实绩初显现

在党委书记汪达之的带领下，通过学院领导班子和全院师生的共同努力，仅在 1961 年秋至 1965 年春，这大约三年半的时间里，从广州搬迁到海南的广东民族学院的各项工作都渐有起色并逐步走向正轨，办学实绩已得到了初步的显现，教学影响也在不断扩大。1962 年、1963 年，广东民族学院曾先后接待过包括越南民主共和国国防部部长武元甲大将和中国国务院副总理李富春等 100 多位重要客人和来宾。

办学规模不断扩大。1963—1964 学年度开始增加 1 个政治班，1 个中级会计班。至 1964 年底，广东民族学院在校学生已有 400 人，共有一年制和一年半制政治轮训班 4 个，两年制中级会计班 2 个，三年制高中班 3 个。教职工 91 人，其中，专任教师 47 人，图书 39883 册，建筑面积上，从 1961 年广州刚迁来海南通什时的 3068 平方米，扩大为 6300 平方米，其中，主教学楼建筑面积达 10000 平方米。

勤俭办学成效明显。根据勤俭办学的精神，认真贯彻执行中央和上级财务政策和制度，广东民族学院建立健全了各项财务制度，严格执行预算控制指标，使1962年全年拨付的经费基本实现平衡：省里下拨经费302564元（不包括基建款），实际开支290128元，并将结余款中的8929元上缴。

基建项目跃上新台阶。1962年9月，广东民族学院启动新教学楼和饭堂工程项目建设，基建部门克服种种困难，在采购材料、解决运输和工程费承包等环节精打细算，在保证工程建筑质量的基础上，力求降低工程造价，1000平方米的一幢教学楼和500平方米的食堂，分别于1963年6月和8月竣工落成。此外，还完成了全院的自来水改造工程项目，解决了师生饮用水困难的问题。

生产劳动成果显著。仅1962年，学院就种植收获红薯、木薯、玉米等杂粮33908斤、蔬菜33065.5斤，还有花生、甘蔗等产品收入，自养生猪14头，生产净肉1120斤，有效地改善了全院师生的生活。同时，学院还积极参加支援农业抢修通什水电站水坝等义务劳动。

科研成果不断涌现。为提高教育教学质量，学院制定的《1961—1962学年度教育计划》强调要加强教研组的工作，从制订教学计划、教师备课、检查备课、总结和交流经验都要狠抓起来，各教研组必须重视课堂教学这一基本环节，加强辅导工作，落实课堂讨论或小组讨论。文科学生要加强阅读、写作的训练；理科和会计班学生要加强运算和基本操作的训练；预科和文化班要严格考试考查和升留级制度。同时，以上“教育计划”还要求教师重视开展科学研究工作，强调指出科学研究必须结合教学进行，通过编写讲稿、教材中发现问题，将经验总结上升到理论阐述。同时，关于民族地区社会经济、文化教育和民族关系的调查，都可以作为科研题目进行研究。学术问题上必须坚持“双百”方针，把政治问题和学术问题分开，不能采取简单粗暴的态度。至1966年“文革”爆发之前，广东民族学院政治轮训班总结探索出一整套成熟的教育教学方法：原工农预备班（两年制）自1962年春改为普通高中三年制、61、62、63班都是从民族初中毕业生中优先录取，结合学员的实际进行教学成绩明显；中级会计班按中专要求，由学制一年半改为三年制，更加切合实际，各种学习形式的教育教学规范有序，办学质量稳步提升。

教学质量不断提高。为提高课堂教学质量，针对学生入学时的文化程度普遍不高、水平参差不齐、课堂上吸收消化能力有所不足、针对老教师偏少、年轻教师教学经验有待提高的教学实际状况，学院党委于1962—1963学年度第一学期开学伊始，就提出让学生“堂上过关”的要求，组织课堂教学经验丰富、教学效果突出的教师进行典型示范并加以推广，大大激发了教师课堂教学的积极性和主动性。教务处和各教研组也经常召开学生代表座谈会，广泛征询学生对教学工作的意见和建议，有效地促进了教师在课堂教学中教学方式和方法有针对性地改进，实现教学相长，使学院各班次和不同学习形式的班级的课堂教学都呈现严肃、认真、活泼的景象。

汪达之回到新安小学受到热烈欢迎

人才输出不断增量。至 1962 年上半年，广东民族学院已轮训和培养少数民族干部、教师 330 人，为广东少数民族地区的社会主义建设发挥了重要作用。1963 年暑期第一届预科（高中班）毕业。至 1963 年 9 月，学院已毕业政治班 4 期、会计班 2 期。此外，学院受自治州党委和海南行政区党委委托办的两期普通话培训班 150 多人已顺利毕业。海南区党委还决定 1963 年由学院继续举办第三期普通话培训班，在 10 个汉区县抽调人员来学院学习。至 1966 年“文革”爆发之前，广东民族学院在中共广东省委的领导和上级有关部门的支持下，紧紧围绕广东各少数民族地区的政治、经济、文化事业的发展实际和需要，培养出一大批民族干部，共举办 5 期政治轮训班、5 个预科班、1 个教育行政班、1 个中级会计班、3 个初级会计班，并为海南黎族、苗族自治州开办 4 期普通话培训班，为广东省少数民族地区培养汉、黎、苗、僮（壮）、瑶、回、畲、京等 8 个民族的毕业生 631 名，其中，政治干部 452 名、教育行政干部 19 名、初级会计干部 73 名、预科学生 31 名，其中，36 人考入中央民族学院、海南师范专科学校、海南医学专科学校、武汉工学院等高校继续深造，技术预备班学生 56 名。

在广东省委和省人委的领导和上级各有关部门的支持下，广东民族学院搬迁海南后的各项工作迅速走上正轨，教育教学质量稳步提高。

第三节　屡遭迫害志不移

任凭风浪起波折，稳坐孤舟独钓雪。
打骂撤职和杀头，何惧妖魔迫害烈。
虽然身残却志坚，坚持真理不妥协。
凡与国家生有利，不避祸害志如铁。

从海南到北京：虽然身残却志坚，坚持真理不妥协

1. 任凭风浪起波折

为了谋划在新的起点上实现跨越式发展，广东民族学院在汪达之的主持下着手编制了《广东民族学院 1964—1970 年发展规划》。《发展规划》，从方针、任

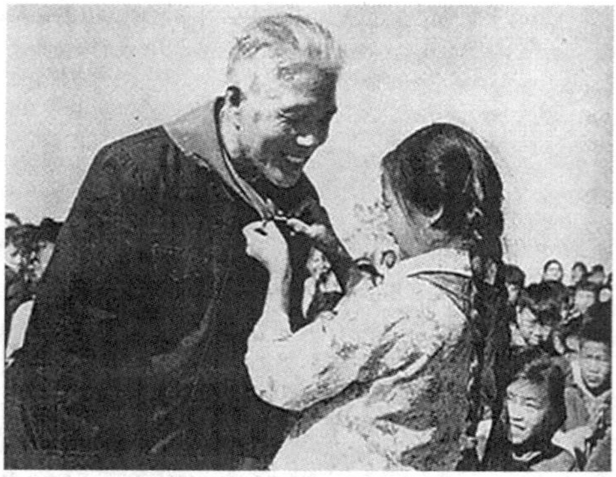

广东民族学院时期的汪达之到淮安看望新安小学师生，新安小学少先队员代表向汪达之敬献红领巾

务、专业培养、规模、编制、校舍问题、领导问题等 7 个方面描绘和规划广东民族学院未来的发展前景、面临困难、发展目标、实现路径。

正当汪达之满怀信心地带领广东民族学院领导班子和全体师生以全新的姿态稳步向前，正准备迎接新挑战的时刻，一场接一场的政治运动却接踵而至：整风运动、“三反”“五反”“四清”运动，特别是“文化大革命”。在这些一波未平一波又起的政治风浪中，汪达之都未能幸免，最终被扣上了“反党反社会主义反毛泽东思想”的“顽固不化走资派”的帽子。

2. 虽然身残却志坚

汪达之所说所写都是从党性的高度向组织检讨自己的“缺点”和“错误”，并表示“改正”，而对于自己所受到的残酷迫害，以至于在肉体和心灵上所受到的严重伤害则只字未提。

根据汪达之的长子汪如一、次子汪心一在 1970 年 12 月，从大兴安岭来到海南岛，看望刚刚“解放”不久的父亲汪达之时的回忆：

1970 年 11 月，父亲被宣布“解放”。12 月底，我们从冰天雪地的大兴安岭，来到了四季如春的海南岛。在五指山下阿陀岭“五七”干校，和久别的父亲重逢。我们见到的是一位鬓发斑白，满脸皱纹、牙齿脱落、驼着背的老人，不禁一阵阵心酸，父亲的容貌完全改变了。

1961 年 58 岁的汪达之在离开北京到海南通什之前，身体还是很健康的，除了在三年困难时期有一段时间因为营养不良，曾有过浮肿病之外，还没有其他任何疾病。

就在造反派迫害最严厉的时候，汪达之不仅绝不低头和轻言放弃自己的坚强信念，而且始终对党对人民充满信心和信任。他在给家人的信中写道：“我前几个月，没有给你们写信，是有一些困难。但是我相信，再有半年时间，我的问题会解决，困难会过去，形势会好起来。”[14]在此后连着的好几封信中，他也都一再讲，形势会好起来。

3. 坚持真理不后撤

若要问汪达之在如此接二连三、排山倒海的政治风浪中怎么能“任凭风浪起，稳坐钓鱼船”和虽屡遭残酷迫害但却一直能够坚持真理永不妥协的呢？追根求源，其原因固然是多方面的，但其直接原因，还得从他主政广东民族学院以来带领党政领导班子一直都在自觉地进行“自我革命”说起。对此，汪达之的基本做法主要有四：一是，加强政治和政治学习。二是，及时总结经验教训。三是，努力提倡和推广有益经验。四是，对大是大非问题，都能保持清醒的头脑。

第四节　精神丰碑垂青史

共产党人英雄气，教育名家逞奇智。
捧心奉献不带草，精神丰碑永铭记。
是非功过盖棺定，丰功伟绩树旗帜。
党和人民有公认，誉满千秋青史志。

从北京到淮安：是非功过盖棺定，丰功伟绩树旗帜

1. 顽强斗争战病魔

1976 年，党中央一举粉碎了“四人帮”反革命集团，“文化大革命”终于结束了。随着党中央对老干部的政策一步步落实，广东民族学院党委把为汪达之平反的上诉材料报到广东省委，省委书记习仲勋亲自批示同意. 但是，一年之后的 1972 年，他就患上了严重的脑溢血，住进了海南自治州医院，躺在病床上昏迷得不省人事，经过医院大力抢救 40 多天，才逐渐清醒过来。危险期过后，由于运动性失语，汪达之仍然不能讲话，右半身严重瘫痪，大小便失禁。家人把他从海南接到北京养病。

患上这样的疾病，虽然是极为痛苦的，但是汪达之仍以革命的乐观主主义精神与疾病作顽强的斗争。他积极配合治疗，除了打针、吃药外，还坚持不断地做被动运动，用左手握住瘫痪的右手，一遍又一遍地举起再放下，有时候一口气要做几十遍、上百遍这样的康复自练，并利用家人自制的运动器械进行锻炼，甚至还经常讲“我要看《本草纲目》”。他是想自己看书，研究治疗方法。

汪达之在北京养病期间，好多当年与他在不同时期工作过的老上级、老同事都不断地来看望他。如，当时在苏北抗日民主根据地盐阜区的新四军三师副师长张爱萍、苏北区党委书记金明、盐阜区党委宣传部长王阑西、中国文字改革委员会副主任叶籁士等领导都来看望过他。前来看望和给汪达之治病和生活提供过帮助的“新旅”老团员，就更多了。

1979 年，淮安县新安小学建校 50 周年校庆前夕，学校给老校长汪达之寄来了邀请信。当家人拿给他看时，卧病在床的他高兴地说“发贺电”。他久久地望着邀请信，眼里闪动着泪花。他是多么想去看看他曾经生活和工作过的学校及师生与老乡们啊！可是重病在身的他实在是去不了了。于是，他向家人表示了死后

的骨灰要葬到淮安河下镇莲花街旁、萧湖之畔的新安小学原址处的愿望。

2. 与世长辞寄哀思

1980年，一直在病床躺了8年、始终没能下地的汪达之，最后两年由于脑软化，健康状况一天不如一天，并因体力衰竭患上了肺炎，于3月27日9时40分在北京友谊医院病逝，终年77岁。同年4月8日，中共广东省委、广东省政府协同中央有关部门，在北京八宝山革命公墓礼堂隆重举行了“汪达之同志追悼会”。

方毅等国家领导人，张凯帆、管文蔚、陈鹤琴、胡畏、方非、石流、李仲英、鲁光、蒋宗鲁、丁铁、张景良等汪达之生前的老同事送了花圈；送花圈的单位有中共广东省委、教育部、国家民族事务委员会、全国妇联、江苏省教育厅、中共淮阴地委、中共盐城地委、中共淮安县委、中共阜宁县委、淮安县新安小学、南京晓庄师范学校、南京市教育局等。各有关方面的代表和汪达之在京生前好友等300多人参加了追悼会。

“悼词”[26]指出：

我们怀着十分沉痛的心情，深切悼念中国共产党的优秀党员、人民教育家汪达之同志。

……汪达之同志的一生，是革命的一生，全心全意为人民服务的一生。他的不幸逝世，是我们党的教育事业的一个损失。我们今天深切怀念他，要化悲痛为力量，学习他忠于党、忠于人民、热爱党的教育事业、全心全意为人民服务的革命精神，高举毛泽东思想伟大旗帜，在党中央的领导下，团结一致，同心同德，认真贯彻党的十一届三中、四中和五中全会精神，为把我国建设成为现代化的社会主义强国而奋斗……

汪达之逝世后，《光明日报》《新华日报》先后于4月13日和4月15日发表了题为《汪达之同志在京逝世》《人民教育家、原新安小学、晓庄师范校长汪达之同志追悼会在京举行》的消息，高度赞扬汪达之“他一贯埋头苦干，勤俭办学，艰苦奋斗，百折不挠，热爱学生，诲人不倦，为党为国家培养了大批人才”[27]，“汪达之同志一生从事党的教育事业，为党和国家培养了大批人才”[28]。

从淮安到广州：捧心奉献不带草，精神丰碑永铭记

1. 魂归故园立丰碑

1981年6月6日，在淮安县新安小学建校52周年之际，汪达之先生的一部分骨灰，由汪达之长子汪如一、次子汪心一护送，被安葬在新安小学原址——江苏省淮安县河下镇莲花街旁的萧湖之滨。淮阴市人民政府和淮安市人民政府为此举行了隆重的安葬仪式。新安小学全体师生为他建墓立碑。墓碑的正面镌刻着

“人民教育家汪达之同志之墓”12 个金色大字；墓碑的背面镌刻着曾经担任过新安旅行团团长的左林、张牧撰写的碑文，对汪达之的生平事迹做了简介，供世人祭扫和景仰。

2017 年 10 月 29 日，广东技术师范学院（前身为广东民族学院，现已改为广东技术师范大学）60 周年校庆之际，汪达之先生的铜质雕塑像落成并举行了隆重的揭幕仪式。雕塑像坐落在广东技术师范大学新建的白云校区中央花园中心的高地上，坐北朝南，面对学校正门，背对一排崭新的教学楼和图书馆楼。这里地势开阔、景色秀丽、交通便捷：花园两侧各有小湖环绕；西边不远处的京广高速铁路的高架桥清晰可见，不时有飞速往来的子弹头列车呼啸而过；东边校园外是连接北京到深圳的 107 国道高速公路。从校园乘车仅 25 分钟即可到达广州白云国际机场。

汪达之的铜质雕塑像揭幕仪式由时任广东技术师范学院院长郭杰主持。塑像被鲜艳的红绸布包裹着，绸布与 4 条红绸带相连，分置于塑像的左右两侧，各有 2 个人把红绸带拉着，右侧是时任广东技术师范学院党委书记陈韶和汪达之长孙汪汀博士，左侧是时任广东省教育厅教育学院院长汤贞敏和《汪达之教育文集》的编者刘友开。

郭杰院长庄重地宣布揭幕仪式开始后，揭幕的 4 位嘉宾拉着 4 根红绸带子，让包裹在汪达之铜塑像身上的红绸布徐徐地展开，参加揭幕仪式的礼宾和师生代表们不约而同地响起了雷鸣般的掌声。坐落在黑色基石上的汪达之的铜质上半身形象神采奕奕，基石的正面中央镌刻着冰心题写的“人民教育家汪达之”8 个金光闪闪的大字（此字集自 93 岁的文学泰斗冰心老人为刘友开编《汪达之教育文集》的题写书名“人民教育家汪达之教育文集”中），基石的背面是汪达之生平事迹介绍。人们恭敬地向汪达之铜塑像三鞠躬后，陈韶书记发表了热情洋溢的讲话。

2. 达之精神大发扬

说到“达之精神”，还得从他自己姓名的解读开始。1950 年 5 月 26 日，汪达之应邀在新中国第一个“六一”国际儿童节为南京广播电台曾作过一次广播讲话。他在讲话中将自己的名字介绍给南京市的小朋友们：“我的名字向大家再介绍一次，我姓汪，是汪洋大海的‘汪’，我的名字是达之，四通八达的‘达’，之乎者也的‘之’，‘达之’就是达到的意思。”[29]

那么，什么是“达之精神”呢？“达之精神”的现当代核心价值又表现在哪些方面呢？对此，刘友开在 1995 年编写出版和 2003 年 4 月增订再版的《汪达之教育文集》的（代前言）《纪念汪达之，学习汪达之》中的有关论述，已作了初步的回答：

汪达之先生给我们留下的宝贵精神财富，特别是他在各个不同历史时期在各地创造出来的各种有当时中国特色符合中国国情并被实践证明是卓有成效的教育成果，对于我们今天建设有中国特色符合中国当代国情的社会主义新时期的新教育体系；他“给旧教育唱葬歌，给新教育唱进行曲”的改革、创新、实干精神和经验，对于我们今天加快教育改革步伐，努力探索社会主义现代化建设新时期的教育途径和教改新路；他“捧着一颗心来，不带半根草去”的无私奉献精神和热爱学生的崇高师德，对于我们今天建设一支具有高质量的师资队伍；他共产党人的崇高信念和高贵品质，对于我们今天培养社会主义建设者和接班人以及促进党风建设和社会主义精神文明建设等等，都将大有继承和发展的重要价值及现实意义。[30]

随着中华民族优秀文化教育传统不断得到发扬光大和有识之士对现当代教育史学科研的不断深入，汪达之研究的空白也不断被填写和刷新。其中，当首推汪达之曾经工作过的淮安市新安小学、无锡市五爱小学、南京晓庄学院和广东技术师范大学等知名学校。

淮安市新安小学——

淮安市新安小学，现坐落在江苏省淮安市淮安区（淮安区政府西北侧）。截止到2015年，占地面积20000平方米，有东、西两个校区，学校建有设施一流的教学大楼、设备齐全的“新旅少儿活动中心”和幼儿综合楼，拥有校园办公网、多媒体教学网、新安旅行团历史纪念馆、小好汉剧场和电视台等现代化的教学设施。学校已有75个教学班（不含幼儿园的44个班），近6000名学生和330名教职工。拥有良好的教学环境和雄厚的师资力量。

现在的淮安市新安小学，校长张大冬、党支部书记张美珍。学校创造性地继承和发展陶行知的生活教育理论和汪达之的创造教育实践及新安旅行团的革命精神，以培养全面发展的儿童为目标，继承传统与面向时代相结合，围绕“做新时期的小好汉”的育人目标，着力实施小好汉成长教育，提升学生“会阅读、善思考、能自主、有担当”的四项基本素质，构建包括劳动课程、活动课程、运动课程、学科课程在内的“四大课程”体系，实施课程革新、课堂革新、课时革新、课业革新的“四课革新”举措，建设“六大校园文化工程”（营造以“新旅”元素为中心的校园环境文化、打造以实践活动为平台的自主体验文化、打造以学科活动为基础的校园节日文化、营造以经典诵读为重点的校园书香文化、打造以“和谐团队”为表征的团队文化、创设以师生争星为内容的多元评价文化），让学校逐步形成“红色文化、绿色成长、金色童年”的校园文化特色，取得了卓著的成绩。

经过全校师生的共同努力，学校先后被表彰为“江苏省德育工作先进集体”“江苏省模范学校”“江苏省电化教育示范学校”“全国现代化教学手段使用先进单位”“全国红旗大队”“江苏省合格实验小学”“江苏省教育科研研究基地”，连续七次获得“江苏省文明单位”的称号。

无锡市五爱小学——

无锡市五爱小学的前身是华东干部子弟学校，于建国初期与江苏省其他几个干部子弟学校合并而成，是一所具有光荣革命传统的学校。华东干部子弟学校是解放战争中为适应当年战争需要而诞生、成长起来的一个以学校、文工团、工作队“三位一体”式的随着解放大军北撤鲁冀、南下江淮、挺进南京的一个火线办学的流动教育战斗集体。

创建时期的五爱小学是以党在新中国成立后的和平时期对青少年儿童一代的基本要求“五爱”（爱祖国、爱人民、爱劳动、爱科学、爱社会主义）而得名。现在的五爱小学本部坐落在无锡市北塘区人民路37号。长期以来，学校继承“华干校”的优良传统和发扬“五爱”精神，坚持与时俱进、科学发展，开拓了素质教育的成功之路，在和谐德育、和谐教学、和谐活动、和谐管理等方面积累了相当丰富的宝贵经验，形成了“五爱”立校、和谐育人的显著办学特色。

学校先后获得了江苏省模范学校、江苏省实验小学、江苏省文明单位、江苏省中小学党建先进集体、江苏省科技特色学校、江苏省教育科研先进集体、江苏省示范家长学校等一系列殊荣。新一轮课程改革实验以来，学校进一步更新教育理论，在课程改革、“小班化”教育、依法办学、加快教师专业发展等领域迈出了可喜的新步伐，被誉为“全国素质教育的典型”。

截至2001年，学校占地面积14854平方米，建筑面积17000平方米，有教学班39个、学生1728人，有20余位教师先后获全国、省、市优秀教育工作者、省市劳动模范、市名师和又红又专青年教师标兵等荣誉称号，有多位学生被评为全国“好少年”“好儿童”和江苏省“十佳少年”。

南京晓庄学院——

南京晓庄学院（Nanjing Xiaozhuang University）是江苏省和南京市共建的全日制公办本科院校，2017年，学校成为江苏省省级硕士立项建设单位。

学校始于1927年3月陶行知先生创办的晓庄试验乡村师范学校；2000年3月，原南京师范专科学校、南京教育学院、南京市晓庄师范学校合并组建成为南京晓庄学院；2014年，南京幼儿高等师范学校并入。

截至2017年9月，学校方山、莫愁和晓庄三个校区，校园面积近1500亩；学校现有教职工1265人，其中高级职称教师460人，博士学位者276人；另有兼职教师200余人、境外教师近20人，柔性引进学科带头人十余人。全日制本科在籍学生18200余人；设有16个专业学院，开办56个本科专业。

1927年3月15日，“晓庄试验乡村师范”创办，校长陶行知即以“教学做合一”指导学校实践。1930年4月，国民党政府封闭了晓庄师范，许多学生遭到逮捕杀戮，陶行知也被通缉，逃亡海外。后来，南京的部分学生在陶行知鼓励下，晓庄小学学生自发组织“晓庄儿童自动学校”。1937 年至 1945 年抗日战争期间，学校被迫停办。1938 年，从欧洲归来的陶行知在香港发愿，要创办“晓庄学院”，将生活教育理论应用到大学教育中去。

1951 年 1 月，经周恩来总理批准复办南京晓庄学校，刚入驻南京不久的华东干部子弟学校校长汪达之奉命恢复南京晓庄师范学校，并任复校后的第一任校长，校址选在南京北郊劳山脚下的晓庄，致力于新中国师范人才的培养。1952 年、1958 年南京教育学院、南京市师范专科学校先后建校，“教学做合一”的思想也成为学校办学的重要教学观念。1991 年，经原国家教委批准，原南京市师范专科学校与南京教育学院合并。

2000 年 3 月，为进一步实施南京市“科教兴市”战略，适应地方经济社会发展对人才的需求，经国家教育部批准，由原南京市师范专科学校、南京教育学院、南京市晓庄师范学校组合新建南京晓庄学院，实现了陶行知先生“回国三愿”中创办“晓庄学院”的意愿。2013 年，教育部批准新增加了秘书学，商务英语，自动化，财务管理 4 个专业。2016 年 8 月 31 日，南京幼儿高等师范学校并入南京晓庄学院。

据 2018 年 5 月南京晓庄学院官网显示：

学校现有 56 个本科专业，涉及经济学、法学、教育学、文学、历史学、理学、工学、管理学、艺术学等 9 大学科门类，设有马克思主义学院、教师教育学院、幼儿师范学院、文学院、商学院、旅游与社会管理学院、外国语学院、新闻传播学院、信息工程学院、电子工程学院、食品科学学院、环境科学学院、音乐学院、美术学院、体育学院、海外教育学院等 16 个专业学院，并拥有 4 个省重点建设学科、9 个市重点建设学科。

学校现有教职员工 1200 余人，其中正高职称者近 110 人，副高职称者超过 350 人，具有博士学位者超过 250 人；学校秉承开放、共享的理念，现有校外兼职教师 213 名、境外教师 16 名，柔性引进高水平学科带头人若干名。中国语言文学、生态学为省级重点学科，环境科学、计算机软件与理论、光学工程、学前教育学、应用心理学为市级重点学科。

学校现有国家特色专业 1 个、国家专业综合改革试点专业 2 个、省品牌专业 1 个、省重点专业 8 个，省卓越工程师教育培养计划试点专业 3 个、省卓越教师人才培养试点专业 2 个，拥有 4 个省重点建设学科、9 个市重点建设学科、省基础教育资源网络化工程技术研究中心 1 个、省高校重点建设实验室 1 个、省高等教育人才培养创新基地 1 个、省基础课实验教学示范中心 5 个、省实验教学与实践教育中心 3 个。

学校的国家级特色专业建设点为小学教育、国家“十二五”专业综合改革试点项目为小学教育、学前教育，省卓越工程师教育培养计划试点专业为电子信息科学与技术、计算机科学与技术、软件工程，省级重点专业为教育学类（含小学教育、学前教育）、心理学类（含应用心理学、社会工作）、化学类（含化学、应用化学）、计算机科学与技术，生物科学，省级实验教学与实践教育中心为文科综合实践教育中心、电子信息技术实践教育中心，省基础课实验教学示范中心为化学基础课教学实验示范中心、生物学实验教学中心、教育信息技术与传播实验教学中心、计算机实验教学示范中心、教师教育实验教学中心。

学校约100个科研项目获得“863”国家高技术研究发展计划、国家自然科学基金、国家社会科学基金、全国教育科学“十二五”规划教育部重点课题等基金立项，15项科研成果荣获教育部高等学校科学研究（人文社会科学）优秀成果奖、江苏省哲学社会科学优秀成果奖等高层次奖励，师生发表（收录）在SCI、EI、SSCI、CSSCI上的学术论文达600余篇，数百名学生在英语、体育、机器人、数学建模、数字绘画、创业计划、艺术展演、师范生教学技能、课外学术科技作品等全国和省级各类大赛中摘金夺银。

学校坚持开放办学，积极与国外高水平大学展开合作，主动引进国外优质教育资源为师生发展服务，不断提升师生国际化水平。学校为国家“华文教育基地”，积极服务于“一带一路”国家战略，与澳大利亚新南威尔士州教育与社区部合作共同举办新州孔子学院，设立境外办学项目——印尼印多奴沙大学中文系。

据2014年7月南京晓庄学院官网显示：学校有省工程技术研究中心1个，还设有陶行知研究所、高等教育研究所、初等教育研究所、学科教育研究所、心理健康研究所等研究机构，省工程技术研究中心为江苏省基础教育资源网络化工程技术研究中心。

截至2012年7月，学校图书馆藏有纸质文献125万册、中外文报刊2500余种、电子图书73万册，《四库全书》古籍珍本及清末以来各个时期的中学课本为馆藏特色。《南京晓庄学院学报》是由南京晓庄学院主办的省级综合性学术刊物，是全国优秀社科学报。《南京晓庄学院学报》分文、理科分别出版。其中，文科主要刊登历史、教育、文学等学科领域的论文；理科主要刊登数学、化学、物理、地理、生命与环境科学等学科领域的论文。设有陶行知研究、六朝研究、小学教育、现代教育技术等特色专栏，除此以外，文学研究、宗教研究也是常设栏目。学校是“江苏省华文教育基地”，每年承办多项中外文化交流项目和汉语教师培训项目。2013年，“六朝研究”国际学术研讨会在学校召开。

学校的校训是教学做合一；校风是求真、求精、求新；教风是教人求真；学风：学做真人；校歌是《锄头歌舞》。

学校有“两区一园三附校”，即方山、莫愁两个校区、一个省级文保单位“行知园”和附属南京实验国际学校、附属小学及附属南京小红叶幼儿园；学校本部占地近1500亩；拥有教学楼、实验楼、音乐楼、艺术楼、综合楼、图书馆、体育馆、标准塑胶田径场等教育教学场所，学生宿舍、学生食堂、学生浴室等生活设施也一应俱全；学院拥有设备先进的多媒体教室、语音室、外语教学无线发射台、微格教学训练室、心理测量室、计算机房、电子阅览室等教学设施。

学校“行知园”由江泽民同志亲笔题名，园内的“陶行知纪念馆”珍藏有陶行知先生的纪念文物，园内的“陶行知墓”是江苏省重点保护文物。

广东技术师范大学——

学校概况。广东技术师范大学是一所以本科教育为主的具有硕士学位授予权的省属全日制普通大学。广东技术师范学院天河学院是学校主办的独立设置的全日制民办本科二级学院。学校于1977年开始招收本科生，2006年开始招收硕士研究生，并于2000年开始招收留学生，与美国、英国、加拿大、日本、澳大利亚等国家地区的有关高校进行广泛的交流与合作。

办学规模。学校设有电子与信息学院、管理学院、计算机科学学院、教育技术与传播学院、教育学院、会计学院、美术学院、民族学院、文学院、外国语学院、经济与贸易学院、机电学院、自动化学院、政法学院、音乐学院、汽车学院、国际教育学院等17个二级学院，以及社会科学部、大学英语部、体育部等3个教学部和省级示范性软件学院，共有41个本科专业，学科覆盖理学、工学、经济学、管理学、文学、教育学、法学等七大学科门类。面向广东、广西、海南、河南、湖南、湖北、江苏、江西、山东、陕西、新疆等地招生。目前学校拥有4个硕士学位授予点。

校史沿革。学校前身为广东民族学院，第一任院长为罗明（1959年9月—1965年1月）、党委书记为刘渠（1960年3月），第二任党委书记为汪达之（1962年3月—1965年1月）。学校创办于1957年，1998年更名为广东职业技术师范学院，2002年更名为广东技术师范学院，2018年11月30日广东技术师范学院正式更名为广东技术师范大学。2002年、2005年，原广东机械学校、原广东省经济管理干部学院和广东省财贸管理干部学院先后并入学院。2006年经国务院学位委员会批准为硕士学位授予权单位。学校坐落在广东省广州市，占地面积1538亩，共有4个校区。

办学条件。学校现有全日制普通在校生13754人。近三年来，学院先后承担国家级、省级、厅级等科研项目259项，出版学术专著、教材189部，发表科研学术论文2723篇。获国家、省、部、市等各级奖励100多项。

科研基地。学校面向职教，服务职教，引领职教。学校的主要任务是为全省各级各类中职和高职院校培养师资。先后被国家教育部、财政部、省教育厅选定为“全国大学生文化素质教育基地”“全国职业教育师资培训重点建设基地”“国家技能型紧缺人才培养培训院校”“广东省高技能人才实训基地”“广东省中职校长培训中心”“广东省中小学教师继续教育基地”等。学校设有广东省工业实训中心、电气工程虚拟演练省级重点实验室、省级“光机电一体化”研究型重点实验室和高等职业技术数字化教育教学资源中心。目前学校教学科研仪器设备总值近亿元，图书馆藏书246万册（含电子图书84万册）、中外文纸质报刊2000多种，中外文电子期刊近2万种、中外文电子资源数据库22个，已具备良好的办学条件。学校设有高教职教研究所、民族研究所等多个科研机构。

师资力量。学院坚持立德树人，学术基础雄厚，拥有一支学术水平很高、在海内外影响很大，爱岗敬业、结构合理的师资队伍。现有教职工1951人，其中专任教师1078人，正高职称140人，副高职称331人，副高以上职称人员占专任教师总数的45．2%；具有博士学位285人，占专任教师的27．35%；队伍中，有国家哲学社科基金规划评审组专家、享受国务院政府特殊津贴专家获得者，有全国优秀教师、第四届新世纪巾帼发明家优秀奖、高校思想政治理论课教学能手、高校思想政治理论课教师年度影响力提名人物、全国高校辅导员年度人物，广东省青年珠江学者、广东省特支计划青年文化英才、南粤优秀教师（南粤教坛新秀）、“千百十人才培养工程”省级培养对象、高等学校优秀青年教师培养计划培养对象等获得者。

发展目标。学校具有硕士学位、学士学位授予权，面向职教的师范教育和多学科协调发展的优势，以广东工业实训中心、师培中心和高教职教研究中心为基地，坚持“面向职教、服务职教、引领职教”的办学定位，弘扬和发展汪达之等老一辈民院人的优良传统，在社会主义现代化建设中，力争把学校建设成为国内同类院校领先的具有一定国际影响的现代化职业技术师范大学。

汪达之主持广东民族学院工作期间，虽然时间不长，仅有短短的3年左右，但他对广东民族学院早期在海南通什的重建创业和走向正轨，却是功绩卓著的；对以后广东民族学院教育事业在曲折中跨越式发展的影响，也是深远的。因此，说汪达之是广东民族学院的“奠基人”和广东民族教育事业的“拓荒者”，他应该是当之无愧的。

正如2017年10月29日，时任广东技术师范学院党委书记陈韶在汪达之铜塑像揭幕仪式上的讲话中所说：汪达之先生对广东民族学院的贡献是巨大的，他“号召学校师生要学习汪达之‘对国家的赤子之心，对民族的赤诚之心，对教育的忠诚之心，对学生的仁爱之心’，‘一心付出，不求回报的奉献精神！”[32]

特别值得一提的是，近年来国内外的高校已有不少的研究生以研究汪达之为选题，来撰写硕士和博士论文以及毕业论文，都得到教育界和学术界的赞赏。汪达之和他的教育思想与成功实践以及他所领导的新安旅行团的革命精神，也已成为汪达之后代人的一笔宝贵精神财富。汪达之的长孙汪汀，从小随他爸爸汪如一到美国，由一名小报童沿着他爷爷汪达之生活教育的创新之路，走进了美国的哈佛大学和耶鲁学院，从博士生成长为一名法律工作者；汪达之的次孙汪霖，在美国的大学毕业论文，也是有关汪达之和新安旅行团的研究。他成了海外研究汪达之和新安旅行团的第一人。

【注释】

[1][3][11][25] 汪达之:《自传的一个轮廓》(汪达之长子汪如一、长媳陆梅提供的汪达之手迹复印件，存本书作者刘友开处)，刘友开编《汪达之教育文集》，南京：江苏教育出版社，1995 年，第 294－296 页。

[2]《毛泽东选集》第二卷《中国共产党在民族战争中的地位》，北京：人民出版社，1991 年。

[4—10] 广东技术师范学院校史编委会编:《广东技术师范学院校史》，广州：羊城晚报出版社，2017 年 10 月，第 2－48 页。

[12—14] 汪如一、汪心一《回忆我们的爸爸》，刘友开编《汪达之教育文集》(江苏省纪念新安旅行团五十周年筹备办公室编《足迹五万里》)，北京：中国文联出版社，2003 年，第 652－653 页。

[15—24] 广州文教战线毛泽东思想学习班第二中队（民院）专案组 1968 年 11 月 2 日编印《顽固不化走资派汪达之反党反社会主义反毛泽东思想材料汇编》第 1－30 页，汪达之长子汪如一、长媳陆梅提供的复印件，存本书作者刘友开处。

[26] 汪达之同志治丧委员会:《汪达之同志追悼会悼词》(原件“新旅”老团员韩枫提供，存本书作者刘友开处)，刘友开编《汪达之教育文集》，北京：中国文联出版社，2003 年，第 595－597 页。

[27] 刘友开编《汪达之教育文集》，北京：中国文联出版社，2003 年，第 618 页。

[28] 刘友开编《汪达之教育文集》，北京：中国文联出版社，2003 年，第 619－620 页。

[29] 汪达之:《第一个“六一”国际儿童节为南京广播电台讲话稿》，刘友开编《汪达之教育文集》，南京：江苏教育出版社，1995 年，第 47 页。

[30] 刘友开:《纪念汪达之，学习汪达之》，刘友开编《汪达之教育文集》，北京：中国文联出版社，2003 年，第 7 页。

读感

……

火苗在燃烧

——《汪达之评传》读后感

熊西平

一

刘友开先生是我的文友、教友，以文结缘，因教生情。他对教育事业兢兢业业几十年，初心不改，一往情深，令我赞佩不已。

我们是在一次笔会上认识的，稍一交流，便相见恨晚，惺惺相惜。他大我几岁，我目为兄长。他勤奋探索，成果累累，我视为师友。他是江苏省特级教师，那时是镇江市润州区教师发展中心的党支部书记、润州区语文名师工作室主持人兼导师，主持课题研究，经常深入学校调研，深入课堂听课，写了大量评教、评课的教育教学诗歌，角度新颖，不拘一格，深入浅出，让我为之眼开。他出版专集后，我写了书评《教育与诗歌的交响》发表在《教育时报》，反响很好，被认为是课改的一种新形式。我由此产生了“新教育诗”的提法，并写了两篇论文。

中国教育诗历史悠久，从我们熟悉的《悯农》到《示儿》，从国教到家教，无所不及。我认为刘友开先生的新教育诗和陶行知的“教育新诗”是一脉相承的。他不为作诗而作诗，他为实用而作诗，为传道而作诗，为说理而作诗，为指向而作诗，为评论而作诗……因此，他的诗路很宽，俯拾皆是，广受欢迎，不少作品被学校、老师视为珍品，请书法家书写后悬壁自警，热心收藏。中国美术学院老院长肖峰和曾任国家总督学、国家教委副主任的柳斌对他的新教育诗都给过很高的赞誉。

就新教育诗而言，近年来不少教育工作者都在使用，但是，以我有限的阅读而言，运用自如、一挥而就的，刘友开先生当数一流。这次他出版的重要专著《汪达之评传》每一章前面都有一首七言开篇诗，以此明义，新人耳目，也是本书的特色之一。刘友开先生是一位在新教育诗发展路上披荆斩棘、开拓贡献的人。

二

出版《汪达之评传》意义很广大，很广泛。刘友开先生在自序中，对汪达之先生的时代意义、历史意义都做了很深刻的开掘和阐释。这也恰恰是刘友开先生在退休之后几年内的一个巨大贡献。他身上时时处处都闪烁着汪达之精神的火苗，自我烛照，照亮他人。

说来惭愧，对百年中国教育的重要人物之一的汪达之先生，我是几年前去淮安才从刘友开先生那里了解一二的。他的光辉精神其实一直都在我们的底层教育、基础教育战线上熠熠闪光，令人赞佩不已。正如鲁迅所说："自古以来，我们就有埋头苦干的人，有拼命硬干的人，有为人民请命的人，有舍身求法的人……这就是中国人的脊梁！"汪达之先生就是中国教育界埋头苦干、拼命硬干的人。他人生漫长，但没有坦途，也从没屈服，每个阶段都向这个世界讲述着、证明着一种凛然向上的精神。他的一生就是奋斗励志的一生。他是遗腹子，很早失去两个哥哥一个姐姐，流浪一般的求学历程，长期与母亲相依为命又两地相隔的生活，四处无家处处家的办学历程，面对国民党的血，面对抗日战争的火，面对着误解、被打倒，他都挺直脊梁，负重前行，从不抱怨，从不哀叹，从不停步。他没少经历苍山如海、残阳如血的艰难困苦，但他人生词典里没有"躺倒"和"悔恨"这样的哀词。向前，向前，向前……好像也是为汪达之先生这样的英雄谱写的激昂赞歌。

汪达之先生的故事可以讲述给孩子听，让孩子们知道什么叫艰难困苦玉汝于成。汪达之先生的故事可以讲给青年听，让青年们懂得什么叫"少年心事当拏云"。汪达之先生的故事可以讲给成年人听，让他们懂得面对机遇、面对委屈、面对挫折怎样过出豁达人生……刘友开先生给我们社会贡献了一个立体的、全貌的、灵魂干净的人物形象，这个社会应该珍视这枚成果，让这本书进教室，进书屋，进图书馆，走进千千万万普通人的生活，让汪达之先生精神之光给每个平庸的灵魂照亮一次。

三

《汪达之评传》是刘友开先生退休后所做出的新的贡献。我们每年都有大批人从各自的岗位上退下来，退下来的很多人都在迷茫中老去。如何老有所成，充分使用好退休后的金秋年华，沿着过去所从事的工作顺藤摸瓜，向远处走一走，向高处攀一攀，把曾经的积累升华一下，都可能结出一两枚意外之喜的"秋葫芦"。

我也退休在即。刘友开先生喊喝一声，我明白退休后该去做什么了！

2020 年 6 月 2 日于河南固始

熊西平 河南省固始县人，中国作家协会会员、中国教育学会会员，著名教师作家，当代教育专家。出版多部散文集，主编多部教育文集。

教育要重塑汪达之精神

——《汪达之评传》读后感

金　矿

中国无产阶级革命精神，是令全世界所有人都仰望的。这种精神忘我而无私，要牺牲个人所有利益进行完全彻底地奉献于革命事业。为了拯救中华民族，无数个伟大的无产阶级革命家，教育家，思想家都是这样的优秀者，著名的人民教育家汪达之先生的精神就一直在鼓舞着我们前进。

汪达之的成就，我从很多资料上了解到，他是接受了他老师陶行知先生的启蒙和影响，而陶行知先生的声威远比汪达之先生要响得多。陶行知先生冠名是伟大的中国人民教育家、思想家、伟大的民主主义革命家，爱国教育家。我在想关于陶行知的成就主要是教育事业的先驱，他的教育思想和理论已经影响了中国几代人。而他的学生汪达之呢？我认为他的成就就是：他的精神应该是中国教育的雕塑。

是的，汪达之先生的一生是继承了他老师的遗志，最初受老师委托到淮安来创办新安小学。也许在当时说是太平凡，因为淮安与南京相比太小，那时候创办小学还利用古庙殿堂，那种条件是何等的艰苦。而对于中国革命事业来说，他却做出了不朽的贡献。他带了 14 名基本学生组成“新安旅行团”［是我国著名少年儿童革命团体新安旅行团（简称新旅）的创建者和领导者］，从那时他就走上了革命精神的道路，新安旅行团在历时 17 年的时间里，经历了第二次国内革命战争、抗日战争、解放战争和中华人民共和国建国初期等几个重大的革命历史阶段，足迹遍及全国22 个省、市、自治区，行程5 万多里，为民主中国的胜利做出了贡献，并在实践中培养了大批优秀人才。这既是陶行知教育思想的丰硕成果，也是汪达之对党、对人民的巨大贡献。“新旅”的成就，受到毛泽东、周恩来、刘少奇等老一辈无产阶级革命家的高度评价。

那么，汪达之精神主要体现在哪些方面呢？正如《汪达之评传》的著作者刘友开先生在书中所概括的那样：“达之精神”就是“不达目的，决不罢休”的坚强铁汉意志；就是“在教育上革命，进而办一种革命的教育”的改革创新气魄；就是“捧着一颗心来，不带半根草去”的无私奉献精神。学习汪达之，就要学习他“跟着共产党走的坚定正确的政治方向和对共产主义坚定不移的理想信念”；

学习汪达之，就要学习他“‘捧着一颗心来，不带半根草去’的敬业奉献精神和‘给旧教育唱葬歌，给新教育唱进行曲’的改革创新精神”；学习汪达之，就要学习他“爱国爱党、追求真理、坚持原则、百折不挠、坚强不屈、勇于实践、大胆创新、艰苦奋斗、关心群众、团结同志、爱生如子的崇高师德和优良传统”；学习汪达之，就要学习他“为救国救民奔走呼号和为新中国教育事业呕心沥血的全心全意为人民服务的高风亮节”。

对于当年“新旅”团员们是怎样继承和弘扬“达之精神”的，我是有亲身感受的。那是新安小学建校60周年的日子，前身是“新旅”的上海歌剧院一批老艺术家重返母校，要在淮安城里献演。据说当时县里的个别领导人不太愿意接受，说会影响农业生产，影响农村大忙，而“新旅”的老艺术家们当时就自带背包集体通铺，在舞台上穿着草鞋跳呀唱呀！我当时看到他们热泪盈眶的演出也流泪了。是啊，他们不是在继承和发扬汪达之很优秀的革命精神吗?

我这里想到“新旅”之所以具备这种精神，应该与他们的创建者和领导者——汪达之先生的身教是分不开的。我认为汪达之先生就是具备这种精神的人。他的胸怀、思想、行动虽然让如今许多年轻人很难想象和理解，但这种精神是不朽的，尽管新中国成立已70多年，眼前我认为这种精神仍然是可敬的可塑的。

随着岁月的推移，我们社会主义祖国已经经历了几代人接力，如今中国已经进入国际强国的阵营，绝大多数的人民群众都生活在无忧无虑之中，没有那种经历的人想法总会是不一样，如今想到忧患的人已经很少，愿意过艰苦生活的人也很少，好多年轻人对中国革命的先驱精神已经大为困惑。好像当年的这些人显得太傻。包括有好多很知名的先驱和先烈的名字多被现代的思想意识中的消极影响所淡漠，我在想，时下在全国的青少年当中还有多少人能知道汪达之精神呢?

我的朋友刘友开先生，他在汪达之先生创办新安小学的母地淮安从事了几十年的教育事业，是一位很尽职的教育工作者，多少年来他接受了汪达之精神的熏陶，取得了显著的成绩。这几年退休后，他开始很辛苦地调查走访，翻阅众多的教育文史资料及汪达之先生的生平事迹资料，撰写这本《汪达之评传》。这种眼光是前瞻的，这种行动是有作为的。他正是在尽自己的微薄之力在重塑汪达之精神，他先是自己领会这种精神，还鼓励当今在职的教育工作者和广大青少年学习这种精神，要让中国教育先驱的汪达之精神更加深入人心，传向未来。

本人既是刘友开先生的朋友，也是他这部书的第一读者，在汪达之先生的感动下特向大家推荐这部书。这部书确实值得一读。我希望更多的读者能写些书评和感受，来感谢付出辛勤劳动的刘友开先生，让汪达之先生的教育遗愿和精神走向更远更远。

2020年6月2日于江苏淮安

金矿 1952年出生，中国民间文艺家协会会员，华夏散文学会会员，江苏省散文学会首届会员代表，江苏省非遗保护协会会员，南闸民歌省级传承人。出版图书两本，长篇小说《多彩的流云》获首届袁鹰文学奖。淮安区首届文化艺术名人，淮安区民协主席。

浩浩长卷， 款款深情

——《汪达之评传》读后感

吴金高

庚子孟夏，新冠渐远。蒲艾茁壮，栀子花鲜。
红袖展舒，心香卉艳。友开又开，评传佳篇。
编撰研究，潜心砺剑。情结汪君，四十整年。
图片款款，昔景频现。名流题赞，雅墨芳荃。
记述洋洋，数十万言。学海浪花，辉映碧天。
详阅评传，沿波讨源。见教屡屡，感慨多元。
感佩达之，教育先贤。革命主张，杰出贡献。
知识分子，爱国为先。开拓创新，脚踏实地。
国际视野，久久为愿。共产主义，铭刻心田。
崇尚达之，思想如泉。综合技术，脑体兼炼。
行路万里，读书万卷。生活教育，互通互联。
事业为基，婚恋实坚。经纬分明，烽火姻缘。
敬仰达之，光辉实践。顽强英勇，正气冲天。
接办新安，捧心奉献。续创辉煌，力作开篇。
缔造新旅，七人试验。旅行修学，史无例前。
抗日救亡，星火燎原。共赴国难，冲破硝烟。
中外闻名，誉满天堑。行程万里，十又七年。
战略撤移，辗转北南。办学火线，华东立苑。
功勋卓著，薪续火连。保存骨干，历经艰险。
晓庄复校，大任担肩。教海扬帆，重启航线。
始创国培，推普班添。建国伊始，官语待缮。
辞别庙堂，海南踏遍。五指山下，创办民院。
攻克时艰，老而弥坚。孺子引牛，拓荒垦原。
仰望星空，脚踏实地。艰苦创业，坚毅信念。
民族教育，恩泽后贤。一代英儒，松柏永年。
研学达之，读文赏卷。一册在手，百读不厌。

以身立教，大爱满天。达之精神，学习范典。
为谁办学，遵从民愿。育人标准，德才备兼。
立国为民，真知灼见。均衡布道，不倚不偏。
终身从教，丹心一片。锐意创新，敢为人先。
立德树人，体魄康健。恒正三观，坚定信念。
致谢作者，惠献长卷。情注先达，启后承前。
提笔匆匆，才疏思浅。书海漫漫，研学无边。

2020 年 6 月 13 日于江苏金湖

吴金高 江苏金湖县教师发展中心语文研训员，中学高级教师，淮安市小学语文学科带头人，淮安市基础教育教学专家。曾在人大复印报刊资料《小学语文教与学》《语文教学通讯》等报刊及网络媒体发表教学论文、诗词、散文多篇。

带着汪达之精神的火苗

——《汪达之评传》读后感

朱　炜

2016年年底，刘友开老师应特级教师张玲语文名师工作室之邀来浙江德清，在江浙“两省三地（湖州、淮安、镇江）”小学语文名师工作室首届“互学共研”活动中，作以“诗教进课堂”为主题的专题讲座。张玲老师向我介绍刘老师不仅是一位特级教师，而且还是一个诗人。他可以即席赋诗，将访莫干山民国图书馆，希望我作陪。就这样，我有幸认识了刘老师。犹记得，刘友开老师还在莫干山民国图书馆题了一首诗：“莫干民国图书馆，胸藏万卷开心河。最是书香能致远，承前启后千古传。”不久，《七彩语文（教师论坛）》杂志刊登了张玲语文名师工作室成员与刘老师等联合署名的论文《创新古诗教学的实践研究》，刘老师谦逊地将自己的名字署在最后。

今年8月15日，我的新书《跳上诗船到德清》入展第十七届上海书展，在上海武康大楼大隐书局举行了发布会。从上海回来，我通过德清县图书馆微信公众号发了一篇作者如是说，提到“诗船暂停此，万里仍非远”。过了几天，张老师给我打电话，说她在朋友圈转发了我的这篇文章后，刘友开老师联系她，希望我能为他的新著《汪达之评传》写一篇书评。坦率而言，给人写书评是一项“美差”：一则，你可以对此新书，先睹为快；二则，作者认同你的水准，何况是尊长之赐；三则，书评或能随书一同传播到远方。我一口答应了。但当我通读完《汪达之评传》，想奋笔疾书欲写篇读后感时，却总是觉得“笔下难尽胸中意”。

不消我赘言，汪达之先生是人民教育家，曾任南京晓庄师范（南京晓庄学院前身）校长。因莫干山民国图书馆顾问之一的邵建先生就是南京晓庄学院教授，为人低调，汪达之先生的形象在邵建先生的言谈举止中时有显现。阅读《汪达之评传》的过程，不亚于攻读一个教育学研究生学位的经历。这倒不是说刘友开老师所著《汪达之评传》的文字是论文式的，读者需要有相当的门槛才能读下来，而是他的文字更像是文本，体系完整，逻辑严密，写的自然是汪达之其人其事迹其思想，但读到的其实还有刘友开其人其实践其理念。所以，这部《汪达之评传》既是刘友开老师致敬汪达之先生之作，也是刘友开老师以汪达之先生的经典之例启迪吾辈之作——还得补一句，《汪达之评传》的各章标题都是七言诗，连小标题也都是七个字的，每个小标题下还有一首他创作的七律诗来概括本章节的主要内容，起到了纲举目张的作用和画龙点睛的实效，显得诗与文的相得益彰、恰到好处。由此可见，刘友开老师对其是用足了气力，浇筑了心血，饱含了深情，俨然是作者生活的“自白书”，生涯的里程碑。

据悉，早在1995年，刘友开老师已编选出版了《汪达之教育文集》，由93岁的著名作家冰心题签，在汪先生诞辰一百周年之际，《汪达之教育文集》又增订再版，由时任国务院副总理、国防部长的开国上将张爱萍题签。距《汪达之教育文集》初版问世20年后，淮海晚报社的记者去采访他、淮安市图书馆请他去做一个讲座《从淮安走出的一群小好汉——新安旅行团的前世今生》，在讲到“新安旅行团之父汪达之”时，他一言以蔽之：“汪达之值得更多人去研究”，“汪达之是陶行知的得意高徒，现在研究陶行知、研究‘新旅’（新安旅行团的简称）的人很多，但是研究汪达之的人却很少，甚至可以说是空白。”今年恰逢汪先生逝世四十周年，他特别贡献了一部《汪达之评传》，纯属汪达之先生当年结书信成集《生活的书》时所语“这不是为要出书而写的书”，只有一个动向——那就是，他是一名教师，考虑到未来还有很多人要成为教师，汪达之是他们共同的师表。

“敢遣诗情到笔端”，刘友开老师写过很多类似这般的教育诗，其中不乏警句，我料定他的教学必是充满诗意的。诗意语文，诗意人生，人生海海，人文潺潺。语文教育的化境，当是充满诗意人生的言语人生的引领。他自称是“草根”教师，有时他出去给青年教师评课，出口成诗，反让人觉得他是衔草结环者。恕我寡闻，此等功力，我仅在中原工学院图书馆原馆长张怀涛身上见识过。即便是《中国诗词大会》的评委，未必能做到这一条，以诗代评，以诗励师。无疑，这样的教育方式、传播方式是鲜活的，是带着汪达之精神的火苗的，是符合学陶路上后来者的陶子身份的，自然能开出繁盛之花，结出丰硕之果。

最后，祝愿《汪达之评传》能够畅销长销，淮安这片热土上培育出更多像《汪达之评传》作者这样的人。

2020年9月9日，教师节前一日
于浙江德清莫干山民国图书馆

朱炜 1989 年生，浙江德清人，现任德清县图书馆地方文献室主任、乾元国学图书馆馆长，曾任莫干山民国图书馆馆长，浙江省诗词与楹联学会理事，浙江省新荷计划青年作家。著有《湖烟湖水曾相识》《君自故乡来》《跳上诗船到德清》等，曾参编《大学语文》。

为继绝学潜心研，点盏亮灯烛照天

——《汪达之评传》读后感

张　玲

每一种有效的思维方式，都是人生命历程上的一盏明亮之灯。大卫·苏尔茨在《大思想的神奇》中说：“决定成功的因素中，体力、智力、精力、教育都在其次，最重要的是思想的大小。”读了刘友开老师新的专著《汪达之评传》，我们不得不承认：从“草根”到“特级”的刘友开老师的成功，就在于他与常人的思维方式之不同。

我认识刘友开老师，已经有好几个年头了。此前虽然知道他是一位在小学语文教育教学、课题研究和教育诗学及名师工作室的创建等领域都是颇有建树的一位名师、专家和诗人，但却不知道他在研究人民教育家汪达之等现代教育史学方面，也有惊人的杰出成就。直到最近，研读了他的专著《汪达之评传》之后，才略知其一二。

（一）捧心磨剑四十年，继承传统创空前

“山不走到我这里来，我就到它那里去。”（亚历山大的原话）亚历山大的这句名言告诉我们：成大事者，决不会被陈规旧习所束缚。通晓事物变化，不拘泥于陈规旧制而死板教条，才能达成自己的目标，让梦想发光。刘友开老师之所以能达成为人民教育家汪达之作“评传”的目标，让出版《汪达之评传》的梦想得以发光，是因为他能主动地走到“仰止”汪达之的这座“高山”那里去进行创作素材的收集、整理和考证，并以发掘和积累大量的创作资源以及撰写和发表多篇的“研究汪达之”的专论为前提的。

据《刘友开“研究汪达之”专题中的文论与专著目录索引》的“不完全统计”，自 1985 年至 2020 年，他就在《中国农村教育》《教育家》《生活教育》《行知研究》《江苏陶研》《金陵陶研》《华人时刊·校长》《淮海晚报》等多种报纸杂志上发表研究汪达之的文章、论文、诗作等专论 36 篇。其中在《重庆陶研文史》上发表的就多达 13 篇，有的还是连载并还在继续连载之中。同时，还有 5 篇论文和诗作获奖。此外，还有《发扬新安旅行团精神》和《勇敢的“新旅”小战士（陈伟）》等两篇介绍新安旅行团的文章，被入编《江苏省全日制小学试

用课本·思想品德》五年制第10册：课本、教学参考书和《义务教育全日制小学教材·思想品德》第八册：课本、教学参考书（江苏省教育委员会中小学教学研究室编，江苏教育出版社1988年12月第1版、1989年8月第2版、1990年10月第3版）。

出版《汪达之教育文集》（江苏教育出版社1995年首版本、中国文联出版社2003年再版本各1本）《一群小好汉群英谱——纪念中国人民抗日战争暨世界反法西斯战争胜利70周年和新安旅行团建团80周年》（团结出版社2015年版等3种版本）等4本专著，并被中国国家图书馆和美国国会图书馆以及广东技术师范大学、深圳大学和哥伦比亚大学、哈佛大学等国内外大学图书馆收藏。其中，《汪达之教育文集》还荣获淮阴市首届精神文明建设“五个一工程”提名奖。

特别需要指出的是，时年已是93岁高龄的文学泰斗冰心老人还为《汪达之教育文集》首版本题词和题写书名“人民教育家汪达之教育文集”，时任国务院副总理、国防部部长张爱萍上将也为《汪达之教育文集》的增订再版本，题写了“汪达之教育文集”的书名。全国人大教科文委员会副主任杨海波先生又为《汪达之教育文集》的增订再版本的出版题写了贺词：“捧着一颗心来投入革命，为了教育事业奉献终生。”

《汪达之教育文集》在史学界和学术界，更是好评如潮。著名的现代教育史学研究专家、华东师范大学资深教授金林祥先生还撰写专论发表，对《汪达之教育文集》进行特别推介，并在“荐读语”中高度评价说：“《汪达之教育文集》以准确的史料，翔实的内容，真实地再现了汪达之先生的光辉人生和他留给我们的宝贵精神财富，为深入研究汪达之和新安旅行团，也为我们研究陶行知、研究中国现代教育史和中国现代史，提供了一本颇有价值的史料书。同时，我们也可以从中汲取历史经验和精神营养，推进教育改革，提升师德修养……编者刘友开，是一位特级教师。他利用业余时间，潜心从事汪达之资料的收集、整理和研究。前后历经23年的长期努力与坚持，终于在汪达之诞辰一百周年之际编成此书。”

这样的影响力，这样的成就感，这一切的一切，不用多述，已可足见刘友开老师编写出版《汪达之教育文集》这本书的重要价值和“研究汪达之”的巨大影响力。

（二） 为继绝学潜心研，点盏亮灯烛照天

“不见海不知海阔，不下海不知海深。”（哥伦布的语意）哥伦布发现新大陆启发着我们：任何事只要敢想，总是会有办法；任何地方只要敢去，总是会有通道的。研读了刘友开老师的新专著《汪达之评传》，使我感觉到，刘老师就是一个敢想敢做的人。

刘老师潜心研究汪达之，他从开始从事教育工作起，至今已有长达 40 年之久，且从未有过间断。他的专著《汪达之评传》向我们展示了一个真实的、鲜活的、立体的、全方位的人民教育家汪达之的光辉形象。正如刘老师在《汪达之评传》中所论述的那样："作为一个著名的人民革命教育家，有杰出贡献和开拓创新的教育思想家、教育改革家、教育实干家、伟大的爱国教育家，杰出的共产党人、共产主义者、国际主义志愿者和一个由民主主义者走向共产主义者的中国现代知识分子的典范，汪达之先生是当之无愧的。"

刘友开老师在《汪达之评传》中还对汪达之的精神及其重要的现实意义作了系统地阐述："汪达之先生给我们留下的宝贵精神财富，特别是他在各个不同历史时期在各地创造出来的各种有当时中国特色符合中国国情并被实践证明是卓有成效的教育成果，对于我们今天建设有中国特色符合当代中国国情的社会主义新时期的新教育体系；他'给旧教育唱葬歌，给新教育唱进行曲'的改革、创新、实干精神和经验，对于我们今天加快教育改革步伐，努力探索社会主义现代化建设新时期的教育途径和教改新路；他'捧着一颗心来，不带半根草去'的无私奉献精神和热爱学生的崇高师德，对于我们今天建设一支具有高质量的师资队伍；他共产党人的崇高信念和高贵品质，对于我们今天培养社会主义建设者和接班人及促进党风廉政建设和社会主义精神文明建设等，都将大有继承和发展的重要价值及深远意义。"

刘友开老师对汪达之及其精神的阐述和论证，都是建立在事实的基础之上的。《汪达之评传》分为十章、约有 28 万字，就是一个具体有力的佐证：第一章，乱世谋生寻出路；第二章，投奔晓师勇求学；第三章，临危受命办新校；第四章，宣传抗战万里行；第五章，敌后办学辟新途；第六章，烽火姻缘传佳话；第七章，北上统领华干校；第八章，恢复南京晓师范；第九章，变换岗位到北京；第十章，广东民院拓荒牛。

但是，这样的在中国革命教育事业中做出过如此卓著贡献的人民教育家汪达之的为人和他留给我们极其丰富的宝贵精神遗产，却长期不为人知，特别是不为当下的教育工作者所知。我们完全有理由这样说，如果不是刘友开老师在潜心研究和大力推介，对汪达之的研究将有可能会成为现当代教育史上的一个"空白"，久而久之甚至将也有可能会成为一门"绝学"。由此可知，刘老师发表研究汪达之的系列专论和出版《汪达之评传》专著的责任担当与家国情怀，当不言而喻。研读了刘老师出版的这本专著《汪达之评传》，使我仿佛看到了在满天繁星闪烁的现当代中国教育夜空中，又多了人民教育家汪达之——这盏闪着亮光的明灯。而擦亮这盏闪亮之灯的人，不正是本书的作者——刘友开老师吗？

（三） 透过现象看本色，著书立说独树帜

“一个明智的人，就是一个不会为表面现象所欺骗的人，他甚至预见到了事情将往哪一方向发展。”（叔本华的话）杜威是这样，杜威的学生陶行知是这样，陶行知的学生汪达之也是这样。我以为，刘友开老师不论是致力于教育的本职工作，还是在本职工作之余长期潜心对汪达之的研究，不也是这样的吗？

众所周知，刘友开老师在致力于本职教育教学研究工作中所取得的成就，是卓著的：他主持研究的“小学思想品德课‘五环式’教学法的研究”“小学习作教材中乡土教育资源的开发和利用的研究”和“小学语文教材中不同类型课文有效教学基本式的研究”等多个省市级重点或立项课题的研究成果，不仅屡屡获得大奖，而且还推广到省内外的许多地区，广受专家学者的高度评价和同行老师们的欢迎。他已出版的专著就达到30多本，他已发表的论文和课例就多达200余篇，其诗作就多达1000余首。仅在2009—2016年的7年中，他主持的镇江市润州区语文名师工作室所培养出来的包括省特级教师、市学科带头人、骨干教师、教坛新秀在内的优秀教师就有30多人。

刘友开老师从一个极其普通的“草根教师”成长为一位著名特级教师的这种专业发展的心路历程，还被全国语文教育专家、人教版小学语文教材主编崔峦先生称之为“刘友开现象”。他在为刘老师的专著《刘友开：语文教学新探索——一位“草根教师”的逐梦之旅》一书所作的序言中指出：“刘友开现象给了我们诸多启示：其一，‘草根教师’也能大有作为。只要播下‘梦想’的种子，并用‘爱’的雨露浇灌，用‘实践’的汗水耕耘，就一定能结出丰硕的教育之果。刘友开现象激励我们，一个人想多远、爱多深、付出多少，就能走多远、飞多高。其二，创新是优秀教师的核心素养之一，是取得事业成功的不竭动力。教、学、做、思合一，是实现创新的必由之路。本书的章章节节、字里行间写满了刘友开积极进取、坚韧奋斗、改革创新、与时俱进的精神。其三，教育大计，教师为本。有千千万万的一流教师，才有源源不断的优质教育资源，才有中国一流的教育。提升中国教育的品质，需要每位教师从自身专业成长做起。”

北宋著名思想家张载“横渠四句”指出，大凡有识之士都要努力“为天地立心，为生民立命，为往圣继绝学，为万世开太平。”我以为，这里的“为往圣继绝学”，不仅仅是简单地使哪一位先贤的学问不至于断绝的问题，而且还应指延续人类精神文明的火种不至于熄灭而要永世传承和发扬光大的问题。

正如南京大学教授许永璋先生在《我我歌》中所说：“不使大我损毫末，健全小我，大我自成功。永葆我我之正气，弘扬大同世界之雄风！”也正如被誉为“世界人权斗士”、美籍华人、《南京大屠杀》作者张纯如女士的人生信条所言：“一个人的力量，可以改变整个世界。”

而今，透过教师角色在本职岗位上致力于教育教学改革创新中的这种“刘友开现象”，再反观到在研究者角色中长期在业余潜心研究汪达之的这种“刘友开现象”，不禁使我掩卷深思：教师担当路千条，潜心研究不可少。教而不研则肤浅，研而不教天地小。分析过去抓现在，创造将来太重要。国家兴亡匹夫责，专业发展应趁早。

2021 年 4 月 4 日

于浙江德清上海世外教育附属秋山中心学校

张玲 上海世外教育附属秋山中心学校党支部书记、副校长，全国优秀教师，浙江省特级教师，正高级教师，浙江省小学语文低年级研究中心委员。

后记

……

四十年来磨一剑

——《汪达之评传》代后记兼谈汪达之的“伟大之处”

刘友开

汪达之是一个什么样的人？他对中国人民的教育事业有什么样的卓著贡献，以及他有哪些宝贵的革命精神和优秀品质？对于这些问题，我已在本书的“代前言”和正文中做了比较具体的阐述，这里不必再作赘述。但我想借此写“代后记”之机，先谈一下对汪达之“伟大之处”的几点认识。

一、汪达之为人的“三张名片”

汪达之的“伟大之处”，我认为可以概括为“三张名片”，即第一流的开创型教育家、第一流的综合教育主将、优秀共产党人。

（一）第一流的开创型教育家

陶行知先生早在1919年4月21日的《时报·教育周刊·世界教育新思潮》第9号发表的题为《第一流的教育家》中就指出：“依我看来，今日的教育家，必定要在下列两种要素当中得了一种，方才可以算为第一的人物。一（是）敢探未发明的新理；二是敢入未开化的边疆。”“敢探未发明的新理，即是创造精神；敢入未开化的边疆，即是开辟精神。创造时，目光要深；开辟时，目光要远。总体来说，创造、开辟都要有胆量。在教育界，有胆量创造的人，即是创造的教育家；有胆量开辟的人，即是开辟的教育家，都是第一流的人物。大丈夫不能舍身试验室，亦当埋骨边疆尘，岂宜随便过去！”

从这种意义上说，汪达之则可以称得上这样第一流的开创型教育家。他在任新安小学校长期间，所创立的基本学生制的办学新机制与新安儿童自动旅行团赴沪旅行修学的成功实践，和亲自担任“顾问”率领新安旅行团，在奔赴全国宣传抗日救国、唤醒民众、共赴国难的历时17年、行程5万里、足迹遍布全国22个省份的征程中，培养了大批优秀人才的伟大壮举，以及统领华东干部子弟学校师生随解放大军北上南下，在火线上办学进行流动教育的罕见奇迹等，都可称得上在当时教育界“敢探未发明的新理”的伟大创造和“敢入未开化的边疆”的勇敢开辟。这样的“创造”和“开辟”，至今仍堪称“前无古人，后无来者”的伟大奇迹。这种创造精神和开辟精神，至今也仍有历久弥新的生命力和值得借鉴的现实意义。

因此，说汪达之是“第一流的开创型教育家”，应该是实事求是的。

（二）第一流的综合教育主将

纵观汪达之的教育思想与实践，可以集中地归纳到“综合技术教育”上来。何谓“综合技术教育”？用今天的话说，就是人的核心素养，就是立德树人的素质教育，就是把学生培养成为在德智体美劳等方面全面发展的社会主义建设者和接班人。

汪达之所创立的“综合技术教育”思想不是空头理论家纸上谈兵式的理论，而是从他长期的办学实践和多年来的革命斗争中创造性地实践陶行知生活教育理论，通过亲身试验、践行、探索出来的行之有效的创新教育实践经验。

例如，他在《新安小学四年来在实际生活的体验上所找到的理论》中，就把他在接办新安小学后，创造性地实践陶行知生活教育理论（其本体论为：生活即教育；领域论为：社会即学校；方法论为：教学做合一）的基本经验概括为以下的五个方面：“1. 指导劳动者取得现实生活需要的教育。2. 指导生产者创造平衡的新社会的学校。3. 用体力从事于劳动生产的真本领以锻炼脑力的教育。4. 指导学生自动地组织集团以解决生活需要的学校。5. 科学与艺术综合的生活进程。”

再如，汪达之率领新安旅行团奔赴全国宣传抗日救国，在旅行修学中培养抗战建国人才，历时 17 年、行程 5 万里、途经全国 22 个省市，既为抗日战争和民主中国的胜利做出了特殊的贡献，又创造了中国革命教育史和中外青少年儿童革命运动史上的伟大奇迹，就是一个有力的实证。

又如，汪达之对于“综合技术教育”这一理念的提出，也是根据建国初期我国教育制度的欠缺和全国教育建设的需要，提出的具有战略远见的教育思想。

1953 年，时任国家教育部师范教育司专员的汪达之在《为教育部党组建议》之中，就“一而再再而三”地向教育部党组提出建议：“一、关于综合技术教育应提到我们工作日程上来，使我们教育思想成为完全的共产主义教育思想所指导的，把过去教育实施上不提综合技术教育任务，使我们的技术教育在理论上长期残缺的情况改正过来。二、认真清理一下长期对综合技术教育的不够重视的原因，并正确地做出对实施切合当前需要的综合技术教育的决定。三、如果认为涉及面大，不能轻做决定，就要求你们将原建议直接反映到党中央文教负责部门考虑，务期得到结果。事关党与国家教育事业带根本性质的问题。故不惜一而再，再而三的建议。四、我们都是为国家管理普通教育的领导机构，因而和实施综合技术教育的关系就更加密切。我们党领导着建设的人民国家，对实施综合技术教育也就是党的历史任务。我们部相当长期的没有提出综合技术教育的任务，使我们的教育实施，在理论上残缺了这样一个重要部分，在实际效果上也就要遭到不可计算的损失。”

因此，说汪达之是“第一流的综合教育主将”（这里的综合教育是指综合技术教育），应该是恰如其分的。

（三） 优秀共产党人

汪达之是“中国共产党的优秀党员”和“人民教育家”。“汪达之同志几十年来，认真学习马列主义、毛泽东思想，对党和人民无限忠诚，对社会主义无限热爱。他的组织观念强，处处以革命利益为重，不论在入党前或入党后，凡是党组织决定他做的事，他都愉快地执行，从不考虑个人的得失、名利、地位。他工作一贯勤勤恳恳，认真负责，生活一贯艰苦朴素，关心群众，平易近人，团结同志。在文化大革命中，达之同志遭受林彪、‘四人帮’反革命阴谋集团的残酷迫害，他始终坚持原则，作风正派，表现了一个共产党员的高贵品质。”“汪达之同志的一生，是革命的一生，全心全意为人民服务的一生。他的不幸逝世，是我们党的教育事业的一个损失。”这是“汪达之同志追悼会”上党和人民在《汪达之同志追悼会悼词》中对他一生政治生命的最后“盖棺认定”和高度评价。

其实，早在抗日战争相持阶段，时任新四军政委刘少奇就称赞过汪达之“你虽然没有加入我们的党，但也无愧是一位党外的布尔什维克！”人民群众则盛赞他是“真共产党！”

特别值得提及的也能足以佐证汪达之无愧为“优秀共产党人”的事至少还有几件：一是，汪达之被打成“反党反社会主义反毛泽东思想”的“顽固不化走资派”的冤假错案是后来任广东省委书记习仲勋亲自批准给予平反昭雪的。二是，汪达之在六十年代初连续几年都以“一个中国的国际主义者”的署名，每年给越南大使馆捐寄50元，有一次还捐寄了2000元钱，以支援越南人民的抗美救国斗争。三是，汪达之在惨遭迫害，面临“走在路上，头晕、腿颤、脚不稳，大有摔倒的危险”时，想到尚有要临时交代的两件事：一件是“万一不幸于最近的将来摔倒了，不能说话，就此完了，请党组织把这笔款集中起来（节存在广州银行准备退休后做科研和调查工作备用的2000多元），不必转给我的爱人和孩子。那（哪）里用它最需要，就请党组织负责处理”。另一件是“遗体请交科学研究部门做解剖用。用后，化成肥料，投到生产地里去，先以此代我的遗嘱”。

因此，说汪达之是“优秀共产党人”，应该是名副其实的。

二、我对汪达之研究的“三步走”

如今，我对汪达之的研究已有整整 40 年了。40 年来的研究轨迹，大致可以概括为“三步走”。

（一） 第一步：发现汪达之研究的学术空白

我开始知道汪达之的名字，还得从淮安县新安小学说起。1979 年 12 月，我从淮安师范学校中文专业班毕业后，被分配到新安小学工作。当时的新安小学校园里建有几间简陋的新安旅行团历史展览室，里面有新安小学第一任校长、伟大的人民教育家陶行知创办新安小学和新安小学第二任校长、新安旅行团顾问汪达之接办新安小学及新安旅行团的事迹简介。我看了以后，觉得陶行知、汪达之和新安旅行团的“一群小好汉”们都是很了不起的人物。他们的事迹和精神对于时下的教育仍有宝贵的借鉴价值和重要的现实意义。

于是，我便利用业余时间到展览室中，去把展出的图片说明用卡片一一地抄录下来，并将展出的书报资料，能借出来的都分期分批借回家，进行初步研究。几年来的“研究”和与能联系到的汪达之的长子汪如一和长媳陆梅及“新旅”老团员的接触或通信，使我对陶行知、汪达之和“新旅”及其研究的有关情况都有了进一步了解，并认识到教育界和学术界有很多人都在研究陶行知和“新旅”，而研究汪达之的却很少，几乎是一块“空白”。因此，我便开始了对汪达之的研究，并产生了编写《汪达之教育文集》的想法。

（二） 第二步：编写出版两本《汪达之教育文集》

经过多年的研究，我终于在 1995 年由江苏教育出版社出版了 23.7 万字的《汪达之教育文集》（第 1 版），在 2003 年由中国文联出版社出版了 52.8 万字的《汪达之教育文集》修订再版本。

在这两本书的编写过程中，我有幸得到了侨居美国的汪达之长子汪如一、长媳陆梅和新安旅行团的老团员肖峰（中国美术学院第 10 任院长、著名油画家）与聂大鹏（中国人民解放军总政文化部副部长、少将军衔），以及华东师范大学教授金林祥和中国革命博物馆研究员吕星斗等人的大力支持。

汪如一和陆梅给我提供了不少有价值的研究资料。如，汪达之在“文化大革命”中被迫写下的“自我交待”《自传的一个轮廓》手迹复印件和“文化大革命”中所谓的广东民族学院专案组编印的“批判材料”《顽固不化走资派汪达之反党反社会主义反毛泽东思想材料汇编》复印件等。

肖峰和时任全国人大教科文委员会副主任杨海波还为《汪达之教育文集》修

订再版本的出版题写贺诗和贺词。肖峰的贺诗为："恋恩师：达之，达师，教坛楷模，一代宗师。创建新旅，开当代社会教育先河。行程五万，谱世间少儿运动新篇。爱憎分明，未曾见半根俗骨；淡泊荣辱，始终是一介平民，功盖千秋，气壮山河，堪称少年革命之导师。我念吾师，我爱吾师，我敬吾师。"杨海波的贺词为"贺汪达之教育文集再版：捧着一颗心来投入革命；为了教育事业奉献终生。"

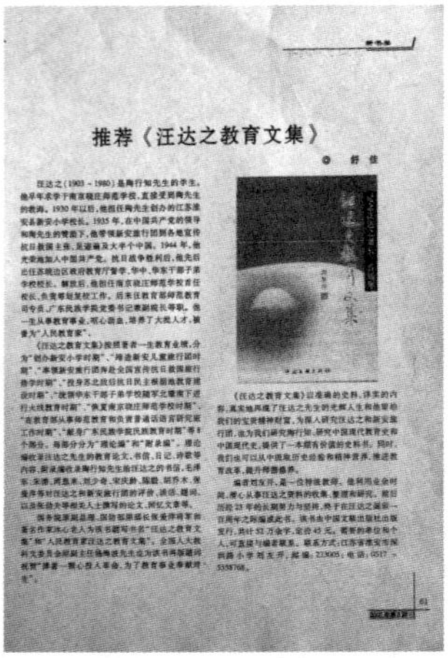
推荐《汪达之教育文集》
舒 佳

华东师范大学金林祥教授高度评价刘友开所编《汪达之教育文集》（原载《生活教育》杂志 2007 年第 3 期）

吕星斗研究员还帮我请到时年已 93 岁高龄的文学泰斗冰心老人为《汪达之教育文集》首版本题写了"人民教育家汪达之教育文集"的题词。我将她题词中的"汪达之教育文集"作为封面刊出，并将整个题词放到书的扉页上刊出。聂大鹏少将还为我请到了曾任国务院副总理、国防部长的张爱萍上将为《汪达之教育文集》再版本题写了书名"汪达之教育文集"。张爱萍上将和冰心老人的墨宝，使《汪达之教育文集》大增了亮色和光彩。

2017 年，广东技术师范学院在建造汪达之铜雕塑像时，还特地选用了冰心题写的"人民教育家汪达之"的手迹，用竖幅镌刻在雕塑像基座正面的中心，作为永久的纪念。

更令人欣喜的是，《汪达之教育文集》的首版本和修订再版本问世后都得到了国内外教育史学界、学术研究界的充分肯定和高度评价。

华东师范大学教授、著名的教育史学专家金林祥先生亲自撰写并以"舒佳"的署名，在 2007 年第 3 期《生活教育》杂志上发表《推荐〈汪达之教育文集〉》的文章，向世人进行力荐。全文如下：

推荐《汪达之教育文集》

舒 佳

汪达之（1903—1980）是陶行知先生的学生。他早年求学于南京晓庄师范学校，直接受到陶先生的教诲。1930 年以后，他担任陶先生创办的江苏淮安县新安小学校长。1935 年，在中国共产党的领导和陶先生的赞助下，他带领新安旅行团到各地宣传抗日救国主张，足迹遍及大半个中国。1944 年，他光荣地加入中国共产党。抗日战争胜利后，他先后出任苏皖边区政府教育厅督学，华中、华东干部子弟学校校长。新中国成立后，他担任复校后的南京晓庄师范学校首任校长，负责筹划复校工作。后来任教育部师范教育司专员、广东民族学院党委书记兼副院长等职。他一生从事教育事业，呕心沥血，培养了大批人才，被誉为“人民教育家”。

《汪达之教育文集》按照著者一生教育业绩，分为“创办新安小学时期”“缔造新安儿童旅行团时期”“率领新安旅行团奔赴全国宣传抗日救国旅行修学时期”“投身苏北敌后抗日民主根据地教育建设时期”“统领华东干部子弟学校随军北辙南下进行火线教育时期”“恢复南京晓庄师范学校时期”“在教育部从事师范教育和负责普通话语言研究班工作时期”“献身广东民族学院民族教育时期”等8个部分。每部分分为“理论编”和“附录编”。理论编收录汪达之先生的教育论文、书信、日记、诗歌等内容，附录编收录陶行知先生给汪达之的书信，毛泽东、朱德、周恩来、刘少奇、宋庆龄、陈毅、胡乔木、张爱萍等对汪达之和新安旅行团的评价、谈话、题词，以及张劲夫等相关人士撰写的论文、回忆文章等。

国务院原副总理、国防部原部长张爱萍将军和著名作家冰心老人为该书题写书名“汪达之教育文集”和“人民教育家汪达之教育文集”。全国人大教科文委员会原副主任杨海波先生也为该书再版题词祝贺“捧着一颗心来投入革命，为了教育事业奉献终生”。

《汪达之教育文集》以准确的史料，翔实的内容，真实地再现了汪达之先生的光辉人生和他留给我们的宝贵精神财富，为深入研究汪达之和新安旅行团，也为我们研究陶行知、研究中国现代教育史和中国现代史，提供了一本颇有价值的史料书。同时，我们也可以从中汲取历史经验和精神营养，推进教育改革，提升师德修养。

编者刘友开，是一位特级教师。他利用业余时间，潜心从事汪达之资料的收集、整理和研究。前后历经23年的长期努力与坚持，终于在汪达之诞辰一百周年之际编成此书。该书由中国文联出版社出版发行，共计52万余字，定价45元。需要的单位和个人，可直接与编者联系。联系方式：halyk1122@126.com。

出版问世后的《汪达之教育文集》，还先后被中国国家图书馆、深圳大学图书馆、广东技术师范大学图书馆、淮安市图书馆和美国国会图书馆、哥伦比亚大学图书馆及上海陶行知纪念馆、南京陶行知纪念馆、重庆育才中学陶行知纪念馆、淮安新安旅行团历史纪念馆、无锡市五爱小学校史馆等中外图书馆与展览馆收藏并展出。

（三） 第三步：参加汪达之研究的有关活动

由于对汪达之研究的不断深入，我也经常受邀参加与汪达之研究有关的学校庆典和学术研讨活动。近十多年来，我先后参加过有较大影响力的重要庆典和学术研讨活动主要有四：一是，南京晓庄学院建校80周年庆祝大会和研讨活动；二是，淮安新安旅行团建团80周年庆祝大会暨“生活视野下的儿童教育”学术论坛；三是，广东技术师范学院（后改为广东技术师范大学）建校60周年庆祝大会和为汪达之铜像揭幕仪式与汪达之研究报告会；四是，重庆育才中学建校80周年庆祝大会暨陶行知雕塑像揭幕及陶行知纪念馆开馆仪式。

2007年3月15日，是陶行知创办南京晓庄试验乡村师范学校建校80周年纪念日，前身为南京晓庄师范的南京晓庄学院隆重举行了庆祝大会和研讨活动。我应邀出席庆祝大会。给我的意外收获是，在会议期间陶行知的四子、哈尔滨工业大学教授陶城先生接受我采访时，对我的研究工作给予了充分肯定和高度评价。

3月14日的晚上，我如约来到了陶城下榻的宾馆房间，郑重地把我编写的《汪达之教育文集》和《我的教育诗——刘友开教育教学研究诗集》赠送给他。他立即放下准备在次日校庆大会上的发言稿，接过这两本赠书认真地翻阅了一遍后，便拿起笔就给我写了一幅字：“敬祝杰出的人民教育家与人民诗人刘友开战友继续发扬光大陶行知与汪达之的伟大思想与精神，为福民强国与福世界而做出更为辉煌的成就。”并将盖有陶行知印章的一幅陶行知题写的手迹墨宝，赠送给我。诗云：“浩然正气弥六合，和风时雨苏八方。心中自有山水乐，水长山高寿无疆。”

会后，陶城先生还陆续给我寄来他为陶行知作的贺诗《汪达之杨南琛结婚志喜》谱的歌曲和给我写的诗作谱曲的《“新旅”发展俱时进》以及专为我个人作词谱曲的明信片。

《汪达之杨南琛结婚志喜》贺词曰：“天也欢喜，地也欢喜，欢喜他和你。如鸟比翼如枝连理，共建新家庭。相敬相爱相扶持，在学习上同心，在工作上协力。把这力光大，化为民主团结创造力。安居乐业造新邦，欢乐无比。再进一步创造新人类，多福多寿多儿子，儿子又生孙，孙子又生儿子，子子孙孙生到无穷期。一半儿像她，一半儿像你。达之南琛同志结婚志喜。”

《“新旅”发展俱时进》的歌词：“治国安邦百业兴，童旅发展俱时进。主体建成歌剧院，美术队向美院行。革命传统大发扬，英才辈出更创新。当年童旅造奇迹，而今老骥志云青。当年童旅造奇迹，而今老骥志云青。”

写在明信片上的涉及我个人的歌词是：“伟者陶行知，伟哉汪达之。伟哉新安小学，伟哉新安旅行团。伟哉新安小学人，伟哉新安旅行团人。伟哉刘友开。”

所有这些，虽然使我感到了不能承受之重，但却又给了我继续深入对陶行知、对汪达之、对新安旅行团的研究都注入了巨大的正能量。

2015年10月10日，是汪达之缔造的新安旅行团建团80周年纪念日，新安旅行团母校的淮安市新安小学隆重举行了新安旅行团建团80周年庆祝大会暨“生活视野下的儿童教育”学术论坛。我应邀出席庆祝大会，并在论坛上作了书面发言，发言的题目为《“新旅”革命精神的核心内涵树状图谱及解读要点》，其主要内容如下：

“新旅”革命精神的核心内涵树状图谱及解读要点

——在新安旅行团建团80周年庆祝大会暨“生活视野下的儿童教育”学术论坛上的书面发言

（一）“新旅”革命精神的核心内涵树状图谱

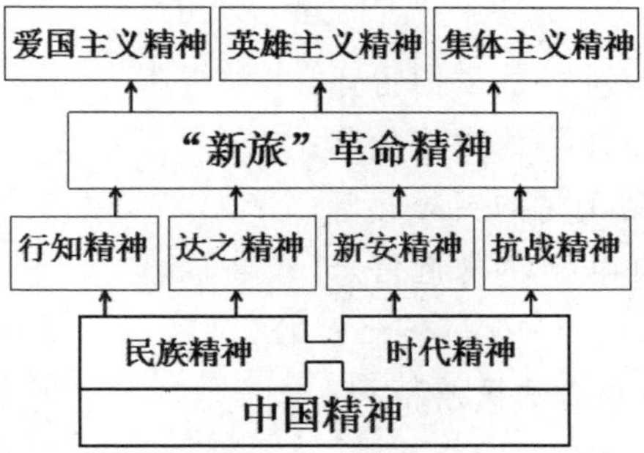

（二）“新旅”革命精神的核心内涵解读要点

爱国主义精神：
“为民族生存奋斗”的爱国情怀；
“要把中国来改造”的报国信念；
“把一切民族敌人都打倒”的救国理想。
英雄主义精神：
“人小志气大，爱国走天下”的豪情壮志；
“不怕苦，不怕难，不怕敌人凶残”的英雄气概；
“努力工作，继续前进”的与时俱进精神。
集体主义精神：
“自觉觉人，自立立人”的民主自治作风；
“在劳力上劳心，以教人者教己”的舍己为人品格；
“友爱互助，团结奋进”的革命乐观主义精神。
行知精神：
“行是知之始，知是行之成”的行知哲学思想；
“生活即教育，社会即学校，教学做合一”的生活教育理论；

“千教万教教人求真，千学万学学做真人”的实事求是精神。

达之精神：

“不达目的，决不罢休”的坚强铁汉意志；

“在教育上革命，进而办一种革命的教育”的改革创新气魄；

“捧着一颗心来，不带半根草去”的无私奉献精神。

新安精神：

“给旧教育唱葬歌，给新教育唱进行曲”的破旧立新胆识；

“行万里路，读万卷书”的旅行修学理念；

“敢想敢干，敢为天下先”的革命首创精神。

抗战精神：

“天下兴亡，匹夫有责”的爱国情怀；

“视死如归，宁死不屈”的民族气节；

“不畏强暴，血战到底”的英雄气概；

“百折不挠，坚韧不拔”的必胜信念。

中国精神：

以“爱国主义”为核心的民族精神；

以“改革创新”为核心的时代精神。

2017 年 10 月 16 日，是广东民族学院建校 60 周年纪念日。前身为广东民族学院的广东技术师范学院（后改为广东技术师范大学）在 10 月 28—30 日举办了建校 60 周年庆祝大会和为汪达之铜像揭幕仪式以及汪达之研究报告会等系列活动。我和夫人陈素珍应邀出席，令我感动的是，时任学院党委书记陈韶和院长郭杰等领导把宣传汪达之事迹、学习汪达之精神作为学院庆典活动的重要组成部分之一。其主要体现在以下三个方面：

一是，学院领导特别指派职业教育学院副院长喻忠恩负责与我联系和全程专门接待。喻副院长费了很多周折通过博客和电邮才终于联系上了我，并接受了我的建议：再增邀汪达之的长孙汪汀博士也来参加这个庆典活动。

二是，在召开校庆大会的前两天，就在学校的职教院礼堂，请我给学院领导和全校师生代表二百多人作了为期半天的题为《人民教育家汪达之教育思想与实践及现实意义之研究》的学术报告。报告会之前，还举行我向学院图书馆赠送《汪达之教育文集》等编著的赠书仪式和学院领导向我颁发“特聘研究员”的受聘仪式。报告会之后，学院研究生处崔怀林处长听了我的讲座后就当场来找我，与我商量能不能下午再请我到研究生院给研究生们再讲一场，并对他们提出的问题作些解答。盛情之下，我在当日下午就又到研究生院用同一讲题又讲了一场，并就如何开展学习汪达之活动和当下的研究生怎样致力于专业发展等问题，与他们展开了探讨。这两场报告会在学院师生中都引起了强烈反响，学院的官网也都在第一时间发布了图片新闻。

三是，10 月 29 日，在举行的汪达之铜雕像揭幕仪式上，学院还安排我和汪汀与陈韶（时任广东技术师范学院党委书记）、汤贞敏（时任广东省教育厅教科院院长）4 个人一起为汪达之铜雕像揭幕。揭幕后，看到汪达之铜雕像下方的黑色花岗岩基座正面中间镌刻着的“人民教育家汪达之”的字，正是从我编写出版的《汪达之教育文集》里冰心的题字“人民教育家汪达之教育文集”中截取下来的，使我倍感亲切和欣慰。

2019 年 12 月 30 日至 2020 年 1 月 2 日，重庆育才中学隆重举办了建校 80 周年庆祝大会暨陶行知汉白玉雕塑像揭幕仪式及陶行知纪念馆开馆仪式。我和夫人陈素珍作为陶研路上后来者的陶子身份，应邀出席庆祝大会并参加了系列庆典纪念活动。我的感受颇深。新媒体人、《村民在线》网络平台副主编唐开元先生和《中国农村教育》杂志副主编叶晓媚女士还特约我写参会的观感。回家后，我写了《敢遣诗情到笔端——参加重庆育才中学建校 80 周年校庆系列活动散记》一文和图片新闻。随后，《村民在线》网络平台和《中国农村教育》杂志都分别作了发布和发表。《中国农村教育》杂志在 2020 年第 1 期上用封 1、封 2、封 3、封 4 的 4 个彩版刊登了我们参加校庆系列活动的图片新闻，收到了很好的社会效益和广泛的社会影响。2020 年 3 月号的《华人时刊 · 校长》杂志还将我写的文章《敢遣诗情到笔端——参加重庆育才中学建校 80 周年校庆系列活动散记》做了转载。

三、《汪达之评传》的“三个追求”

对于《汪达之评传》的创作，我的指导思想是想把着力点放在以下三个方面：一是，彰显重点；二是，关注难点；三是，考证疑点。至于是否能够做到，这还得等读者和时间来评定。这里权作略述而已。

（一） 彰显重点

所谓的“彰显重点”，就是在本书中尽可能地反映出人民教育家汪达之对于中国人民的革命教育事业所作出的卓著实绩。

例如，他一个人坚持在艰难困苦的逆境中，以“捧着一颗心来，不带半根草去”的无私奉献精神和“给旧教育唱葬歌，给新教育唱进行曲”的开拓创新气魄，创造性地实践陶行知生活教育思想，创立基本学生和普通走读生相结合的双轨制办学机制，全心全意地为穷苦孩子办学和为当地群众造福，孤军奋战地致力于对穷苦孩子进行“健康的体魄、生产的技能、艺术的兴趣、征服自然的本领、改造社会的精神”等人的基本素质的培养，创造了90年前中国农村实施素质教育的一个成功典范。当时，人们都盛赞新安小学的学生是“古庙活菩萨”、校长汪达之是“古庙战神”。新安小学是在古庙“灵王庙的基础上改建起来的。”

再如，他组织新安小学7个基本学生成立新安儿童自动旅行团，自费游上海，通过实地考察，去“看看淞沪的战地……实际地明瞭帝国主义的残暴，作奋斗图存的最有效的鼓励”；去“看看近代的工业文化……实际地明瞭自然科学所给予人类文明的影响”；去“看看江南的风光……实际地明瞭地理、历史、风俗、人情等社会科学的实质”，以此来“打破成人不信任小孩子也有独立自由行动的能力的错误观念”。他们用到各大中小学去演讲、卖书卖报等自力更生的办法去挣得旅费。回校后，他们还出版了《我们的旅行记》一书。54天赴沪旅行修学的新安儿童自动旅行团，被陶行知盛赞为“划分新时代”的“无价之宝”和“伟大的宝藏”。

又如，他缔造和率领的新安旅行团，奔赴全国宣传抗日救国，历时17年，行程5万余里，足迹遍布22个省市，为争取抗日战争和争取民主中国的胜利做出了特殊的贡献，并培养了一大批德才兼备的优秀人才，被公认为“人小志气大，爱国走天下”的“一群小好汉”，创造了中国革命教育史和中外青少年儿童革命运动史上的伟大奇迹，受到了毛泽东、周恩来、刘少奇、宋庆龄等老一辈无产阶级革命家的充分肯定和高度评价。新安旅行团的团员们都亲切地称呼汪达之为“汪爸爸”。时任新四军政委的刘少奇早在苏北抗日民主根据地盐阜区工作时，就称赞汪达之是“我们党的一个党外布尔什维克”。

还有，他统领的集文工团、宣传队和战地学校“三位一体”的教育团体——华东干部子弟学校，随解放大军北撤南下5000多里进行火线办学，在北战南征的枪林弹雨中进行长途和长期的流动教育，为革命和建设事业培养了一大批急需的优秀人才，在中国人民解放战争的革命教育史上又谱写了战地火线流动教育的壮美凯歌。

（二） 关注难点

所谓的“关注重点”，就是在本书中尽可能地关注到人民教育家汪达之生平事迹中的一些不易破解的难点。

例如，汪达之两次加入国民党和两次加入共产党的是非曲直何在？我的研究结论是：汪达之第一次加入国民党，是青年时期在安徽乡下教书时，为求生存以“汪达”的假名做了登记而已，并未参加国民党组织的任何活动；第二次参加国民党，是为掩护新安旅行团免遭国民党顽固派的迫害，是遵照中共南方局李克农的指示加入的，只是在名义上履行了一次加入国民党组织的手续而已，也没有参加国民党组织的任何活动。第一次加入共产党是在苏北敌后抗日民主根据地盐阜区“反扫荡”的抗日斗争中，汪达之申请入党也被中共党组织批准了。但由于传达会议精神的人传达某位领导人在一次会议上讲话精神（意思是说在发展党员问题上以汪达之为例，还是留在党外做党外的布尔什维克，会对革命更有利）的误解（以为党是想让他出去工作，便没有参加党组织生活）而导致的。当时汪达之率领的新安旅行团刚从桂林秘转到盐阜区不久。第二次加入共产党也是在苏北敌后抗日民主根据地盐阜区，入党介绍人是刘彬（盐阜区党委书记）和戴伯韬（盐阜区行署文教处处长）。

再如，汪达之是怎样被打成“反党反社会主义反毛泽东思想”的“顽固不化走资派”的？又是怎样被平反昭雪的？我的研究结论是：汪达之的被迫害是从“五反运动”开始的，一直延续到“文化大革命”的十年浩劫之中，是受党内政治运动中的极“左”路线和“遭受林彪、‘四人帮’反革命阴谋集团的残酷迫害”所造成的冤假错案。汪达之“反党反社会主义反毛泽东思想”的“顽固不化走资派”的冤假错案，是1978年广东民族学院党委为贯彻落实党中央拨乱反正战略决策，把为汪达之平反的上诉材料上报到广东省委的，是时任广东省委书记习仲勋亲自批准的。

又如，汪达之为何蓄须明志？又怎样从不吃荤、不结婚到既吃荤又与杨南琛结婚，成就了一桩传奇的烽火姻缘的？我的研究结论是：汪达之蓄须明志的原因是履行他的誓言：不到抗日战争取得胜利，就不刮胡子、不结婚和不吃荤。这有汪达之的长子汪如一和次子汪心一在《回忆与思考——再忆父亲汪达之》中的有关史实为证：“1935年到1942年，他带着‘新旅’在全国宣传抗日，一直无暇谈恋爱。1942年到了苏北解放区，他在盐阜行署做教育督学，这时他有一个相对安静的环境，不用带着孩子们到处跑．他可以考虑一下自己的个人问题了，找个人生伴侣，选择一个苏北当地的农村女子或者根据地的妇女干部、妇救会主任，或从城市里来的年轻女学生。这时候的父亲人39岁，蓄须明志，人称‘汪大胡子’一脸胡子拉碴，看上去就像个50岁的老者。他说革命不成功，就不刮胡子。直到有一天他遇到一位从上海来到苏北的女干部、34岁的杨南琛。‘第二天我们发现汪先生的胡子不见了，显得又年轻又精神……’‘新旅’团员张牧多次得意地给我们讲这段故事，对他的这个发现津津乐道。”

（三） 考证疑点

所谓的“考证疑点”，就是在本书中尽可能地对人民教育家汪达之革命生涯中的重要节点问题，至今在学术研究界仍存在不确定性的疑点进行考证。

例如，汪达之筹组新安旅行团时，是否得到当时中共上海左翼教师联合会地下党组织支持和指导的问题？长期以来，在史学界有的学者或专家认为，汪达之筹组新安旅行团时，中共上海地下党组织正处于遭到毁灭性的严重破坏时期，不具备支持汪达之筹备新安旅行团的条件和能力，到目前为止，也还没有史料能证实中共上海左翼教师联合会地下党组织对筹组新安旅行团的支持和指导等。

对这个问题，我的研究结论是：汪达之筹组新安旅行团时，是得到当时中共上海左翼教师联合会地下党组织有关负责人支持和指导的，不过他们是以陶行知的同事或密友或以生活教育社成员的个人名义来表达和作为的。如丁华、王洞若都任过中共上海左翼教师联合会地下党支部的书记，其公开的身份是陶行知创办的生活教育社（国难教育社）成员，他们既是陶行知的同事，也是密友，当时他们和陶行知都在上海致力于推动生活教育运动。

每年的寒、暑假，生活教育社都举办社员学习培训之类的研讨会或学习班，作为陶行知的学生、生活教育社成员、新安小学校长的汪达之是每次必去参加的，他和丁华、王洞若等人是相互熟悉的，他们都是陶行知生活教育理论的支持者和实践者。尽管当时的中共上海地下党组织遭到严重破坏，不可能公开以党组织的面目出现，来支持汪达之筹组新安旅行团到全国各地去唤醒民众、共赴国难，但他们至少也确实是以个人的名义对汪达之筹组新安旅行团进行支持和指导的。

对此，“新旅”老团员、曾任国家机关党委宣传部长的张牧在他写的《新安旅行团——我的一些回忆》中就有过详细的介绍：“丁华、王洞若等同志则是全力支持，他们认为，采取少年儿童教育团体的名义，对外以实践‘生活教育’和宣传中山遗嘱，即‘唤醒民众，联合世界上以平等待我之民族共同奋斗’为宗旨，孩子们目标小，安全问题不大。经济上，出发前可以从上海各爱国厂商那里争取支持，搞一些宣传工具和物质装备。组织‘新旅’的计划终于确定了。”

再如，汪达之统战教育思想与实践及现实意义有哪些？汪达之率领新安旅行团奔赴全国各地宣传抗日救国，在社会大学校里培养优秀人才，历时 17 年、行程 5 万余里，途经全国 22 个省份，要与复杂社会中的各界人士打交道，要克服数不尽的艰难险阻。新安旅行团之所以能不断地从胜利走向胜利，其主要原因当然是因为有党的领导和团员们的共同努力及社会各界爱国人士的广泛支持，但这也与汪达之在长期艰苦的革命斗争中所摸索、总结和逐步形成的统战教育思想与成功实践是密不可分的。

正如 1939 年周恩来同志在接见新安旅行团团员凌则之、张翼天时的谈话中所指出的：“你们‘新旅’的同志，不怕艰苦，不怕困难，内部很团结，做了许多抗战工作，得到了很多朋友，做了许多别人不能做的事，就是因为你们用陶行知先生‘生活即教育，社会即学校’的办法。你们的汪先生（指顾问汪达之）很会利用一切社会关系，很会做统一战线工作哩！大后方和陕北不同嘛！你们是钻到敌人肚子里干革命的，一定要注意社会化，不要怕人家不知道你是共产党，怕人家不晓得你是从延安来的。红要红在心里。处处和社会生活打成一片，那你们才可以在大后方多做点工作，才能长期存在下去呀！”

对于汪达之的统战教育思想与实践，本书中虽然有很多的涉及，但要形成系统的阐述，还需假以时日，再进行深入研究。

又如，对汪达之评价，应如何定位的问题？对于这个问题，经我的研究是这样的：

一是，我在1995年和2003年先后出版的《汪达之教育文集》的“代前言”中，都做了这样的表述：“作为一个著名的人民革命教育家，有杰出贡献和开拓创新的教育思想家、教育改革家、教育实干家、伟大的爱国教育家、杰出的共产党人、共产主义者、国际主义者和一个由民主主义者走向共产主义者的中国现代知识分子的典范，汪达之是当之无愧的。”

二是，在本文的开头，我对汪达之的“伟大之处”所做的阐述：“第一流的开创型教育家”“第一流的综合教育主将”（综合是指综合技术）“优秀共产党人”。

对于给汪达之评价的定位问题，除了对以上论述的重申外，在此我还想作进一步的这样简要的结论：这就是汪达之还可以称得上是中国现代教育史上的独一无二的无与伦比的教育大师。

纵观百年来的中国现代教育史，能称得上“教育大师”的人并不多。那么，什么样的教育家才能称得上“教育大师”呢？换句话说也就是：何为“教育大师”？清华大学校史研究专家黄延复曾说过：“‘教育大师’，是一种品位很高的超人，其虽然不能称之为圣人，但也不相上下，有时还‘华若不逮’而‘实则过之’。这种人，必须具备以下五个条件：健全的人格、渊博的学识、深邃的思想、奇特的志节、儒雅的文采。”（黄延复、钟秀斌《一个时代的斯文：清华校长梅贻琦》，九州出版社2011年版）依我看，汪达之不仅全都具备了这样的五个条件，而且还有大大的超越，至少还要多个“伟大的创举”——新安旅行团。因此，说汪达之是中国现代教育史上的独一无二的无与伦比的教育大师，他也应该是当之无愧的。因本文篇幅所限，恕暂不在此而论。

在中国共产党建党100周年的盛典即将到来之际和“六一”国际儿童节前夕的2021年5月30日，中共中央总书记、国家主席、中央军委主席习近平又给新安旅行团的母校——淮安市新安小学少先队员回信，勉励和希望他们和全国少先队员都要“结合自身成长实际学好党史，以英雄模范人物为榜样，从小坚定听党话、跟党走的决心，刻苦学习，树立理想，砥砺品格，增长本领，努力实现德智体美劳全面发展”。习近平总书记的重要回信，充分体现了以习近平同志为核心的党中央对新安小学少先队员和全国少先队员的亲切关怀和殷切希望。

习近平总书记在回信中还指出：“当年，在党的关怀和领导下，‘新安旅行团’不怕艰苦，足迹遍及大半个中国，以文艺为武器，唤起民众抗日救亡，宣传党的主张，展现了爱国奋进的精神风貌。”习近平总书记的重要回信，对新安旅行团光辉业绩的充分肯定和高度评价，也是对“新安旅行团之父”汪达之丰功伟绩的充分肯定和高度评价。

需要特别指出的是，在本书的撰写和出版过程中，我曾得到了有关领导和专家以及友人的大力支持和帮助，在此谨表衷心感谢：

感谢广东技术师范大学凌靖波书记、骆少明校长，南京晓庄学院陈华书记、张策华院长、黄秀琴副院长，陶行知纪念馆马仕锦馆长，淮安市新安小学张大冬校长、张美珍书记，新安旅行团历史纪念馆顾学让馆长，以及无锡市五爱小学许敏峰校长等领导和专家对本书撰写和出版工作的大力支持。

感谢江苏教育报刊总社《江苏教育》主编张俊平先生、河北省教育厅研究员刘良业先生、淮阴师范学院教授孔凡成先生、教育行者（溯源教学法创始人、独立写作人）稚吟秋声女士、江苏省苏州市吴门教育集团总校长（教育博士、正高级教师、特级教师、南京师范大学硕士生导师）刘玮先生，在百忙中为本书撰写了热情洋溢的“序言”；感谢中国作家协会会员、当代教育家熊西平先生、浙江省德清县图书馆地方文献室主任、乾元国学图书馆馆长（原莫干山民国图书馆馆长）朱炜先生、上海世外教育附属秋山中心学校书记（浙江省特级教师、教授级正高级教师）张玲女士、江苏省非物质文化遗产保护协会会员金矿先生和淮安市基础教育教学指导组成员吴金高先生等专家学者，在阅读到样稿后即为本书撰写了颇有独到见解的“读感”。

感谢著名诗人书法家、已是88岁高龄的陆春桂老先生和著名青年书法家陆宗山先生，为本书的出版题赠墨宝；感谢汪达之的长子汪如一先生、长媳陆梅女士和次子汪心一先生及他们的家人，长期以来对我从事汪达之研究工作的关心、帮助和支持。

感谢镇江市教育局副局长黄科文先生，江苏大学毛飞教授、潘红军教授，对本书出版工作的关心和帮助。

感谢江苏大学出版社社长施康先生等领导和策划编辑吴春娥女士与责任编辑张平老师，以及南京宁润艺术文化公司总经理朱晓林先生、图书部主任韩许洁女士等，对本书的编辑和出版工作的大力支持。同时，对本书中涉及有关资料的各位作者，也于此一并表示衷心的感谢。

综上所记，谨以下列诗语作一小结：

教育大师汪达之，丰功伟绩立新异。
为人师表好榜样，捧心奉献树壮志。
四十年来磨一剑，评传问世圆梦意。
奏响传统主旋律，鹏程万里再展翅！

2021年6月6日于江苏淮安